Robert Lorenz

Siegfried Balke

Grenzgänger zwischen Wirtschaft und Politik
in der Ära Adenauer

GÖTTINGER JUNGE FORSCHUNG

Schriftenreihe des Göttinger Instituts für Demokratieforschung
Herausgegeben von Dr. Matthias Micus
ISSN 2190-2305

1   *Stine Harm*
    Bürger oder Genossen?
    Carlo Schmid und Hedwig Wachenheim - Sozialdemokraten trotz bürgerlicher Herkunft
    ISBN 978-3-8382-0104-7

2   *Benjamin Seifert*
    Träume vom modernen Deutschland
    Horst Ehmke, Reimut Jochimsen und die Planung des Politischen in der ersten Regierung Willy Brandts
    ISBN 978-3-8382-0105-4

3   *Robert Lorenz*
    Siegfried Balke
    Grenzgänger zwischen Wirtschaft und Politik in der Ära Adenauer
    ISBN 978-3-8382-0137-5

In Vorbereitung:

Michael Lühmann
„... und der Zukunft zugewandt"
Wendepolitiker – Anatomie eines Politikertypus
ISBN 978-3-8382-0138-2

Frauke Schulz
„Im Zweifel für die Freiheit"
Aufstieg und Fall des Seiteneinsteigers Werner Maihofer in der FDP
ISBN 978-3-8382-0111-5

Daniela Kallinich
Die politische Karriere von Nicolas Sarkozy
ISBN 978-3-8382-0122-1

Ralf Schönfeld
Kanzleramtschefs im vereinigten Deutschland
Friedrich Bohl, Frank-Walter Steinmeier und Thomas de Maizière im Vergleich
ISBN 978-3-8382-0116-0

Robert Lorenz

SIEGFRIED BALKE

Grenzgänger zwischen Wirtschaft und Politik
in der Ära Adenauer

ibidem-Verlag
Stuttgart

Bibliografische Information der Deutschen Nationalbibliothek
Die Deutsche Nationalbibliothek verzeichnet diese Publikation in der
Deutschen Nationalbibliografie; detaillierte bibliografische Daten sind im
Internet über http://dnb.d-nb.de abrufbar.

Bibliographic information published by the Deutsche Nationalbibliothek
Die Deutsche Nationalbibliothek lists this publication in the Deutsche Nationalbibliografie;
detailed bibliographic data are available in the Internet at http://dnb.d-nb.de.

Coverabbildung:
Portrait von Siegfried Balke, 1969. Quelle: Wikimedia Commons
Urheber: Günter Rittner. Abdruck nach Creative Commons-Lizenz Namensnennung 3.0 Unported,
URL: http://creativecommons.org/licenses/by/3.0/deed.de

∞

Gedruckt auf alterungsbeständigem, säurefreien Papier
Printed on acid-free paper

ISSN: 2190-2305

ISBN-10: 3-8382-0137-X
ISBN-13: 978-3-8382-0137-5

© *ibidem*-Verlag
Stuttgart 2010

Alle Rechte vorbehalten

Das Werk einschließlich aller seiner Teile ist urheberrechtlich geschützt. Jede Verwertung
außerhalb der engen Grenzen des Urheberrechtsgesetzes ist ohne Zustimmung des Verlages
unzulässig und strafbar. Dies gilt insbesondere für Vervielfältigungen,
Übersetzungen, Mikroverfilmungen und elektronische Speicherformen sowie die
Einspeicherung und Verarbeitung in elektronischen Systemen.

All rights reserved. No part of this publication may be reproduced, stored in or introduced into a retrieval
system, or transmitted, in any form, or by any means (electronic, mechanical, photocopying, recording or
otherwise) without the prior written permission of the publisher. Any person who does any unauthorized act
in relation to this publication may be liable to criminal prosecution and civil claims for damages.

Printed in Germany

Eine neue Kultur des Schreibens

Idee

„Göttinger Junge Forschung", unter diesem Titel firmiert eine Publikationsreihe des „Instituts für Demokratieforschung", das am 1. März 2010 an der Georg-August-Universität in Göttingen gegründet worden ist. Ein Ziel dieses Institutes ist die Synthese zwischen Universität *und* Gesellschaft, Politik *und* Wissenschaft, Forschung *und* Öffentlichkeit.

In einem solchen Sinne sind auch die Bände der „Göttinger Jungen Forschung" als Scharnier gedacht. Junge Wissenschaftler können aus der universitären Eigenwelt heraustreten und einer breiteren Öffentlichkeit die Resultate ihrer Forschungen präsentieren. Sie können zeigen, dass sie die Techniken wissenschaftlichen Arbeitens beherrschen – und gleichzeitig zu farbigen und ausdrucksstarken Formulierungen fähig sind. Das mag feuilletonistisch klingen und manchem Kollegen unseriös anmuten. Doch meint die Synthese, wie sie uns vorschwebt und durch die Publikationsreihe promoviert werden soll, nicht zuletzt dies: auf eine manierierte Fachsprache weitestgehend zu verzichten, den exklusiven Sonderjargon zumindest dort zu unterlassen, wo er zur Präzisierung nicht erforderlich ist, und – jedenfalls wo das möglich ist, ohne die Interpretationen übermäßig zu verkürzen oder zu trivialisieren – stattdessen spannend und originell zu formulieren.

Inspiration

Am neu gegründeten „Institut für Demokratieforschung" verankert, steht diese Buchreihe zugleich in der Tradition der „Göttinger Schule" der Politikwissenschaft. Was ist damit gemeint, wodurch zeichnet sich der so titulierte politikwissenschaftliche Ansatz aus? Als in den 1990er Jahren in der Politikwissenschaft die Bezeichnung „Göttinger Schule" aufkam, bezog sich das vor allem auf die Milieustudien der Göttinger Parteienforscher. Unter Rückgriff auf das Milieukonzept war es gelungen, die zeitgenössische Stabilität der bundesrepublikanischen Parlamentsparteien bei Wahlen, die starke Bindung ihrer Sympathisanten, ebenso parteipolitische Feindbilder und grundlegende Überzeugungen vor allem durch die eigenkulturelle Abschottung der Parteien und ihrer Anhänger in parallelgesellschaftlichen Organisationsnetzwerken zu erklären. Die Hochphasen der klar voneinander separierten Milieus mochten zum Zeitpunkt der Betrachtung weit zurückliegen, die Ideologien und Mythen längst verblasst sein, die alten Feste und Bräuche allenfalls noch erinnert, nicht aber mehr demonstrativ gepflegt werden – vielfach modifiziert, transformiert und dem Gesellschaftswandel angepasst, besaßen emotionale Milieuresiduen trotzdem immer noch Erklärungskraft für die Analyse regionaler Wählerhochburgen sowie zur Untersuchung beispielsweise der Besonderheiten des sozialstrukturellen Profils der Parteimitglieder wie auch des politischen Selbstverständnisses der Parteianhänger.

Die wegweisenden Analysen zu den Milieus korrespondierten mit bestimmten Forschungsschwerpunkten, die bis heute unverändert im Fokus der Göttinger Politikwissenschaft stehen. Milieus siedeln im Schnittfeld verschiedener Ursachen, Einflüsse und Wirkungen. Wer auf sie sein Augenmerk richtet, der kommt an Parteien nicht vorbei, den, nach der klassischen Formulierung von M. Rainer Lepsius, „politischen Aktionsausschüssen"[1] der Milieus. Auch Fragen der politischen Kultur sind schnell bei der Hand, wo erklärt werden muss, warum die eine Gesellschaft organisatorisch gestützte, sämtliche Lebensbereiche umfassende Vergemeinschaftungen hervorbringt, die andere dagegen nicht; oder weshalb manche Bevölkerungsgruppen eine Affinität zur Selbstausgrenzung in einer introvertierten Separatkultur zeigen, die anderen fremd ist.

Und insofern Milieus nicht von selbst, gleichsam voraussetzungslos und aus dem Nichts heraus, entstehen, sondern Ergebnisse bewussten Organisationshandelns sind, liegen auch Untersuchungen zu politischer Führung nahe, wenn von Milieus die Rede ist. Politische Anführer agieren nicht im luftleeren Raum, sie sind in institutionelle Strukturen und kulturelle Kontexte eingebun-

---

[1] Lepsius, M. Rainer: Parteiensystem und Sozialstruktur. Zum Problem der Demokratisierung der deutschen Gesellschaft, in: ders.: Demokratie in Deutschland, Göttingen 1993, S.25-50, hier: S.37.

den und können – wie im 19. Jahrhundert bereits Otto von Bismarck wusste – den Strom der Zeit nicht schaffen, sondern allenfalls auf ihm steuern. Doch immer dann, wenn sich der gesellschaftliche Wandel beschleunigt, wenn lange Bewährtes überständig und vermeintliche Sicherheiten brüchig werden, dort also, wo sich die berühmten Gelegenheitsfenster öffnen – in diesen Momenten kommt es dann doch auf die individuellen Fähigkeiten der politischen Führungspersonen an, da vermögen der Instinkt und die Weitsicht, die Chuzpe, Entschlusskraft und das Verhandlungsgeschick, kurz: der Machtwille und die politische Tatkraft Einzelner den Geschichtsfluss umzuleiten und neue Realitäten zu schaffen.

Obwohl nun die Göttinger Politikwissenschaft in den vergangenen Jahren sukzessive ihr Blickfeld erweitert und immer weitere Dimensionen in ihre Analysen integriert hat, bilden die alten Kernbereiche unverändert das Zentrum der Göttinger Forschungen. Thematisch werden die in diese Reihe aufgenommenen Arbeiten daher um folgende Untersuchungsgebiete kreisen: An Fallbeispielen werden Möglichkeiten und Grenzen, biographische Hintergründe und Erfolgsindikatoren politischer Führung untersucht. Kulturelle Phänomene, beispielsweise die Gestalt und Wirkung gesellschaftlicher Generationen, werden ebenso Thema sein wie auch klassische Organisationsstudien aus dem Bereich der Parteien- und Verbändeforschung.

Sprache

Gleichwohl: Seit einiger Zeit wird die Bezeichnung „Göttinger Schule" breiter verwendet, als ihr Kennzeichen gilt heute nicht mehr die Beschäftigung mit Milieus oder spezifischen, klar abgrenzbaren Inhalten an sich, sondern allgemeiner ein spezifischer Darstellungsstil, der Forschungsergebnisse für ein interessiertes, fachfremdes Publikum aufarbeitet und die Vermittlung der akademischen Erkenntnisse weit über die engen Grenzen der eigenen Disziplin in die Öffentlichkeit hinein anstrebt. Die „Göttinger Schule" steht für die Lust an der öffentlichen Einmischung und den Verzicht auf akademische Wortungetüme. Dabei bedeutet der eher lockere, essayistische Stil nicht, dass die Texte rasch oder unbedacht heruntergeschrieben würden. Eher im Gegenteil: Sozialwissenschaftliche Phänomene spannend darzustellen ist harte Arbeit. Man muss sich hinsetzen, die Gedanken in fesselnde Sätze verwandeln, die Sinn ergeben, welche zudem der Komplexität des untersuchten Gegenstandes gerecht werden und den Leser dennoch zum Umblättern veranlassen. Um Barbara Tuchman zu zitieren: „Das ist mühselig, langsam, oft schmerzlich und manchmal eine Qual. Es bedeutet ändern, überarbeiten, erweitern, kürzen, umschreiben."[2]

Diese Ausdrucksweise zu fördern, und in Anbetracht des dominanten Präsentationsstiles der zeitgenössischen Sozialwissenschaften könnte man etwas hochtrabend auch von einer neuen „Kultur des Schreibens" sprechen, ist ein zentrales Anliegen der vorliegenden Buchreihe. Schreiben, davon sind wir überzeugt, lernt man nur durch die Praxis des Schreibens. Praxis des Schreibens heißt aber Veröffentlichung, und die Möglichkeit zu einer frühen Publikation und gleichzeitig zu einem frühzeitigen Training sowie Nachweis der eigenen Vermittlungskompetenz soll mit der Reihe „Göttinger Junge Forschung" geboten werden.

Es liegt nun nahe, dieses Ziel, eine neue Kultur des Schreibens herauszubilden, nicht kurzfristig anzustreben. Ebenso offensichtlich wird die bloße Absichtsbekundung, verständlichere und lesbarere Texte zu verfassen und sich verstärkt in die öffentlichen Diskurse einzumischen, zunächst einmal wenig bewirken. Perspektivisch wird es vielmehr darum gehen müssen, eine neue Generation von Politik- und Sozialwissenschaftlern zu begründen, deren Talente zu Vermittlung und Transfer ihrer Forschungsresultate, zum melodiösen Schreiben wie auch zu wirkungsvoller öffentlicher Intervention von Anfang an während des Studiums weiterzuentwickeln sind. In diesem Sinne hat die Buchreihe die Funktion, vorhandene Begabungen im Umfeld des Göttinger „Instituts für Demokratieforschung" durch die reizvolle Offerte einer frühzeitigen Publikation gezielt zu – horribile dictu – fördern und fordern.

---

[2] Tuchman, Barbara: In Geschichte denken, Frankfurt a.M. 1984, S.27.

Offenheit

Kreativ schreiben aber kann nur, wer beizeiten seine Gedanken schweifen lässt. Die neue Kultur des Schreibens verträgt sich daher nicht mit der Neigung zu starrer Kategorienbildung, der Glättung realer Widersprüche in konstruierten Systemen und scheinexaktem Schubladendenken, wie sie in den Sozialwissenschaften verbreitet sind. Die Autoren dieser Reihe arbeiten daher mit methodisch sehr viel offeneren Verfahren, die als „dichte Beschreibung" oder „aufmerksame Beobachtung" apostrophiert werden können. Die aufmerksame Beobachtung gleicht einer Entdeckungsreise in unbekannte Erkenntnisfelder. Es wird aufzunehmen, festzuhalten und zu berücksichtigen versucht, was in einer konkreten Handlungssituation geschieht. Der Fluchtpunkt ist das Aufspüren und Sichtbarmachen von möglichen Zusammenhängen. Kann die aufmerksame Beobachtung insofern mit einem Weitwinkelobjektiv verglichen werden, so ist die dichte Beschreibung der Zoom. Alles das, was für die gewählte Fragestellung entbehrlich ist, wird herausgefiltert und der Rest zu einer fesselnden Erzählung komponiert. Mithilfe von Faktenkenntnis, Einfühlungsvermögen und Vorstellungskraft werden die Zusammenhänge und Bedeutungen hinter den Details sichtbar gemacht, durch die Konzentration auf das Wesentliche und die scharfe erzählerische Konturierung zunächst verschwimmender Linien die Leser in den Bann geschlagen.

In diesem Sinne setzen die Autoren der Reihe „Göttinger Junge Forschung" auf die Integration ganz unterschiedlicher Aspekte, Sichtweisen und Methoden, um das für komplexe Probleme charakteristische Zusammenspiel multipler Faktoren analysieren und die internen Prozesse eines Systems – die sogenannte "black box" – verstehen zu können. Menschliches Handeln ist häufig unlogisch, politische Entscheidungen entspringen nicht selten Zufällen. Der Gefahr, Nuancen einzuebnen und Geradlinigkeit zu behaupten, wo tatsächlich Unebenheiten dominieren, kann man nur durch forschungspragmatische Offenheit entgehen. Einer interessanten, anregenden, inspirierenden Darstellung und also dem Genuss bei der Lektüre kommt das ohnehin zugute.

Matthias Micus
Göttingen, im April 2010

Inhalt

I. Einleitung 3

   I.I Prolog: Ein Versuch in Lepidopterologie 3

   I.II Lexikalisch vermerkt, wissenschaftlich gemieden:
Zum Forschungsstand 7

II. Weg in die Politik 11

   II.I Zwanzig Jahre Acetylsalicylsäure in Aubing: 11
Berufliche Vorgeschichte 11

   II.II Von einem der auszog, kein Politiker zu werden:
Balke als politischer Seiteneinsteiger 15

   II.III „...plötzlich ein ganz anderes Echo":
Annäherung an die Politik über Parteienfinanzierung 19

   II.IV Konfessionsproporz und Interessenvertretung: 31
Der Moment des Quereinstiegs 31

   II.V Gestatten, Siegfried Balke: Vertrauensmann der Wirtschaft ... 47

III. Bundesminister in Bonn 67

   III.I Vom Ziegenmelker zum Hoffnungsträger: Ankunft in Bonn ... 67

   III.II Ein Rationalisierer im Post-, ein Fachmann im
Atomministerium: Politische Maßnahmen 72

   III.III Workaholic jenseits von Anti-Atom-Dörfern:
Vom Wert eines Seiteneinsteigers 97

   III.IV Unabhängig und ohne Hausmacht:
Von der Autonomie eines Politikers wider Willen 110

   III.V Fernab des französischen Zentralismus:
Balkes Schwierigkeiten mit der Politik 125

   III.VI Vom überlegenen Wissen eines Pförtners: Szene eines Scheiterns . 131

IV. Seiteneinsteiger in der Politik 149

IV.I Ein verfahrenes Verfahren:
Gesteigerte statt gelinderte Politikverdrossenheit 149

IV.II Der Exot und das Enigma:
Politische Kompetenzen am Beispiel Balkes 158

V. Rückkehr in die Wirtschaft 163

V.I „Cross-over" unterwegs in Politik und Wirtschaft:
Eine seltene Version von Elitentransfer 163

V.II Quereinstieg im Rückwärtssalto: An der Spitze der BDA 166

V.III Keine Zeit für die Frage nach dem Parkplatz:
Balke im Deutschen Museum zu München 178

VI. Konklusion 185

VI.I Politisches Chamäleon auf „Ochsentour": Politik als Profession 185

VI.II Epilog: Die Integrationsprobleme von Immigranten 195

VII. Abkürzungsverzeichnis 205

VIII. Literaturverzeichnis 209

VIII.I Quelltexte, Monographien, Sammelbände und Aufsätze 209

VIII.II Presseerzeugnisse 222

Dank 231

I. Einleitung

I.1 Prolog: Ein Versuch in Lepidopterologie

Blättert man in den einschlägigen Monographien und Abhandlungen über die Ära Adenauer und die oft als glorreich erinnerten Wirtschaftswunderjahre, so wird man dort auf den Namen Siegfried Balkes nicht gerade häufig stoßen. Im Gegenteil: Man gewinnt den Eindruck, sich mit einem völlig bedeutungslosen Mann zu beschäftigen. Franz Josef Strauß, der ihn angeblich als Bundesminister rekrutiert hatte, erwähnte ihn in seinem mit immerhin 560 Seiten dickbeleibten Erinnerungswerk nur dreimal – jeweils in belanglosen Aufzählungen seiner einstigen Kabinettskollegen.[1] Und in den Erinnerungen Konrad Adenauers tauchte Balke gar nicht erst auf.[2] Auch die Personenregister der wuchernden Literatur über die Bonner Politik in den 1950er und frühen 1960er Jahren können noch so üppig sein – sie alle zählen nicht gerade viele Seiten, auf denen Balkes Name vermerkt ist. Werner Abelshausers große „Deutsche Wirtschaftsgeschichte seit 1945" erwähnt ihn in beinahe verschwörerischer Weise mit keinem Wort, obwohl Balke in der Spätphase seines Berufslebens nichts weniger als Präsident der „Bundesvereinigung der Deutschen Arbeitgeberverbände" (BDA) war.[3] Einem Schmetterlingsforscher gleich, der einem seltenen Exemplar nachspürt, bedarf es ebensolcher lepidopterologischer Geduld, etwas über den ehemaligen Post- und Atomminister zu erfahren. Verwunderlich ist das schon, denn immerhin bekleidete Balke über neun Jahre ein Ministeramt in drei von fünf Kabinetten Adenauers und gehörte von 1957 bis 1969 insgesamt zwölf Jahre dem Deutschen Bundestag an.

Dem formalen Lebenslauf nach muss es sich bei dem 1902 geborenen Siegfried Balke allerdings um eine imposante Persönlichkeit gehandelt haben. Der gelernte Industriechemiker führte nach dem Zweiten Weltkrieg in Bayern Firmen der chemischen Industrie und half bei dem Wiederaufbau der Wirtschafts- und Unternehmerverbände mit. Hauptberuflich war er ein nach dem Krieg in die Unternehmensleitung aufgerückter Industriechemiker. Nach seiner

---

[1] Siehe Strauß, Franz Josef: Die Erinnerungen, Berlin 1989.
[2] Siehe Adenauer, Konrad: Erinnerungen 1955-1959, Stuttgart 1967.
[3] Siehe Abelshauser, Werner: Deutsche Wirtschaftsgeschichte seit 1945, Bonn 2004.

Promotion zum Dr.-Ing. im Jahr 1925 begann er seine berufliche Laufbahn bei Lüscher & Bömper in Fahr am Rain, die ihn 1927 zur Chemischen Fabrik Aubing führte, deren Technischer Leiter und Prokurist er 1945 wurde.[4] 1952 wechselte er in die Unternehmensführung der Wacker-Chemie GmbH, bei der er im April 1953 zum Direktor avancierte. Die Liste seiner Titel, Ämter und Funktionen kann problemlos mit der eines wilhelminischen oder gar römischen Kaisers konkurrieren: Balke war Vorsitzender des Vereins der Bayerischen Chemischen Industrie, Präsidialmitglied des Landesverbandes der Bayerischen Industrie, Vizepräsident des Verbandes der Chemischen Industrie, Vorsitzender der Europäischen Föderation der nationalen Ingenieurvereinigungen, schließlich Präsident der Bundesvereinigung der Deutschen Arbeitgeberverbände; weiterhin amtierte er als Senator der Max-Planck- und der Fraunhofer-Gesellschaft, war Vorstandsvorsitzender des Deutschen Museums, saß im Kuratorium des Instituts für Wirtschaftsforschung, wurde Mitglied des Wirtschafts- und Sozialausschusses der Europäischen Wirtschaftsgemeinschaft, ja sogar der Vorsitz der Vereinigung der Technischen Überwachungsstellen zählt zu seinem tausendsassahaften Funktionssammelsurium. Geradezu unscheinbar nimmt sich da Balkes Abstecher in die Bonner Regierungspolitik aus: 1953 wurde er Minister für das Post- und Fernmeldewesen, 1956 wechselte er in das Ministerium für Atomfragen (später Atomkernenergie) und war von 1957 bis 1969 in drei Legislaturperioden Bundestagsmitglied.

Angesichts dieser Diskrepanz zwischen hoher politischer wie gesellschaftlicher Bedeutung und der geringen historischen Bekanntheit erscheint es angebracht, die gleichfalls geschichtlich spannende wie analytisch interessante Biographie Siegfried Balkes endlich der Vergessenheit zu entreißen und einer eingehenden Untersuchung zu unterziehen. Wer also war der Mann, auf den die Medien zeitlebens anlässlich von Geburtstagsjubiläen pathetische Elogen hielten, wenn sie ihm zugestanden, „auf den Gebieten der Technik und Wirtschaft wie in dem Aufbau von Gesellschaft und Staat einen hervorragenden Beitrag geleistet", ein „anerkanntes Lebenswerk" vollbracht zu haben[5] – dem sie überdies „wesentlichen Anteil am Wiederingangkommen der Wirtschaft in Bayern und am Aufbau der Organisation der gewerblichen Wirtschaft"[6] bei-

---

[4] Für eine Kurzbiographie Balkes vgl. Balcar, Jaromír/Schlemmer, Thomas (Hrsg.): An der Spitze der CSU. Die Führungsgremien der Christlich-Sozialen Union 1946 bis 1955, München 2007, S. 597 f.
[5] O.V.: Für Gesellschaft und Staat, in: Handelsblatt, 31.05.1972.
[6] O.V.: Aktiver Pensionär, in: Münchner Merkur, 31.05.1972.

I.I Prolog

maßen und der auch noch „das sozialpolitische Klima der Bundesrepublik günstig beeinflusst"[7] haben soll? Und was, in Adenauers Namen, trieb den erfolgreichen Manager eines Chemieunternehmens ausgerechnet 1953 in die Politik?

---

[7] Tuchel, Klaus: Im Dreieck Wirtschaft-Wissenschaft-Staat, in: Sonntagsblatt, 28.05.1967.

I.II Lexikalisch vermerkt, wissenschaftlich gemieden: Zum Forschungsstand

„Trotz seiner zahlreichen Ämter und Positionen in Politik, Wirtschaft und Wissenschaft fehlt bisher eine ausführliche Biographie zu Balke [...]"[8] – so lautet eine noch immer gültige Aussage. Dass Siegfried Balkes Name selten in den Personenregistern einschlägiger Monographien und zeitgenössischer Autobiographien oder Memoiren zu finden ist, deutet bereits den beklagenswerten Forschungsstand um seine Person an. In Erzählungen über große wie kleine Aspekte der bundesrepublikanischen Geschichte ist Balke allenfalls bloß Nebendarsteller, stets taucht er nur als Randfigur in der Analyse vor allem der atompolitischen Entwicklung in der Bundesrepublik auf oder in episodischem Zusammenhang wie im Falle der Geschichte des „Deutschen Museums", dessen Vorstandsvorsitz er in den 1960er Jahren bekleidete.[9] Der Protagonist einer wissenschaftlichen Untersuchung ist er hingegen noch nicht gewesen.[10] Lediglich mehrere lexikalische Artikel haben sich seiner bislang angenommen.[11]

Diese Texte und Passagen geben nur spärlich Auskunft über Balkes Leben und Wirken. Angesichts der Opulenz seiner (Ehren-)Ämter mutet dies unangemessen an, verheißt aber umso mehr Spannendes. Hinsichtlich seines Parteieintritts heißt es, „zähe Auseinandersetzungen zwischen Bundeskanzler Adenauer und der CSU" seien diesem vorausgegangen; überhaupt habe Ade-

---

[8] Königsberger, Karen: „Vernetztes System"? Die Geschichte des Deutschen Museums 1945-1980 dargestellt an den Abteilungen Chemie und Kernphysik, München 2009, Fußnote 231/S. 53.

[9] Vgl. z.B. Radkau, Joachim: Der atomare Ursprung der Forschungspolitik des Bundes, in: Weingart, Peter/Taubert, Niels C. (Hrsg.): Das Wissenschaftsministerium. Ein halbes Jahrhundert Forschungs- und Bildungspolitik in Deutschland, Weilerswist 2006, S. 33-63; Stamm, Thomas: Zwischen Staat und Selbstverwaltung. Die deutsche Forschung im Wiederaufbau 1945-1965, Köln 1981; Königsberger 2009, insbesondere S. 53 ff. und S. 110-113.

[10] Das vorliegende Buch versteht sich als eine erweiterte Betrachtung der Karriere Siegfried Balkes, dessen politischer Seiteneinstieg bereits an anderer Stelle behandelt worden ist; siehe hierfür Lorenz, Robert: Siegfried Balke – Spendenportier und Interessenpolitiker, in: ders./Micus, Matthias (Hrsg.): Seiteneinsteiger. Unkonventionelle Politiker-Karrieren in der Parteiendemokratie, Wiesbaden 2009, S. 175-205.

[11] Vgl. beispielhaft Braun, Georg: Siegfried Balke, in: Nikel, Ulrike (Hrsg.): Politiker der Bundesrepublik Deutschland. Persönlichkeiten des politischen Lebens seit 1949 von A bis Z, Düsseldorf 1985, S. 25 f.; Höpfner, Hans-Paul: Balke, Siegfried, in: Becker, Winfried u.a. (Hrsg.): Lexikon der Christlichen Demokratie in Deutschland, Paderborn u.a. 2002, S. 185 f.; Schumacher, Martin (Hrsg.): M.d.B. Volksvertretung im Wiederaufbau 1946-1961. Bundestagskandidaten und Mitglieder der westzonalen Vorparlamente. Eine Biographische Dokumentation, Düsseldorf 2000, S. 196; Weber, Petra: Balke, Siegfried, in: Kempf, Udo/Merz, Hans-Georg (Hrsg.): Kanzler und Minister 1949-1998, Wiesbaden 2001, S. 113-117.

nauer seinen neuen Minister „nur vom Hörensagen" gekannt.¹² Balke habe vor seinem eigenen politischen Engagement die CSU als Vertreter der Wirtschaft mit der Zuteilung von Wahlkampfspenden unterstützt. Sein Sachverstand habe sich großer Achtung erfreut. Als Atomminister, der er 1956 wurde, sei er allerdings zwischen den Erwartungen der Wirtschaft und den politischen Beschränkungen seitens der Regierung aufgerieben worden. 1957 sei er in plötzlichen Konflikt mit Adenauer geraten, weil er sich dessen Politik der Nuklearbewaffnung widersetzte. Im Verlauf seiner Ministerschaft hätten sich daneben immer häufiger Konflikte zu seiner eigenen, der Unionsfraktion angedeutet. Weshalb 1962, zumal im Zuge der „Spiegel"-Affäre, das Ende seiner Ministerzeit kam, bleibt allerdings weitgehend im Dunkeln. Eher lapidar fällt auch die Darstellung seiner Amtszeit als Präsident der „Bundesvereinigung der Deutschen Arbeitgeberverbände" (BDA) aus, die immerhin von 1964 bis 1969 währte und insofern auch in die Zeit der „Großen Koalition" und deren wirtschaftspolitischer Zäsur fiel.

Die bisherige Forschung zu Siegfried Balke weist im Kern zwei Defizite auf: Erstens besteht eine verglichen mit Status, Amtsdauer und -vielfalt ungenügende Darstellungsdichte. Es finden sich kaum mehr als zehn Seiten geschlossener Darstellung über Balke. Zweitens lässt sich eine monotone Konzentration auf den „policy"-Aspekt von Balkes Ministerschaft bemängeln. Zumeist geht es – mitunter sehr detailliert um die politischen Auswirkungen der Arbeit des Atomministeriums, das Balke führte, geht es um die Verwendung staatlicher Gelder, Ausarbeitung von Gesetzestexten und die Interaktion mit anderen Ministerien. Balke als Politiker steht dabei selten im Mittelpunkt der Analyse; sein politischer Führungsstil und seine Sonderrolle als Seiteneinsteiger werden dabei kaum kontextualisiert. Politischen Ämter wie Mandate und die gesellschaftlichen Funktionen, die Balke ausübte, rechtfertigen eine ausgiebige Betrachtung seines Wirkens – ja, sie verlangen sie regelrecht.

Das vorliegende Werk nimmt sich zur Aufgabe, diesen Missstand zu lindern. Siegfried Balke soll hier erstmals als vordringliches Untersuchungsobjekt fokussiert werden. Der analytische Blick richtet sich dabei auf die Umstände seines politischen Seiteneinstiegs, berücksichtigt sodann Chancen und Einschränkungen, unter denen er politisch führen musste und beleuchtet überdies den Moment seines politischen Scheiterns. Anschließend rückt Balkes nach- und nebenpolitische Karriere als Präsident der BDA in den Blickpunkt. Das

---

[12] So Weber 2001, S. 113.

I.II Zum Forschungsstand

Politikerdasein, das der Manager und Wissenschaftler Balke zwischen 1953 und 1969 fristete, soll insbesondere vor dem Hintergrund seines Quereinstiegs untersucht werden. Welchen Beschränkungen unterlag Balke als politischer Amateur, welche Möglichkeiten taten sich ihm auf – und wie reagierte er auf sie? Letztlich: Welche Lehre lässt sich aus Balkes doppelter Elitezugehörigkeit in Wirtschaft und Politik ziehen?

Für die vorliegende Untersuchung wurde der Nachlass Siegfried Balkes ausgewertet, den das „Archiv für Christlich-Demokratische Politik" der „Konrad-Adenauer-Stiftung" verwaltet. Dabei handelt es sich jedoch zunächst nur um einen Ausschnitt aus den archivalischen Quellen, die zu Balke verfügbar sind. Da diese Arbeit nicht im Rahmen eines größeren Forschungsprojekts entstanden ist, bleibt die Analyse des übrigen Materials einem ebensolchen vorbehalten. Hierfür allerdings soll dieser Band der *Göttinger Jungen Forschung* einen trittsicheren Grund bereiten.

II. Weg in die Politik

II.1 Zwanzig Jahre Acetylsalicylsäure in Aubing: Berufliche Vorgeschichte

Durch ein mittelloses Elternhaus sozialstrukturell benachteiligt, schlug er sich als Werkstudent durch die politisch turbulenten 1920er Jahre. Balke schaffte bei Friedrich Krupp, in der Concordia Hütte und im Holzwerk Baumbach. Nach fünf Jahren Studium und einer Promotion „Über den Reaktionsverlauf der Mercurierung aromatischer Amine" an der Technischen Hochschule München konnte er als frischgebackener Doktor der Chemie ins Berufsleben starten. Seinen ersten Job fand er als Industriechemiker bei Lüscher u. Bömper, eine traditionsreiche Firma, die bei Fahr am Rhein nahe Neuwied medizinische Verbandsstoffe herstellte und in der Lohmann GmbH & Co. KG fortlebt. Just im Jahr 1925 brachte sein neuer Arbeitgeber eine Pflasterbinde auf den Markt, die sich unter dem Produktnamen „Elastoplast" zu einem Verkaufserfolg entwickelte, an Beiersdorf verkauft wurde und auch heutzutage vielen Apothekenkunden im Ausland bekannt sein dürfte.[13] 1927 wechselte Balke zur Chemischen Fabrik Aubing.[14] Die Firma gehörte dem Chemiker Moriz Bloch und war ein aufstrebender Betrieb. Zwischen 1912 und 1925 hatte sich das Unternehmen beträchtlich vergrößert, verfügte über ein Laboratorium, einen eigenen Gleisanschluss an die örtliche Bahnlinie und bestand aus mehreren Fabrikgebäuden. Unter der Führung Blochs hatte sich das Unternehmen im Zuge des Ersten Weltkriegs zu einem weltweit exportierenden Hersteller von Arzneimittelgrundstoffen gemausert. Die Aubinger waren stolz auf ihre „Chemische". Doch Bloch war Jude und so ereilte seine Firma Ende 1938 das typische Schicksal der „Arisierung". Bloch wurde zum Verkauf gezwungen, das Unternehmen ging in den Besitz der Firmen Schering AG und Heyl & Co. über. Balke erlebte, wie der NS-Staat seinen Arbeitgeber binnen kurzer Zeit in die

---

[13] Vgl. Schmitt, Joachim M./Beeres, Manfred: Die Geschichte der Medizintechnologie, in: MTD, H. 10/2004, S. 86-89, hier S. 87.
[14] Zum Folgenden vgl. Bloch, Sabine/Knoch, Peter: Chemische Fabrik Aubing, in: Schoßig, Bernhard (Hrsg.): Ins Licht gerückt. Jüdische Lebenswege im Münchner Westen. Eine Spurensuche in Pasing, Obermenzing und Aubing, München 2008, S. 99 ff.; Königsberger 2009, S. 53.

Emigration, über den Atlantik in die Vereinigten Staaten, trieb. Während Bloch verstarb, kehrte sein Sohn Kurt nach dem Zweiten Weltkrieg nach Deutschland zurück, 1949 erhielt er die väterliche Fabrik zurück.

Als am 8. Mai 1945 die nationalsozialistische Herrschaft endgültig zusammengebrochen war, Deutschland in Trümmern lag, hatte Balke bereits zwanzig Jahre als Chemiker Klebstoffe und Aspirin (Acetylsalicylsäure) hergestellt. In den Wirren der Nachkriegszeit avancierte er zum „technischen Leiter" der Fabrik, seine Karriere als Manager begann. 1952 wechselte er das Unternehmen. Sein neuer Arbeitgeber wurde die Wacker Chemie, die ihn sogleich in ihren Vorstand berief. In jener Zeit des Wiederaufbaus bei Wacker in verantwortlicher Position zu sein, bedeutete Führung in kritischer Phase.[15] Die Konkurrenz war groß und bot ihre Produkte preiswerter als die Burghausener feil, die Energieversorgung der Wacker-Werke war ungesichert und viele Stoffe konnten aufgrund der im Osten verlorengegangenen Produktionsstätten nicht mehr hergestellt werden, wodurch die vormals vielfältige Angebotspalette an chemischen Stoffen erheblich verkürzt worden war.

Balke profitierte von seinen Karrierefortschritten in der Chemiebranche. Sie bildeten die Voraussetzung für seine politische Karriere, aber auch für seine zahlreichen honorigen Funktionen. Als Wacker-Vorstand gelangte er beispielsweise 1952 in den Ausschuss des Deutschen Museums in München, in seiner Zeit als Bundespostminister stieg er dann sogar zum Vorstandsratsvorsitzenden dieser renommierten Einrichtung auf.[16]

Balkes Karriere profitierte von der Zäsur des Jahres 1945. In dieser turbulenten Umbruchzeit taten sich ihm Chancen auf, in die industrielle Elite Bayerns vorzustoßen. Denn das „Dritte Reich" hatte in der Nachkriegszeit große Lücken im Arbeitgeberlager hinterlassen. Viele Manager und Unternehmer mussten sich juristisch vor den Siegermächten für ihre Handlungen während des nationalsozialistischen Regimes verantworten und einer skeptischen Prüfung unterziehen, weil sie unter Verdacht standen, in üble Machenschaften verstrickt gewesen zu sein.[17] So war zumindest in den ersten Jahren nach Kriegsende ein Großteil der vormaligen Wirtschaftsführer für offizielle Funktionen gleichsam verbrannt. Nicht so Balke. Seines jüdischen Vaters wegen stufte ihn die nationalsozialistische Rassenlehre als „Halbjuden" ein. Balke

---

[15] Siehe Freiesleben, Werner: Von der Chemie zur Petrochemie, in: Werk + Wirken, Jg. 22 (1971) H. 12, S. 3 f.
[16] Vgl. hierzu Königsberger 2009, S. 54.
[17] Vgl. auch Hachmeister, Lutz: Schleyer. Eine deutsche Geschichte, München 2004, S. 291.

II.I Berufliche Vorgeschichte

wurde Opfer nationalsozialistischer Diskriminierung und sah sich im weiteren Verlauf der Hitler-Diktatur zunehmender Verfolgung ausgesetzt. Einem „Halbjuden" verwehrten die doktrinären Machthaber eine universitäre Akademikerkarriere. Zumindest hauptberuflich musste sich Balke also auf eine Tätigkeit in der Wirtschaft beschränken.[18] Trotz seines Wissens- und Forschungsdrangs wurde er statt Professor Industriechemiker, Ruhpoldinger Bergbauern hätten ihm außerhalb Münchens gar gelegentlich Unterschlupf gewähren müssen, wie er selbst nach dem Krieg berichtete. Die übrige Zeit überstand er abgeschieden in einem Labor einer Firma, die ihrem jüdischen Eigner im Zuge der „Arisierung" entrissen worden war. Balke war jemand, von dem es hieß, er habe während der Hitler-Diktatur „ein beachtliches Maß an Zivilcourage bewiesen"[19].

Seine tragische Biographie als Opfer des NS-Regimes erleichterte ihm den Zutritt zur bayerischen Wirtschaftselite. Ein solchermaßen begabter und zugleich unbelasteter Mann der Chemiebranche konnte, mit dem nötigen Ehrgeiz, in den ersten Jahren nach dem Ende des Zweiten Weltkriegs schnell Karriere machen. 1946 katapultierten seine Persönlichkeit und die extremen Bedingungen jener Zeit Siegfried Balke an die Spitze der bayerischen Industrie. Er half beim Wiederaufbau der politischen Vertretungsorgane bayerischer Unternehmer, die deren Interessen zunächst gegenüber den Besatzungsmächten, später den westdeutschen Behörden und Politikern geltend machen sollten. Balke jedenfalls konnte sich anschließend mit der Trophäe schmücken, „seit 1945 am Wiederaufbau der Organisationen der gewerblichen Wirtschaft in Bayern entscheidend beteiligt"[20] gewesen zu sein.

Als Siegfried Balke im November 1953 der Öffentlichkeit als frischgebackener Minister für das Post- und Fernmeldewesen präsentiert wurde, war er nicht einmal formell Mitglied einer Partei. Seine Ernennung geriet zu einem Coup, der die nicht gerade hektische Berichterstattung im ersten Jahrzehnt der

---

[18] Siehe die Angaben über die sozialpolitische Tätigkeit von Siegfried Balke vom 07.01.1974, in: Archiv für Christlich-Demokratische Politik (ACDP), NL Balke, I-175-001/1, S. 1.
[19] Raegener, Karl Heinrich: Prof. Dr. Siegfried Balke – der Repräsentant der Arbeitgeber, S. 11, Textwiedergabe nach einer Tonbandaufnahme vom 31.10.1969, in: ebd., I-175-001/2; vgl. auch Angaben über die sozialpolitische Tätigkeit von Siegfried Balke vom 07.01.1974, in: ebd., I-175-001/1, S. 1; Berghahn, Volker: Unternehmer und Politik in der Bundesrepublik, Frankfurt am Main 1985, S. 68; Moser, Eva: Unternehmer in Bayern. Der Landesverband der Bayerischen Industrie und sein Präsidium 1948 bis 1978, in: Schlemmer, Thomas/Woller, Hans (Hrsg.): Gesellschaft im Wandel 1949 bis 1973, Bayern im Bund Band 2, München, 2002, S. 25-86, hier S. 43.
[20] O.V.: Prof. Balke 65, in: Nürnberger Zeitung, 01.06.1967.

Ära Adenauer in einen Zustand heftiger Erregung versetzte. Niemand hatte mit der Rekrutierung des Managers eines bayerischen Chemieunternehmens gerechnet. Wie auch, denn kaum jemandem war dieser Name überhaupt ein Begriff.[21] Weder war Balke prominent, gar populär, noch war er jemals zuvor politisch in Erscheinung getreten. Lediglich in Fachkreisen kannte man ihn. Dies verdankte er nicht zuletzt seinen zahllosen Ehrenämtern, die er zu diesem Zeitpunkt bereits bekleidete. Wie und warum also verschlug es diesen Mann der Wirtschaft in die Politik?

---

[21] Vgl. o.V.: Bundesminister Prof. Balke 60 Jahre alt, in: DUD, 01.06.1962.

II.II Von einem der auszog, kein Politiker zu werden: Balke als politischer Seiteneinsteiger

Innerhalb politikwissenschaftlicher Karrieretypologie lässt sich Balke als Seiteneinsteiger klassifizieren. Politische Seiten- bzw. Quereinsteiger unterscheiden sich in der bundesrepublikanischen Parteiendemokratie von „normalen" Politikern in erster Linie durch den schlagartigen Einstieg in politische Ämter und Funktionen.[22] Denn üblicherweise absolvieren Politiker erst Jahre, zumeist sogar Jahrzehnte lang eine innerparteiliche Karriere, ehe sie in die Beletage der Politik einziehen. Sie steigen vom Ortsvereinsvorsitzenden zum Kreisverbandsvorsitzenden auf, gelangen irgendwann einmal in den Landes- und Bundesvorstand. Schrittweise arbeiten sie sich in Stadtrat, Kreis-, Land- und Bundestag hinauf, sammeln dort einprägsame Erfahrungen und gewöhnen sich an die parlamentarische Routine. Sie müssen einen langatmigen Aufstieg bewältigen, der sich zäh und sukzessive vollzieht, ihnen gewiss viel Geduld abverlangt und Hartnäckigkeit voraussetzt, der aber auch mit Ämtern, Mandaten und Anerkennung honoriert wird. Ein Parteiamt zu ergattern, aussichtsreich auf einer Liste für öffentliche Wahlen platziert zu werden – dies sind die Prämien für das entbehrungsreiche Schaffen unter dem Panier einer Partei. Im Unterschied zur Wirtschaft beanspruchen politische Karrieren dadurch einerseits viel Zeit; Blitzkarrieren sind eher selten, Gratifikationen lassen lange auf sich warten. Andererseits gewähren sie einen breiteren Zugang zu Elitepositionen. Die Politik ist zwar ein Beruf, jedoch ohne formale Ausbildungskriterien; es gibt keine Zertifikate, die den Kompetenzfortschritt, die Leistungsfähigkeit, die allgemeine Befähigung dokumentieren. In der Politik können – zumindest theoretisch – Akademiker ebenso wie Leute ohne jeglichen Schulabschluss in verantwortungsvolle Stellungen gelangen.

Seiteneinsteigern hingegen bleibt die „Ochsentour" genannte Kärrnerarbeit erspart. Sie müssen nicht in einen Ortsverein eintreten, dort unzählige Stunden in verrauchten Hinterzimmern mit holzvertäfelten Wänden absitzen, sich als Delegierte auf Parteitagen bewähren und in Wahlkampfzeiten durch den basisaktivistischen Aufenthalt an Parteiständen in möglicherweise noch verregneten Fußgängerzonen als verdienstvoll erweisen, um dann irgendwann in den Genuss höherer Weihen zu kommen. Funktionen in Orts-, Kreis- und Landesvorständen tauchen in ihrer Vita nicht auf, vielfach besitzen sie nicht

---

[22] Zum Phänomen des politischen Seiteneinsteigers vgl. allgemein Lorenz/Micus (Hrsg.) 2009.

einmal ein Parteibuch, entrichten somit auch keine Mitgliedsbeiträge an die Parteikasse. Weil sich der Seiteneinsteiger und die Partei einander nicht kennen, sind sie sich anfangs fremd.

Wie so oft hat dies sowohl Vor- als auch Nachteile. Seiteneinsteiger wirken agil und unverbraucht, versprühen einen exotischen Charme, weil sie aus dem Einerlei der Profi-Politiker erfrischend herausragen. Journalisten jedenfalls applaudieren in der Regel frenetisch, sobald jemand von außerhalb der Politik die politische Bühne betritt. Sie feiern Seiteneinsteiger als Hoffnungsträger, als faszinierende Persönlichkeiten, die mit der Erfahrung und den Qualifikationen ihres Herkunftsbereichs – zumeist Wissenschaft und Wirtschaft – die allzeit pessimistisch beklagte Politik ja auch nur bereichern können. Den Vorwürfen zufolge wache ein „Kartell der Funktionäre"[23] über die Vergabe politischer Positionen und die überwiegend von den Parteien rekrutierten Nachwuchspolitiker, deren politische Karrieren oftmals schon in parteinahen Jugendorganisationen begonnen haben, entbehrten jeglicher fachlichen Qualifizierung, bildeten insofern eine Art „negative Auslese"[24]. Nur mit Seiteneinsteigern, so lautet denn auch eine gängige Theorie, könne die Politik zu alter Qualität zurückfinden und ihre unzulängliche Personalreproduktion aufbessern, weshalb sich auch Parteien so weit wie möglich für diesen unkonventionellen Typus öffnen sollten. Mit Seiteneinstiegen verbinden sich somit äußerst hohe Erwartungen – der Quereinsteiger erstrahlt als erlösender Heilsbringer.

Indes, von welchem der mittlerweile zahlreichen Seiteneinsteiger ist überliefert, dass er dem jemals gerecht geworden ist, dass er die Annahmen bestätigte? Sicherlich: Ludwig Erhard – auch er ein Quereingestiegener – amtierte vierzehn Jahre lang als Bundesminister, bevor er immerhin über drei Jahre Kanzler der Bundesrepublik war. Und schließlich gab es mit Angela Merkel gleich noch eine zweite Vertreterin dieser seltenen Spezies an der Regierungsspitze. Gregor Gysi und Matthias Platzeck gehören als Nachwendepolitiker ebenfalls dazu. Allerdings: Seiteneinsteiger sind zwar nicht pauschal zum Scheitern verdammt. Aber ihre Chancen auf einen langfristigen Verbleib in der Politik nehmen sich erfahrungsgemäß erheblich geringer aus, als die konventionell avancierter Kollegen. Ganz oft wappnen sie sich nämlich nur unzureichend gegen unerwartete Ereignisse, sind vor den Widrigkeiten des schnellle-

---

[23] Fahrenholz, Peter: Kartell der Funktionäre, in: Süddeutsche Zeitung, 12.04.2007.
[24] Tönnies, Sibylle: Die Spezies der Politiker bildet eine negative Auslese, in: Frankfurter Allgemeine Zeitung, 27.03.2000.

bigen Politikgeschäfts weitaus weniger gefeit wie jene, welche die „Ochsentour" über sich ergehen ließen. Geraten Seiteneinsteiger erst einmal in Turbulenzen, stürzen sie ganz oft ungebremst ab. Weil sie üblicherweise von einem „Mentor" – einem Parteivorsitzenden, Regierungschef oder Generalsekretär – rekrutiert und anschließend protegiert werden, stehen sie anfangs zutiefst in dessen Abhängigkeit. Misslingt ihnen im Fortgang ihrer Politikertätigkeit die frühzeitige Emanzipation vom Förderer, so ist ihr Karriereschicksal eng mit dessen verknüpft. Zudem sind Seiteneinsteiger zu Beginn ihrer politischen Laufbahn auf bestimmte Themen, Konzepte oder Bereiche von in der Regel aktueller Bedeutung spezialisiert. Werden diese jedoch mit der Zeit obsolet, weil sich niemand mehr für sie interessiert oder sie erfolgreich umgesetzt worden sind, dann wird der Seiteneinsteiger nicht mehr gebraucht. Hat er es bis dahin versäumt, sich anderweitig als verwendungstauglich zu empfehlen, ist er entbehrlich und wird fallengelassen – bringt doch die Politik so gut wie nie sentimentale Dankbarkeit für Geleistetes auf. Kurzum: Seiteneinsteiger verfügen über deutlich weniger karrieredienliche Ressourcen als langjährig aktive Berufspolitiker. Entsprechend fragil ist ihre Position auf der Spitzenebene, auf der Konkurrenzkämpfe wegen der Knappheit begehrter Positionen besonders unerbittlich ausgetragen werden.

Es erscheint banal, aber das Scheitern von Seiteneinsteigern ist häufig in ihren ursprünglichen Stärken angelegt, die in Abhängigkeit verschiedener Faktoren – Partei, Mentor, Wahlergebnisse, Koalitionsarithmetik, gesellschaftlicher Zeitgeist u.a. – mit unterschiedlichem Tempo zu Schwächen mutieren. Sicher: Es gibt so gut wie keinen Politiker, der nicht scheiterte. Auch die großen Kanzler Konrad Adenauer und Helmut Kohl – der eine herrschte vierzehn, der andere sechzehn Jahre über die Republik – scheiterten. War doch ihr Karriereende nicht freiwillig gewählt, sondern durch äußere Faktoren erzwungen worden. Adenauer verlor zu Beginn der 1960er Jahre die Unterstützung seiner Fraktion, Kohl 1998 den Wahlkampf gegen die SPD unter dem kongenialen Duo Gerhard Schröder und Oskar Lafontaine. Seiteneinsteiger aber scheitern viel früher als „gelernte" Politiker. Ihr politisches Immunsystem verkraftet empfindliche Karriererückschläge nicht annähernd so souverän. Rita Süssmuth etwa war Kohls Protegée und gewann schnell öffentliche Popularität. Doch Kohl war die emanzipierte Professorin viel zu renitent und eigenwillig, schnell zählte sie zu der langen Liste seiner Feinde. Ihre Beliebtheit bei Journalisten und Wählern verhinderte aber, dass der „schwarze Riese" sie aus der Politik wieder hinauswerfen konnte – wie er es sicherlich am liebsten getan hätte. Weil Kohl jedoch gewiefter Taktiker war, schob er sie aus der Exekutive auf einen repräsentativen Posten der Legislative ab: die Präsidentschaft des Deutschen Bundestages. Als schließlich auch diese Quelle von Karrieresicherheit infolge wiederholter Affären versiegte, Süssmuth plötzlich nicht mehr populär war, fand auch ihre Karriere als Politikerin schlagartig ihr Ende. Genauso war es übrigens mit dem Liberalen Werner Maihofer. Ende der 1960er Jahre als Galionsfigur der sozial-liberalen Koalition in die Politik geholt, entledigte man sich in der FDP seiner, nachdem diese kurze Ära ihren Zenit überschritten hatte und Maihofer infolgedessen entbehrlich geworden war. Da er sich nirgends abgesichert hatte, kam auch seine spektakulär begonnene Karriere zu einem unrühmlichen Ende.

Man beraubt die folgende Darstellung nicht ihrer Spannungsmomente, wenn man konstatiert, dass auch Balke in einer für Seiteneinsteiger durchaus typischen Weise scheiterte. Die konkreten Ursachen sind freilich erst Gegenstand der folgenden Kapitel; zunächst gilt es, sich wieder dem Eintritt Balkes in die Politik zuzuwenden.

II.III „…plötzlich ein ganz anderes Echo":
Annäherung an die Politik über Parteienfinanzierung

Siegfried Balke war zwar der Definition nach ein waschechter Seiteneinsteiger, doch tat sich ihm die Politik keineswegs als völlige Terra incognita auf. Mit Parteien hatte er zwar nicht viel zu tun – dies jedenfalls ließe sich in Anbetracht seiner nahtlosen Biographie und Parteilosigkeit vermuten. In innerparteilichen Strukturen hatte sich Balke tatsächlich nicht aufgehalten. Doch stand er der Politik zum Zeitpunkt seines Seiteneinstiegs nicht fern, vielmehr hatte er ihr sich über zwei Wege genähert. Balke gehörte zunächst dem „Wirtschaftsbeirat der Union" an. Bei dieser am 14. Juni 1948 gegründeten Organisation handelte es sich um einen eingetragenen Verein, der Unternehmern die Möglichkeit zur Einflussnahme auf die Wirtschaftspolitik verschaffen sollte[25] – oder anders ausgedrückt: eine „fruchtbare Begegnung zwischen Wirtschaft und Politik"[26] bezweckte. Ganz explizit war dies ein juristisch eigenständiges Gremium der Wirtschaft, nicht der Partei. Er bot bayerischen Firmeneignern die Gelegenheit, sich formal außerhalb der Partei dennoch auf diskrete Weise parteinah zu organisieren. Die Existenz des „Wirtschaftsbeirats" war den Umständen seiner Zeit geschuldet. Nach dem Untergang des „Dritten Reichs" fehlten den freien Unternehmern jegliche Strukturen der kollektiven Interessenvertretung. Wie die Städte lagen auch die großen überregionalen und branchenübergreifenden Arbeitgeberverbände, beispielsweise die „Vereinigung der Arbeitgeberverbände in Bayern", zum damaligen Zeitpunkt in Trümmern und auch ihr Wiederaufbau stand noch bevor.[27] Im „Wirtschaftsbeirat" trafen sich daher regelmäßig Wirtschafts- und Parteiführer, um sich auszutauschen, abzusprechen und gemeinsame Linien auszuarbeiten – offiziell: gegenseitige „Beratung" anzubieten. Er war eine Schnittstelle zwischen Politik und Wirtschaft, ein klandestiner Treffpunkt privater Akteure und öffentlicher Mandatsträger. Dies allein verleiht ihm bereits – wenigstens im Nachhinein – einen anrüchigen Beigeschmack, umgibt doch derlei Konstruktionen meistens eine Aura der Korruption.

Im Grunde ging es den Firmenchefs auch tatsächlich darum, die politischen Akteure zu beeinflussen, um sich bestmögliche wirtschaftliche Bedin-

---

[25] Vgl. Mintzel, Alf: Geschichte der CSU. Ein Überblick, Opladen 1977, S. 191-194; ders.: Die CSU. Anatomie einer konservativen Partei 1945-1972, Opladen 1975, S. 212 ff.
[26] Ders. 1975, S. 213.
[27] Vgl. hierzu Hachmeister 2004, S. 290-293.

gungen zu verschaffen. Vor allem bedeutete das, die politische Linke auf Distanz zu Regierungsämtern und Mandaten zu halten sowie die Prinzipien der Sozialen Marktwirtschaft durchzusetzen. Oder wie es der profunde CSU-Forscher Alf Mintzel formuliert hat: „Über die Mitgliedschaft im Wirtschaftsbeirat der CSU sollten Unternehmer als natürliche und Unternehmungen als juristische Personen die Möglichkeit erhalten, auf die politische Gestaltung des Wirtschaftslebens Einfluss zu nehmen."[28]

Die Christlich-Soziale Union war allerdings nicht die einzige Partei, die sich für die beabsichtigte Einflussnahme der bayerischen Wirtschaft auf die Politik eignete – warum also entschied man sich für die CSU? Die spätere Quasi-Staatspartei des Freistaats Bayern wurde ausgesucht, weil die bayerische FDP in ihrer politischen Programmatik zwar auch entschlossen antisozialistisch und marktwirtschaftlich ausgerichtet, schon damals aber weder organisations- noch wählerstark war. Bei der allerersten Landtagswahl 1946 holte die CSU über die Hälfte aller abgegeben Stimmen, 52,3 Prozent. Die Besitzer und Manager der großen Firmen erwählten mit der CSU schlichtweg diejenige politische Organisation, die in ihren Augen seinerzeit die aussichtsreichsten Chancen und besten Voraussetzungen hatte, um langfristig die politischen Geschicke Bayerns zu bestimmen. Und die Unternehmer brachten nicht nur wirtschaftspolitische Expertise, sondern insbesondere viel Geld mit – doch dazu an späterer Stelle mehr. Nicht auszudenken, wie die Biographie der CSU verlaufen wäre, hätten sich die Unternehmer – mitsamt ihrer finanziellen Unterstützung – damals, in den ersten Nachkriegsjahren, für eine andere Partei, etwa die Bayernpartei, entschieden. Von den Beiträgen ihrer schrumpfenden Mitgliedschaft hätte sie ihre aufwändigen Wahlkämpfe sicherlich nicht bezahlen können.

Die Lobbyorganisation profitierte von der Zeit des Umbruchs, von der Errichtung eines demokratischen Mehrparteiensystems. Beinahe zeitgleich mit der Partei gegründet, konnte sie in der Entstehungsphase der CSU Einfluss auf deren Formierung nehmen. Dies war nicht ohne Belang. Tatsächlich war die CSU in den ersten Nachkriegsjahren nämlich keineswegs die natürliche Anlaufstelle für Wirtschaftsinteressen gewesen, wie es später sein sollte. Durch das unmittelbar nach dem Kriegsende einseitig gegen die Arbeitgeberschaft gerichtete Koalitionsverbot war eine organisierte Bündelung und Vertretung von Wirtschaftsinteressen, die in den politischen Raum hineinwirken konnten,

---

[28] Mintzel 1975, S. 213.

II.III Annäherung an die Politik über Parteienfinanzierung

zunächst nicht möglich gewesen.[29] Doch der gebrochene Einfluss der Unternehmerschaft in der CSU hielt nicht lange an, bereits 1947 gewannen die restituierten Verbände der freien Wirtschaft in der neuen Partei bedeutendes Gewicht. Nach einer kurz andauernden Phase, in der es sogar sozialistische Programmelemente gab, die auch eine Vergesellschaftung von „für die Allgemeinheit lebenswichtige[n] Produktionsmittel[n], Großbanken und Versicherungsunternehmen"[30] vorsahen, begab sich die CSU programmatisch auf den Kurs der Sozialen Marktwirtschaft. In der „Abkehr einflussreicher CSU-Kreise von dem noch im Jahre 1946 proklamierten ‚indikativen Sozialismus aus christlicher Ethik'"[31] zeigte sich die „weittragende Bedeutung", welcher der Gründung des „Wirtschaftsbeirates" zukam. Von Sozialisierungsabsichten und einer Einschränkung der Unternehmerinitiative war im „14-Punkte-Programm" der Christsozialen im Sommer 1947 dann schon keine Rede mehr.

Fürderhin spielten Bankiers und Wirtschaftskapitäne in der CSU eine gewichtige Rolle.[32] Etwa zur selben Zeit formierten sich in Bayern die zuvor von der Besatzungsmacht im Zuge der Entnazifizierung verbotenen Dachverbände der Wirtschaft, beispielsweise der „Landesverband der bayerischen Industrie" (LBI) und die „Vereinigung der Arbeitgeberverbände in Bayern". Infolgedessen gewannen Großunternehmer, Bankiers und industrielle Manager – so auch Balke – innerhalb der CSU schnell an Gewicht. Granden der bayerischen Wirtschaft wie der Flugzeugbauer Claudius Dornier und der Brillenfabrikant Rolf Rodenstock hielten engen Kontakt zu CSU-Politikern. Die CSU entwickelte sich unversehens zur „Industrie- und Unternehmerpartei"[33].

Über viele Jahre agierte der „Wirtschaftsbeirat" sodann „in engster Kooperation mit führenden CSU-Politikern gegen DGB und SPD"[34] und nahm dabei beträchtlichen Einfluss auf Landtagsfraktion wie Parteiführung. Dadurch fiel er unter die Rubrik „interessenspezifische Sonderorganisationen"[35] der freien Wirtschaft, wie sie innerparteilich auch noch die „Arbeitsgemeinschaft des Mittelstands" darstellte. Wer in diesem Kreis verkehrte, kam ganz automa-

---

[29] Ebd., S. 154 f.; vgl. folgend ebd., S. 96 ff.
[30] Zitiert nach Schreyer, Klaus: Bayern – ein Industriestaat. Die importierte Industrialisierung. Das wirtschaftliche Wachstum nach 1945 als Ordnungs- und Strukturproblem, München/Wien 1969, S. 95.
[31] Mintzel 1975, S. 213.
[32] Vgl. Mintzel 1977, S. 194 und S. 251; Schreyer 1969, S. 155 f.
[33] Mintzel 1977, S. 194.
[34] Ders. 1975, S. 214.
[35] Ebd.

tisch in Kontakt mit einflussreichen CSU-Politikern, ja bemühte sich sogar gezielt um Gespräche und Vereinbarungen mit führenden CSU-Funktionsträgern. Vor allem, wenn es sich wie bei Balke um ein Mitglied in den Vorständen der wichtigsten Vereine und Verbände des bayerischen Unternehmerlagers handelte.

Durch seine Mitgliedschaft im „Wirtschaftsbeirat" bewegte sich Balke also bereits viele Jahre vor seiner Ministerberufung im Umfeld der CSU. Doch das war nicht alles. Balke fielen besondere Aufgaben zu; er war einer der Cheflobbyisten der bayerischen Industrie und betrieb aus dieser Position heraus „Fundraising" für die Christsozialen. Als Vorsitzender der im Sommer 1952 gegründeten „Volkswirtschaftlichen Gesellschaft in Bayern" (VGB) – einem Berufsverband, über den bayerische Unternehmer zentral Spenden für bürgerliche Parteien sammelten[36] – und als Vorsitzender des „Vereins der Bayerischen Chemischen Industrie" (VBCI) beteiligte er sich an der Wahlkampffinanzierung der CSU. Interessenverbände wie der VBCI zogen von ihren Mitgliedern enorme Geldsummen ein, überwiesen diese an die VGB, eine Tarnorganisation, welche wiederum die Gelder der CSU für Wahlkampfzwecke übermittelte. Auf diese Weise verhalfen die bayerischen Unternehmer ihrem Favoriten zu einer gut gefüllten Wahlkampfkasse, gegen die der Etat anderer Parteien verblasste. Für die Bundestagswahl 1957 „spendete" allein der VBCI der CSU rund 236.000 (steuerabzugsfähige) Mark.[37] Die gesamte bayerische Wirtschaft ließ sich den Wahlerfolg der Christlich-Sozialen gar vier Millionen Mark kosten.

Und die CSU brauchte das Geld der Industriellen. Denn in den 1950er Jahren war die CSU von ihrem späteren Status als faktische Alleinherrscherin über den Freistaat noch weit entfernt – handelte es sich bei ihr doch in jenen Tagen um eine mitgliederschwache Honoratiorenpartei, die stark auf externe Gelder angewiesen war.[38] In den Jahren 1950 bis 1953 halbierte sich die Mitgliederzahl sogar auf rund 33.000, die Landesgeschäftsstelle finanzierte sich zu

---

[36] Vgl. Moser 2002, S. 52-55; Balcar/Schlemmer (Hrsg.) 2007, Fußnote 43/S. 436; Schlemmer, Thomas: Aufbruch, Krise und Erneuerung. Die Christlich-Soziale Union 1945 bis 1955, München 1998, S. 472 f.; Pfeil, Moritz: Balkan in Bonn?, in: Der Spiegel, 03.10.1962.

[37] Siehe hier und folgend Brief Geschäftsstelle des Vereins der Bayerischen Chemischen Industrie e.V. an die Vorstandsmitglieder vom 17.10.1955, in: ACDP, NL Balke I-175-033/3; Brief Balke an Kolke, Heisel und Gammert vom 26.09.1955, in: ebd. I-175-045/1.

[38] Vgl. etwa Notiz zur CSU-Landesvorstandssitzung vom 13.04.1951, abgedruckt als Dokument Nr. 42b in: Balcar/Schlemmer (Hrsg.) 2007, S. 283 f.; Schlemmer 1998, S. 456-464 sowie S. 471 f.

über achtzig Prozent aus Spenden. Hätte sich die CSU – übrigens genau wie ihre christdemokratische Schwesterpartei – allein auf die Zahlungsmoral der Inhaber eines Parteibuchs verlassen, so hätte sie es wohl kaum zu der „Staatspartei" geschafft, zu der sie in den 1950er Jahren heranreifte.[39] Mit anderen Worten war die Unterstützung von Männern wie Balke für die CSU von schier existenzieller Bedeutung.

Sozialismuskritische Zuckerwürfel auf ihrer Reise nach Bayern: Balke als Verbandschef

In den frühen 1950er Jahren stand es also nicht gut um die junge Partei. Der VBCI, dem Balke vorsaß, war durch die sozialdemokratischen Ergebnisse der im März 1952 abgehaltenen Gemeindewahlen aufgeschreckt worden. Und diese waren in der Tat alarmierend: Trennten CSU und SPD bei der ersten Kommunalwahl im Jahr 1946 noch über dreißig Prozent (60,6 zu 28 Prozent), so schmolz dieser Vorsprung in den folgenden sechs Jahren dahin; 1952 lagen beide Parteien nur noch zwei Prozentpunkte auseinander. Während die CSU um ihre Pfründe bangte, befürchteten die Wirtschaftsvertreter, die SPD könne im nächsten Bundestag eine Mehrheit erlangen und mit ihren Sozialisierungsvorhaben der freien Wirtschaft ein baldiges Ende setzen.[40] VBCI-Chef Balke und sein Geschäftsführer gerieten ins Schwitzen und begannen, geeignete Gegenmaßnahmen auszutüfteln. So ventilierten sie unter anderem die Idee einer „massenpsychologischen Beeinflussung"[41]. Die Firmen sollten auf den Etiketten ihrer Produkte die Vorzüge der Marktwirtschaft preisen und die drohende Gefahr einer Sozialisierung anprangern. Balke hatte das in Großbritannien gesehen. Dort hatten Zuckerhersteller, die sich von Sozialisierungsmaßnahmen bedroht fühlten, auf Zuckerwürfel folgenden Text geprägt: „Ich soll sozialisiert werden, was sagst Du als Konsument dazu?" Nun wollte Balke auch in Deutschland Konsumgüter zu Trägern von Parteiwerbung machen. Zu sozialismuskritischen Zuckerwürfeln kam es in Bayern dann allerdings doch nicht. Die Wirtschaftsvertreter setzten auf die Zusammenarbeit mit der CSU.

---

[39] Vgl. Mintzel 1977, S. 66 f.
[40] Vgl. hier und folgend Abschrift Brief (Unterzeichner: Geschäftsführer Henze) des Vereins der Bayerischen Chemischen Industrie e.V. an den Arbeitsring der Arbeitgeberverbände der Deutschen Chemischen Industrie vom 09.04.1952, in: ACDP, NL Balke, I-175-033/3.
[41] Siehe hierfür ebd.

Stattdessen entschloss man sich zu der eher konventionellen Methode, die CSU in der ihr zugedachten Rolle als Bonner Koalitions- und bayerischer Regierungspartei in massiver Form mit Geldern aus der Industrie zu beschenken. Für die Unternehmer war dies nichts anderes als eine zukunftsträchtige Investition, die sich schnell amortisieren würde.

Die Überweisung stattlicher Summen an die Schatzmeisterei der CSU war aber nicht der einzige Weg, den Balke und seine Chemieorganisation in Sachen „politischer Landschaftspflege" einschlugen. Daneben entschieden sie sich für eine ungleich unmittelbarere Einflussnahme, deren Protagonist Balke selbst war. Um den Interessen der bayerischen Chemiebetriebe außerhalb der bayerischen Landesgrenzen in Bonn stärkere Geltung zu verschaffen, bedienten sich Balke und seine Mitstreiter der lobbyistischen Methode, über die reguläre Parteienfinanzierung hinaus direkten, da persönlichen Einfluss auf einzelne Mandatsträger zu nehmen. Doch ihre Auswahl war nicht zufällig, sondern strategisch. Sie erkoren einen aufstrebenden CSU-Politiker jüngeren Alters mit aussichtsreichen Karrierechancen zu ihrem Günstling: Franz Josef Strauß. Denn Strauß war in den frühen 1950er Jahren nicht nur Träger eines Bundestagsmandats, sondern darüber hinaus auch schon Chef der CSU-Landesgruppe innerhalb der Unionsfraktion und Generalsekretär der CSU. Man musste kein Prophet sein, um das außergewöhnliche Potenzial dieses Nachwuchspolitikers zu erkennen. Strauß beeindruckte bereits in jungen Jahren mit seiner Persönlichkeit. Für seine wissenschaftlichen Porträtisten war er ein „fachkundiger, urteilsfähiger und scharfer Analytiker [...] mit geschliffener Rhetorik"[42], dessen „ungeheure Auffassungsgabe, und Intelligenz" wie auch sein „Eifer und die Schnelligkeit, mit der er sich in jedes Sachgebiet einarbeiten konnte",[43] ihn aus der Masse der politischen Elite hervortreten ließen. Bei keinem anderen CSU-Politiker kam zudem die unternehmerkonzentrierte Programmatik der Christlich-Sozialen „so emphatisch, scharf und unmissverständlich zum Ausdruck wie in Diskussionsbeiträgen und Reden"[44] Franz Josef Strauß'. Er bekannte sich unverrückbar zur privatkapitalistischen Wirtschaft, war ein politisch einflussreicher Garant der freien Unternehmerschaft. Außerdem ließ er die Ent-

---

[42] Richter, Saskia: Die Kanzlerkandidaten der CSU. Franz Josef Strauß und Edmund Stoiber als Ausdruck christdemokratischer Schwäche?, Hamburg 2004, S. 58.
[43] Siebenmorgen, Peter: Franz Josef Strauß (1915-1988), in: Oppelland, Torsten (Hrsg.): Deutsche Politiker 1949–1969. Band 2: 16 biographische Skizzen aus Ost und West, Darmstadt 1999, S. 120-131, hier S. 126.
[44] Mintzel 1977, S. 249.

schlossenheit erkennen, politische Forderungen gegenüber dem Kanzler unter Androhung eines Koalitionsbruchs durchzusetzen. Und so wurde Strauß von Balke und seinen Chemiekonsorten auserwählt, in den nächsten Jahren ihre Interessen – „die Unterstützung der sozialen Marktwirtschaft und die Förderung wirtschafts- und sozialpolitischer Interessen Bayerns und bestimmter außerbayerischer Wirtschaftskreise"[45] – in der provisorischen Bundeshauptstadt politisch zu vertreten. Was sich zwischen Balke und Strauß in der Folgezeit zutrug, bietet ausreichend Stoff für einen spannungsgeladenen Polit-Thriller.

Die Systematik dieser „Zusammenarbeit" war relativ simpel. Balke spielte Strauß Gelder aus der Industrie zu, die dieser anschließend nach Belieben verwenden konnte. Dafür musste er seine Spender anhören und zusichern, unter Zuhilfenahme des fraktionsinternen Einflusses der CSU ihre wirtschaftspolitischen Interessen zu vertreten. Man glaubte darin nichts moralisch Verwerfliches erkennen zu müssen – schließlich handelte es sich lediglich um Vorstellungen, die ja im Kern auch die der CSU seien. Wer wollte, konnte also sein Gewissen mit den lauteren Absichten, die dem Vorgang zugrunde lagen, beruhigen. Und Balke stand im Zentrum dieser Aktion. Im Auftrag bayerischer Industrieller traf er sich mit Strauß, verhandelte die Details, war Mittelsmann. Um dem Ganzen auch noch eine juristische Basis zu verschaffen, wurde ein Kontrakt geschlossen. Natürlich verschleierte dieser das eigentliche Wesen seiner Vereinbarungen. Die Vertragspartner waren im Einzelnen: Balke als „alleinbevollmächtigter Vertreter des Landesverbandes der bay. Industrie"; Strauß als bevollmächtigten Vertreter der CSU-Landesgruppe im Bundestag sowie ein gewisser Dr. Peters als „bevollmächtigter Vertreter bestimmter hessischer Wirtschaftskreise". Sie einigten sich auf die Einrichtung eines „Wirtschafts- und Sozialpolitischen Instituts" in Bonn.[46]

Wie schon die „Volkswirtschaftliche Gesellschaft in Bayern" verdeckte auch diese Organisationsbezeichnung den wahren Zweck. Das „Wirtschafts- und Sozialpolitische Institut" war nichts anderes als eine Sammelstelle für die Strauß zugedachten Industriellengelder.

Denn das „Institut" finanzierten die von Balke und Peters repräsentierten Wirtschaftskreise. Dies geschah über das hauseigene Institutsorgan *Nachrich-*

---

[45] Vgl. Vertrag zwischen Balke, Peters, Strauß und Limmer, in: ACDP, NL Balke, I-175-044/4.
[46] Vgl. hier und im Folgenden ebd.; Weber, Petra: Föderalismus und Lobbyismus. Die CSU-Landesgruppe zwischen Bundes- und Landespolitik 1949 bis 1969, in: Schlemmer, Thomas/Woller, Hans (Hrsg.): Politik und Kultur im föderativen Staat 1949 bis 1973, Bayern im Bund Band 3, München 2004, S. 23-116, hier S. 33 f.

ten *aus Wirtschaft und Politik,* dessen Einnahmen Strauß „ungeschmälert für Parteizwecke" verwenden durfte. Als Gegenleistung verpflichtete sich Strauß „namens der Landesgruppe CSU das Institut in jeder Hinsicht zu unterstützen" – was nichts anderes hieß, als die dort vorgelegten Konzepte zur Grundlage christlich-sozialer Wirtschaftspolitik zu machen.

Balke und Peters adaptierten hierbei eine Methode, die auch Konrad Adenauer anwandte, um seine offiziellen wie geheimen Kassen mit beträchtlichen Mitteln aus gönnerhaften Wirtschaftskreisen aufzufüllen. Über den Vertrieb einer Zeitschrift Gelder einzuwerben, war ein von der CDU bereits seit 1949 mit großem Erfolg angewandtes Prinzip.[47] Dabei abonnierten Unternehmen zu horrenden Preisen ein wenige Blätter umfassendes Organ zumeist eines „Instituts" oder einer „Stiftung", das in aller Regel lediglich allgemein bekannte, kaum informative Wirtschaftsdaten enthielt. Diese Ausgaben waren auf der einen Seite für die Firmen steuerabzugsfähig, auf der anderen Seite flossen sie den bürgerlichen Parteien indirekt über die Herausgeber der Zeitschrift als Spenden zu – ein für beide Seiten profitables Prinzip. So erzielte die Kanzlerpartei Adenauers zwischen 1953 und 1960 allein durch den Abonnement-Verkauf des überteuerten, an sich belanglosen Journals *Das Wirtschaftsbild* an zahlungskräftige Unternehmen jährliche Summen von durchschnittlich um die zwei Millionen Mark. Balke und sein Chemieindustrieverein folgten dieser in den 1950er Jahren somit durchaus gängigen Praxis. Sie offerierte ihnen eine weitgehend diskrete Parteienfinanzierung, nachdem andere Varianten nicht realisiert worden waren. So hatten die bayerischen Industrievertreter zu Beginn der 1950er Jahre der CSU nahegelegt, eine „Wahlsteuer" einzuführen, „über deren Zweckbestimmung der einzelne selbst entscheiden kann, etwa so, wie jeder seine Kirchensteuer der Konfession geben kann, der er angehört".[48] Das war dann allerdings selbst Strauß und seinen Parteifreunden zu bedenklich gewesen. So mussten eben andere Wege gefunden werden.

Allein, dies war noch nicht alles. Neben den ohnedies einträglichen Einkünften aus dem Zeitschriftenverkauf sollte Strauß bei der „Bayerischen Creditbank" zusätzlich ein Konto eröffnen, auf das zukünftig die Zahlungen der interessierten Wirtschaftskreise eingehen würden und für das er die alleini-

---

[47] Vgl. dazu Bösch, Frank: Die Adenauer-CDU. Gründung, Aufstieg und Krise einer Erfolgspartei 1945-1969, Stuttgart/München 2001, S. 215-221.
[48] Brief Limmer an Schäffer vom 29.12.1951, in: ACDP, NL Balke, I-175-044/4.

ge Vollmacht erhalten sollte.[49] Investigative Quellen sprachen von 3.500 bis 5.000 Mark monatlicher Einzahlungen.[50] Außerdem spendierte die bayerische Chemiewirtschaft dem späteren Ministerpräsidenten im Herbst 1951 auf Kosten des VBCI ein „repräsentatives Büro"[51] – selbstverständlich allein zu „politischen Zwecken"[52], zur Erledigung gewisser „Aufgaben" eingerichtet, deren Ausführung „unmittelbar der bayerischen Wirtschaft zugutekommt".[53] Dieses Büro verstand sich im Übrigen explizit als jederzeit kündbare Leihgabe des „Bayerischen Chemievereins".[54]

Balke war bei dieser Lobbymission federführend. Er rekrutierte das Personal, kümmerte sich um die Formalitäten und orderte sogar die Bürovorhänge. Strauß sollte es an nichts fehlen. Dabei schien Balke eine diebische Freude zu entwickeln, mit innerem Amüsement titulierte er sich selbst als „Finanzminister"[55] in diesem Husarenstück. Festzuhalten bleibt: Ab 1951, über zwei Jahre vor Balkes Ernennung zum Minister, begann der Bayerische Chemieverband, die Aktivitäten Franz Josef Strauß' in Bonn zu finanzieren – und Siegfried Balke führte dabei die Regie.

Strauß zeigte sich über das „Büro" und seinen neuen „Mitarbeiter" Balke „sehr erfreut".[56] Als Emissär der bayerischen Chemieunternehmen traf sich Balke fortan mit Strauß, um die Anliegen der bayerischen Wirtschaft zu besprechen. Dabei ging es nicht bloß um vage Kursbestimmungen, sondern um ganz konkrete politische Fragen wie etwa die Ablehnung einer erhöhten Aufwandsteuer zugunsten einer leicht höheren Umsatzsteuer – eben die weitreichende Vorbereitung politischer Entscheidungen ganz im Sinne von Bayerns Wirtschaft. Sobald den Industriellen etwas missfiel, wurde Balke in Bonn vorstellig. In einer saarländischen Wirtschaftsangelegenheit drängte Balke Strauß, „dämpfend auf gewisse Kreise seiner Partei einzuwirken". Erkannte Balke einen „völlig unsinnige[n] Gesetzentwurf"[57], veranlasste er eine entsprechende

---

[49] Siehe Brief Balke an Bender vom 07.10.1951, in: ebd.
[50] Siehe o.V.: Schafkopfen lernen, in: Der Spiegel, 23.11.1970.
[51] Brief der Geschäftsstelle des Landesverbandes der Bayerischen Industrie e.V. an Balke vom 29.09.1951, in: ACDP, NL Balke I-175-044/4.
[52] Vgl. Brief Balke an Bender vom 07.10.1951, in: ebd.; Aktennotiz Balkes vom 11.11.1951, in: ebd.
[53] Brief Bayer an Balke vom 24.08.1951, in: ebd.
[54] Vgl. Brief Balke an Generaldirektor Otto Seeling vom 24.09.1951, in: ebd.
[55] Brief Balke an Bayer vom 29.08.1951, in: ebd.; siehe auch Brief Balke an Bender vom 07.10.1951, in: ebd.
[56] Brief Bayer an Balke vom 24.08.1951, in: ebd.
[57] Brief Balke an Generaldirektor Otto Seeling vom 24.09.1951, in: ebd.

Intervention Strauß', die diesen verhindern sollte. Balke fungierte als eine Kommunikationsbrücke zwischen bayerischen Wirtschaftsorganisationen und der CSU, und dort speziell Strauß.

Dabei scheute Balke im Übrigen nicht davor zurück, die Industriegelder als wirksames Druckmittel anzuwenden. Missfiel den Industriellen die christlich-soziale Politik, drohten sie mit schleunigem Entzug ihrer materiellen Gunsterweise. So nutzte Balke ein Treffen im September 1951, in dem die finanzielle Unterstützung für anstehende Gemeinde- und Bundestagswahlen durch Industriegelder erörtert werden sollte, um Strauß über die Unzufriedenheit seiner Gönner in Kenntnis zu setzen.[58] Balkes mahnende Worte zeigten schon bald Effekte. Seine Korrespondenz mit den Geldgebern dokumentiert die allgemeine Zufriedenheit mit der Kooperation. Anfang Oktober 1951 bilanzierte er, dass „uns das Unternehmen Bonn brauchbares Material bringt [...] und dass vor allem die gesteigerte Aktivität der CSU (die von uns ermöglicht wurde), für die bayerische Wirtschaft in Bonn plötzlich ein ganz anderes Echo geschaffen hat. Es mehren sich die Besuche höchster Herrschaften bei mir persönlich, um als Klimaanlage zu wirken."[59] „Per Saldo", so Balke weiter, lohnte sich die Investition in die Karriere des Franz Josef Strauß „zweifellos". Dies zeigt, wie sich bereits der junge Strauß in die Abhängigkeit politischer Interessenten begab, die sich infolge seiner Bedenkenlosigkeit im Umgang mit „Spendengeldern" politischen Einfluss erkauften. Dieses Kapitel aus Siegfried Balkes Leben unterstreicht nicht zuletzt die Tatsache, dass Strauß demokratisch nicht legitimierten Eliten ein willfähriges Einfallstor in die Politik bot.

„Parteilich nicht allzu auffällig": Alternative Parteiarbeit als Spendenportier

In diesem Zusammenhang erhellt sich nun auch, weshalb Balke zum Zeitpunkt seiner Ministerernennung keine Parteimitgliedschaft besaß. Aus angebrachter Diskretion sollte er die Angelegenheit „Büro Bonn" möglichst inoffiziell abwickeln und „parteilich nicht allzu auffällig"[60] in Erscheinung treten. Offiziell wurde eine andere Person als Leiter des Büros deklariert. Auch als verantwort-

---

[58] Vgl. Brief Balke an Generaldirektor Otto Seeling vom 24.09.1951, in: ebd.
[59] Brief Balke an Bender (Assessor beim LV der Bayerischen Industrie) vom 07.10.1951, in: ebd.
[60] Hier und folgend Brief Bayer an Balke vom 24.08.1951, in: ebd.; siehe auch Brief der Geschäftsstelle des Landesverbandes der Bayerischen Industrie e.V. an Balke vom 29.09.1951, in: ebd.

II.III Annäherung an die Politik über Parteienfinanzierung

licher Redakteur des Nachrichtenblatts wurde Balke verschwiegen, hier firmierte ebenfalls ein anderer als der inhaltlich Verantwortliche. Beteiligte, die bis dahin im Dienst der CSU gestanden hatten, wurden formell entlassen und ersatzweise auf die Gehaltsliste des „Bayerischen Industrieverbandes" gesetzt. Nichts sollte auf eine Verbindung mit der CSU hindeuten, jedes Indiz galt es zu verbergen. Balkes Parteilosigkeit war folglich nicht seinem Desinteresse oder einer Abneigung geschuldet, sondern systematisch durchdacht worden, um ihm „gewisse Aufgaben" zu erleichtern – wie es im ominösen Lobbyjargon hieß.

Balkes Weg als Seiteneinsteiger in die Politik erscheint nun nicht mehr ganz so rätselhaft. Er hatte vor allem aus Gründen der Tarnung seiner lobbyistischen Tätigkeit auf eine Parteimitgliedschaft verzichtet. Seine offizielle Parteilosigkeit stand in völligem Kontrast zu seiner tatsächlichen Parteinähe. Zudem trat er in den beiden Jahren vor seinem Einstieg in die professionelle Politik als Finanzier des ambitionierten CSU-Politikers Franz Josef Strauß auf, koordinierte in Bonn die auf einem Austausch von Geld und Politik gründende Reziprozitätsbeziehung zwischen CSU und bayerischer Wirtschaft. Damit schloss Balke nicht nur persönliche Bekanntschaft mit Strauß, der zum damaligen Zeitpunkt das Fundament seiner späteren Machtstellung innerhalb der CSU goss; sondern er leistete vor allem einen wichtigen Beitrag zum politischen Erfolg der Christlich-Sozialen in Bayern, die von den Geldern, zu denen er ihnen verhalf, kostspielige Wahlkämpfe bestreiten konnten. Für die Bittsteller der CSU-Führung um den Parteivorsitzenden Hans Ehard war Balke einer der wichtigsten Ansprechpartner für die Zuteilung von Wahlkampfgeldern aus den opulenten Industriefonds.

Dies – die Mitgliedschaft im „Wirtschaftsbeirat der Union" sowie die unmittelbare Zuweisung von Geldern für Strauß im Speziellen und die CSU im Allgemeinen – waren folglich zwei elementare Berührungspunkte Balkes mit der CSU, für die er später neun Jahre lang einen Ministerplatz ausfüllen sollte. Dies alles zusammengenommen lässt sich, wenn man so will, als vorpolitische Qualifikation Balkes bezeichnen, als einen mehr als gleichwertigen Ersatz für innerparteiliches Engagement in den offiziellen Strukturen und Gremien. Denn indem Balke Industriegelder auf Strauß' Konto transferierte, Wahlkampfmittel für die CSU akquirierte und auch sonst als enger und zugleich verlässlicher Kontaktmann zwischen Partei und Verbänden fungierte, erwarb er sich parteiinterne Meriten, wie sie sich Politiker normalerweise über die „Ochsentour" verdienen. Balke musste keinen Bezirksverband führen oder ein anderes hochrangiges Parteiamt bekleiden, um nach Bonn geholt zu werden. In seinem Fall handelte es sich gewissermaßen um eine alternativ erbrachte Parteiarbeit, die er vor der Zuweisung eines hohen, prestigeträchtigen Amtes durch die CSU abgeleistet hatte. So war es denn auch nicht zufällig der jahrelange Zahlungsempfänger Strauß, der in Bonn Balke der CSU-Landesgruppe vorschlug und gegen Widerstände durchsetzte.[61]

Balkes Übertritt von der Wirtschaft in die Politik weist ein für Seiteneinsteiger typisches Charakteristikum auf. Viele Experten beginnen nach einiger Zeit, ihre eher passive Rolle sachverständige Berater von entscheidungstragenden Politikern zu hinterfragen. Wozu sich mit enervierender Überzeugungsarbeit abmühen und am Ende des Beratungsprozesses von der Politik halbgare Kompromisslösungen entboten zu bekommen, wenn man es selbst auch unmittelbar und womöglich in weitaus besserer Qualität hinbekommen könnte? So jedenfalls dürfte die innere Argumentation von etlichen Quereinsteigern gelautet haben – von dem Universitätsprofessor und Konzerngeschäftsführer Kurt Biedenkopf über die Gerontologin Ursula Lehr bis hin zu dem gesundheitspolitischen Fachmann Karl Lauterbach. Getrieben von einer romantischen Abenteuerlust, dem Empfinden beruflicher Stagnation und Langeweile sowie dem verführerischen Gedanken, politische Entscheidungsmacht mit fachlicher Kompetenz verschmelzen zu können, nutzten in der Geschichte der Bundesrepublik nicht Wenige spontane Gelegenheiten, um politische Ämter und Funktionen zu übernehmen. Ob nun Balke in seinem Entschluss zum politischen Quereinstieg dem unwiderstehlichen Eros der Politik erlag oder er bloß aus eisernem Pflichtgefühl seiner Kaste der Marktwirtschaftsanhänger gegenüber handelte, lässt sich nicht recht rekonstruieren. Jedoch vollzog sich auch seine Rekrutierung in der Mesosphäre zwischen Politik und Wirtschaft, war er nicht radikal und ohne vorheriges Annähern konvertiert.

---

[61] Die CSU-Landesgruppe akzeptierte Balke nicht unumstritten mit 31 zu 12 Stimmen; vgl. Weber 2001, S. 113.

II.IV Konfessionsproporz und Interessenvertretung: Der Moment des Quereinstiegs

Doch erklärt dies den Seiteneinstieg Siegfried Balkes noch nicht zufriedenstellend. Sicher, Balke hatte der CSU Gelder zugeschanzt und „beriet" sie in wirtschaftspolitischen Fragen. Aber er hatte noch weit mehr vorzuweisen, seine Berufung war nicht bloß ein ansonsten haltloser Reziprozitätserweis. So verfügte Balke durchaus über Eigenschaften, die ihn für die Politik prädestinierten, die auf sein ministerielles Aufgabenprofil passten und seine Ernennung für Außenstehende nachvollziehbar machten. Erstens galt der Wirtschaftsmanager in Fachkreisen als formidabler Rhetor, bot in seinen Reden, wie er sie etwa auf den Jahreshauptversammlungen der chemisch-pharmazeutischen Industrie Bayerns abzuhalten pflegte und denen man überdies eine „blendende Sprachkultur attestierte", „eine Fülle staatswirtschaftlicher Erkenntnisse"[62]. Die im Rahmen seiner Verbandstätigkeit gehaltenen Vorträge und Berichte auf Versammlungen, Fachkongressen und Konferenzen hatten Balke in einschlägigen Kreisen einen positiven Ruf eingetragen und ihn wohl auch für seine politische Tätigkeit ein Stück weit qualifiziert. Schließlich ist die Kommunikation in Richtung der Öffentlichkeit eine Kernkompetenz eines jeden Berufspolitikers.[63] Balke jedenfalls war in öffentlichen Reden geübt und darüber hinaus ein äußerst eloquenter Redner.

Zweitens besaß er Erfahrung in der Führung einer bürokratischen Organisation. Als Mitglied, später sogar Chef einer Unternehmensleitung, zudem herausgehobener Funktionsträger in diversen Verbänden und Vereinen, brachte Balke zumindest einiges an Erfahrung auf dem Gebiet von Administration und Führung von Untergebenen mit nach Bonn. In seinem Fall handelte es sich nicht um einen Debütanten, der auf dem Feld der Mitarbeiteranleitung völlig unbedarft war und jeglicher Erfahrung in Gremiensitzungen gänzlich entbehrte. Balke hatte im Anlegen von Aktenvermerken, dem hintergründigen Schreiben von Briefen und Telegrammen an entscheidungsrelevante Personen, im Allgemeinen: den in der Bewältigung von Führungsaufgaben vorherrschenden

---

[62] Beide Zitate aus Lauer, A.: Dr. Siegfried Balke Bundespostminister, in: Deutsche Apothekerzeitung, 24.12.1953.
[63] Vgl. Patzelt, Werner J.: Parlamentarische Rekrutierung und Sozialisation. Normative Erwägungen, empirische Befunde und praktische Empfehlungen, in: Zeitschrift für Politik, Jg. 46 (1999) H. 3, S. 243-282, hier S. 246 f.

Gepflogenheiten bereits zu Routine erlangt. Er wusste, wie man einen Apparat vom Schreibtisch aus führt.

Balke war nicht nur das Klima von Büroräumen und Sitzungssälen hochvertraut. Überdies schien er im Jahr 1953 – drittens – geradezu der ideale Mann für die Spitze des Postministeriums zu sein. Dort nämlich erklang seinerzeit der Ruf nach einer Stärkung marktwirtschaftlicher Handlungsprinzipien, um die miserable Etatsituation zu bereinigen. Balke, der sich selbst als „Kaufmann"[64] begriff und ein geübter Analyst betrieblicher Bilanzen war, schien auch dafür eine angemessene Personalie zu sein.[65] Wirkte das Postministerium von lethargischen Beamten, die ihrer Arbeitsplatzsicherheit wegen nichts zu befürchten hatten, zugrunde gewirtschaftet, ließ sich in Balke, der sich tagtäglich gegen die unerbittliche Härte des freien Markts behauptete, schnell ein geeigneter Retter erblicken.

Ohne Weiteres ließ sich aber selbst eine derart um die Partei verdient gewordene Persönlichkeit wie Balke nicht so einfach in einem Ministeramt der Bundesregierung unterbringen. Zu diesem Schritt bedurfte es im Falle des Wacker-Managers noch anderer Faktoren; so vor allem der spezifischen Situation, die sich im Verlauf der Regierungsbildung nach der Bundestagswahl vom September 1953 eingestellt hatte. In diesem Zusammenhang waren für die Rekrutierung Balkes insgesamt drei Bedingungen vorteilhaft, wenn nicht sogar ausschlaggebend. Da wäre, erstens, die starke Position der CSU im Bonner Parlament zu nennen. Die Christsozialen steigerten beim zweiten westdeutschen Urnengang ihren bundesweiten Stimmenanteil von 5,8 Prozent im Jahre 1949 um ganze drei Prozentpunkte auf 8,8 Prozent; in Bayern verbesserten sie sich um fast zwanzig Prozent und standen mit 47,8 Prozent knapp vor der Schwelle zur absoluten Mehrheit. Damit leisteten sie nicht nur einen bedeutsamen, ja konstitutiven Beitrag zur anschließend weit über ein Jahrzehnt währenden Unionsdominanz im Bundestag.[66] Mit diesem elektoralen Pfund ließ sich auch ordentlich wuchern. Strauß verlangte für die CSU infolgedessen gleich drei Ministerposten sowie die Vizekanzlerschaft.[67] Letztere ließ sich zwar nicht

---

[64] O.V.: Das marktwirtschaftliche Porto, in: Der Spiegel, 16.06.1954.
[65] Selbst kritische Augen betrachteten Balke als reinen Fachmann; siehe Pritzkoleit, Kurt: Die neuen Herren. Die Mächtigen in Staat und Wirtschaft, Wien u.a. 1955, S. 291 u. S. 310.
[66] Vgl. Oberreuter, Heinrich: Konkurrierende Kooperation – Die CSU in der Bundesrepublik, in: Hanns-Seidel-Stiftung (Hrsg.; verantwortlich: Baumgärtel, Manfred): Geschichte einer Volkspartei. 50 Jahre CSU 1945-1995, Grünwald 1995, S. 319-332, hier S. 325.
[67] Vgl. Tagebucheintrag Heinrich Krones vom 14.09.1953, in: Krone, Heinrich: Tagebücher. Erster Band: 1945-1961, Düsseldorf 1995, S. 126.

II.IV Der Moment des Quereinstiegs

durchsetzen, dafür aber entsandten die Bayern mit Richard Jaeger erstmals einen von drei Stellvertretern in das Bundestagspräsidium und wurden am Kabinett beinahe proportional zu ihrem Mandatsanteil beteiligt.[68] Die politischen Kommentatoren raunten ob einer „bayerischen Machtergreifung"[69].

Daneben erleichterte zweitens die besondere Rolle der CSU innerhalb der Bundestagsfraktion der C-Parteien die Durchsetzung einer Personalie à la Balke, eines der Öffentlichkeit wie auch der Partei weitgehend unbekannten Seiteneinsteigers.[70] Der Sonderstatus der CSU-Landesgruppe in der Unionsfraktion, heute etabliert, war 1953 aber noch keineswegs dauerhaft gesichert. Umso resoluter vertrat die CSU daher ihre Ansprüche und Forderungen gegenüber der eigentlichen Kanzlerpartei, umso deutlicher wollte sie nicht als „Appendix der CDU"[71] erscheinen. Nicht erst in den 1970er Jahren drohte die CSU mit der Aufkündigung der Fraktionsgemeinschaft; bereits 1951 versuchte Strauß, der CDU Zugeständnisse abzutrotzen.[72] Kaum etwas aber konnte den Souveränitätsanspruch derart akzentuieren wie die Berufung eines politikfremden Parteilosen. Für Strauß, der ganz besonders ehrgeizig danach trachtete, die innerfraktionelle Machtstellung der CSU auszuweiten, war dies folglich eine delikate Angelegenheit, konnte er doch den angestrebten Status gerade mit einer solch überraschenden und selbstherrlichen Berufung sogar extravagant zum Ausdruck bringen.

Drittens schließlich war die CSU verzweifelt auf der Suche nach einem Kandidaten für das Postministerium. In der ersten bundesrepublikanischen Legislaturperiode von einem CSU-Mann besetzt, war es quasi in den Besitzstand dieser Partei übergegangen, die in der Folgezeit ein Anrecht darauf geltend machte. Diese Tendenz einer parteispezifischen Traditionalisierung von Fachressorts, die sich bereits nach den ersten vier Jahren Bonner Republik abzuzeichnen begann, zeigte sich auch beim Landwirtschaftsministerium, auf dessen Neubesetzung die CSU ebenfalls unumstößlichen Anspruch erhob, da der

---

[68] Vgl. Mintzel 1977, S. 367.
[69] O.V.: Der Atom-Minister. Praktiker und Philosoph, in: Rheinische Post, 16.03.1957.
[70] Vgl. dazu allgemein Dexheimer, Wolfgang F.: Die CSU-Landesgruppe. Ihre organisatorische Stellung in der CDU/CSU-Fraktion, in: Zeitschrift für Parlamentsfragen, Jg. 3 (1972) H. 3, S. 303-313; vgl. zum Folgenden Müchler, Günter: CDU/CSU. Das schwierige Bündnis, München 1976, S. 112 f. sowie S. 144.
[71] Zitiert nach Müchler 1976, S. 119.
[72] Siehe Brief Balke an Bender vom 07.10.1951, in: ACDP, NL Balke, I-175-044/4.

scheidende Amtsinhaber schließlich ihr Parteimitglied war.[73] Dass die Spitze des „Ministeriums für Post- und Fernmeldewesen" hingegen vakant geworden war, hatte sich kurzfristig ergeben. Auf einen Personalwechsel gänzlich unvorbereitet, geriet die CSU in eine ebenso spontane wie peinliche Bredouille. Wie aber kam es dazu? Schließlich hatte der amtierende Minister Hans Schuberth noch zu Beginn der Koalitionsverhandlungen keinerlei Anstalten gemacht, seinen Posten freiwillig zu räumen. Auch hierfür gab es triftige Gründe.

Erstens hatte Schuberth am Ende seiner ersten Amtszeit eine miserable Bilanz vorzuweisen. Die Bundespost befand sich wegen einer reichlich umstrittenen Tarif- und Personalpolitik in den frühen 1950er Jahren in einer tiefen Krise.[74] Absichten einer Gebührenerhöhung erregten die Öffentlichkeit und lenkten den Fokus auf Unzulänglichkeiten in der Betriebsführung. Denn das Postministerium zeichnete für die gesamte Bundespost verantwortlich. In Zeiten einer sich kontinuierlich rationalisierenden Wirtschaft stieß dieses Staatsunternehmen auf Unmut, da es seinen Beschäftigtenstand während der Nachkriegszeit von 200.000 auf 300.000 Personen erweitert hatte, dabei aber dem allgemeinen Eindruck nach mit antiquierten Arbeitsmethoden operierte. Harte Fakten wie ein Verlust von 51 Millionen Mark im Jahr 1952, der sich im Folgejahr zu einem katastrophalen Defizit von 192 Millionen Mark ausweitete, unterstrichen den desolaten Zustand, in dem sich einer der größten öffentlichen Dienstleister befand. Die von Schuberth politisch verantwortete Situation der Bundespost widersprach damit ganz und gar dem Trend von Stabilität und volkswirtschaftlicher Prosperität, der die Adenauer-Regierung in den 1950er Jahren unter den Wählern so populär machte. Schuberth und sein Ministerium gefährdeten damit die Reputation der gesamten Bundesregierung. Allein deshalb sah sich Adenauer, der über eine äußerst sensible Antenne für Unzufriedenheit unter seinen Wählern verfügte, genötigt, einen Imageverlust durch die Ablösung des unglücklich agierenden Schuberth zu erwägen. Denn eine Besserung war nicht in Sicht.

Denn Schuberth war ein kranker Mann. Seine Physis schien dem Politikerdasein nicht gewappnet zu sein. Allein in den Jahren 1951/52 fehlte er

---

[73] Vgl. Domes, Jürgen: Bundesregierung und Mehrheitsfraktion. Aspekte der Verhältnisse der Fraktion der CDU/CSU im zweiten und dritten Deutschen Bundestag zum Kabinett Adenauer, Köln/Opladen 1964, S. 51. Mit Hans Schuberth, Siegfried Balke, Richard Stücklen und Werner Dollinger stellte die CSU im Zeitraum von 1949 bis 1969 (mit der Ausnahme Ernst Lemmers) beinahe durchgehend, somit traditionell, den Bundespostminister; vgl. Dexheimer 1972, S. 308.

[74] Vgl. hierzu Beyrer, Klaus: Post im 20. Jahrhundert, in: DAMALS, H. 5/1997, S. 26-31.

II.IV Der Moment des Quereinstiegs

krankheitsbedingt in 61 Kabinettssitzungen. Da die Krise, in der sich das Ministerium unzweifelhaft befand, dem verantwortlichen Minister in den folgenden Jahren nur noch mehr an Kraft und Energie abverlangen werden würde, war an Schuberth kaum mehr festzuhalten, drängte – zweitens – Adenauer bereits auf dessen Rücktritt.[75] Der selbst zwar methusalemisch alte, trotzdessen vitale Kanzler forderte einen rüstigeren Kandidaten.

Und drittens war Schuberth über das „falsche" Taufbecken gehalten worden. Denn die Ära Adenauer war bekanntermaßen auch eine Ära der Proporzregelungen.[76] Möglichst alles und jeder musste angemessen in den Führungsgremien repräsentiert sein. Besonders die Religionszugehörigkeit war dabei ein maßgeblicher Parameter für die Ministerauswahl. Der Kanzler und seine engsten Vertrauten scheuten keinerlei Mühen, um innerhalb der Ministerriege die konfessionelle Parität zu wahren. Diese Balance aber war 1953 gefährdet. Die unnachgiebige Forderung der Freidemokraten, statt der bisher drei nunmehr vier Ministerien besetzen zu dürfen, erschütterte das sorgfältig austarierte Proporzgefüge. In Bonn sah man sich ob des angeblich übermächtigen Einflusses der Katholischen Kirche schon seit Längerem anhaltender Kritik seitens protestantischer Geistlicher oder Parteifreunde ausgesetzt. Wichtige Amts- und Würdenträger wie der Bundestagspräsident Hermann Ehlers mahnten Ende 1953, evangelische Wähler seien auf den Ministerbänken unzureichend repräsentiert, obwohl doch eben erst bei der Bundestagswahl gerade die protestantischen Gebiete so fleißig für die Union gestimmt hatten.[77] Hinzu kam, dass in protestantischen Wählergruppen damals mitunter eine veritable „Katholikenfurcht"[78] grassierte. Allein Katholiken schienen die Schalthebel der Macht zu bedienen. Adenauer indes versuchte, den Unmut auf die gewohnte Art zu entkräften: mit der öffentlichkeitswirksamen Zuweisung politischer Führungsämter an Protestanten. Von den acht bis neun Unionspolitikern, die für Bundesministerin in Frage kamen, waren allerdings nur zwei evangelischen Bekenntnisses. Weil der Minister Schuberth nicht nur pleite und krank, sondern auch noch Katholik war, stand er auf Adenauers Abschussliste ganz oben. Weil er

---

[75] Vgl. Weber 2004, S. 41.
[76] Vgl. dazu Bösch 2001, S. 110-118, S. 159 ff. und S. 421; Domes 1964, S. 82; Lange, Rolf-Peter: Auslesestrukturen bei der Besetzung von Regierungsämtern, in: Dittberner, Jürgen/Ebbighausen, Rolf (Hrsg.): Parteiensystem in der Legitimationskrise, Opladen 1973, S. 132-171, hier S. 138 f.
[77] Vgl. o.V.: Ehlers: Zu wenig evangelische Minister, in: Frankfurter Allgemeine Zeitung, 22.10.1953.
[78] Bösch 2001, S. 113.

selbst kaum mehr über Rückhalt verfügte, im Grunde nichts für seine Wiederernennung sprach, Adenauer demgegenüber als strahlender Wahlsieger mit einer absoluten Parlamentsmehrheit im Rücken schier unangreifbar war, musste Schuberth seinen Posten für einen Protestanten freimachen. Doch Strauß und seine eigenwillige Landesgruppe wollte sich teuer verkaufen. Da die CSU offiziell an Schuberth festhielt, wurde das zweite Bundeskabinett am 20. Oktober 1953 zunächst noch ohne einen Postminister gebildet. Und auch nachdem Schuberth eine Woche später auf sein Amt verzichtet hatte, blieb der Ministersessel verwaist. Denn woher auch sollte die CSU allen Ernstes auf die Schnelle einen bayerischen Protestanten auftreiben?

Einer der wenigen Christlich-Sozialen, die hierfür überhaupt in Frage kamen, überstand nicht einmal die Nominierungsphase. Dabei handelte es sich um den fränkischen Protestanten Karl Sigmund Mayr, seines Zeichens immerhin stellvertretender Landesvorsitzender der CSU. Mayr war der Führung eines Bundesministeriums auch keineswegs abgeneigt. Doch war er der Kandidat Adenauers, des CDU-Vorsitzenden. In keinem Fall wollte sich die damals empfindlich auf Autonomie bedachte CSU aber von der Schwesterpartei einen Kandidaten vorschreiben lassen. Darauf reagierte sie geradezu allergisch. Und natürlich hatte Adenauer – der Fuchs – das gewusst. Auf Geheiß der Parteiführung musste Mayr unter Androhung des Parteiausschlusses und unter dem Spott der Medien seine eigenmächtig erteilte Zusage, mit der er seine Vorstandskollegen düpiert und die Autorität der offiziellen Verhandlungsführer untergraben hatte,[79] wieder zurücknehmen.[80] Die CSU hatte sich blamiert. Ihre Granden sahen sich nun ihrerseits genötigt, ihren angegriffenen Status mit selbstbewussten Kommentaren zu verteidigen, eine „bayerische Partei" zu sein, die sich „nicht dem Kommando eines fremden Parteichefs" unterwerfe.[81] Man wollte nicht als folgsame „Vasallen des Kanzlers"[82] gelten. In der CSU-Parteiführung Konfusion und Konflikt zu stiften, hatte dem ansonsten asketi-

---

[79] Vgl. Protokoll der Sitzung des CSU-Landesvorstands vom 07.11.1953, abgedruckt als Dokument Nr. 59b in: Balcar/Schlemmer (Hrsg.) 2007, S. 394 ff.
[80] Vgl. hierzu Protokoll der Sitzung des geschäftsführenden Landesvorstands der CSU vom 24.10.1953, abgedruckt als Dokument Nr. 58a in: ebd., S. 383 ff.; Köhler, Henning: Adenauer. Eine politische Biographie, Frankfurt am Main/Berlin 1994, S. 802 ff.; Mintzel 1977, S. 366 f.; o.V.: Staub zum Wirbeln, in: Der Spiegel, 28.10.1953; o.V.: Elf sind genug, in: Der Spiegel, 04.11.1953. Chronistischen Eingang in die Unionsgeschichte fand dieses Geplänkel als die „Mayr-Schuberth-Affäre".
[81] Zitiert nach Mintzel 1977, S. 366.
[82] Protokoll der Sitzung des CSU-Landesvorstands vom 07.11.1953, abgedruckt als Dokument Nr. 59b in: Balcar/Schlemmer (Hrsg.) 2007, S. 397.

schen Adenauer in jenem Augenblick gewiss eine vergnügliche Freude bereitet. Da die übrigen rar gesäten Alternativen wie beispielsweise der Landtagsabgeordnete Paul Nerreter für ein Engagement in Bonn nichts übrig hatten,[83] stand die CSU plötzlich ohne geeigneten Nachfolger Schuberths im Postministerium da. Der angehenden Volkspartei drohte eine weitere Peinlichkeit. Zwei Monate waren verstrichen und die Öffentlichkeit wunderte sich bereits – weshalb das Ministerbüro schleunigst besetzt werden musste.

Ein Westfale für die Diaspora: Einstieg über die Konfession

Nun, der Leser ahnt es bereits: Siegfried Balke war letztlich derjenige, der die ungewöhnlichen Anforderungen erfüllte: Ein Mann evangelischer Konfession, der, aus dem Ruhrpott stammend, Bayern zumindest als seine Wahlheimat betrachtete und der CSU immerhin „schon seit langem nahe gestanden"[84] hatte, wie es hieß. Seine Berufung war freilich in mehrfacher Hinsicht ein Kuriosum. Sie durchbrach – hierbei ganz Seiteneinsteiger-typisch – sämtliche üblichen Rekrutierungsmuster; sowohl im Hinblick auf die CSU als auch die Bundesregierung. Erstens zeichneten Balke völlig CSU-untypische Merkmale aus:[85] Er war eben Protestant, noch dazu westfälischer Herkunft – gewissermaßen ein „Ausländer" – und nicht einmal ordentliches Parteimitglied. Das ließ ihn eher preußisch denn bayerisch anmuten. Zweitens verfügte er im Vergleich zu seinem direkten Amtsvorgänger Schuberth, der seit Mitte der 1920er Jahre als Postassessor und Postrat noch in der Reichspost eine Beamtenlaufbahn begonnen und traditionell Karriere gemacht hatte, somit als Minister aus der höheren Beamtenschaft rekrutiert worden war,[86] über keine sachgemäße Kompetenz zur Leitung des Postministeriums. Zudem hatte das Ressort seit 1918 seinen Chef stets aus dem eigenen Apparat erhalten. Eher humoristisch begegnete die CSU diesem Vorwurf in den Medien mit dem Hinweis, dass es in der deutschen Geschichte ja auch schon ein General der Kavallerie an die Spitze der Post geschafft habe.[87] Drittens gehörte Balke als einziger im Kabinett nicht gleichzeitig dem Bundestag an – was herausstach, da seinerzeit das Bundestagsmandat neben einer bereits bestehenden Kabinettserfahrung und einer Position im

---

[83] Vgl. ebd., S. 398 f.; Müchler 1976, S. 116.
[84] O.V.: Balke tritt CSU bei, in: Die Neue Zeitung, 19.01.1954.
[85] Vgl. Zühlsdorff, Volkmar: Ein moderner Postminister, in: Die Zeit, 17.12.1953.
[86] Vgl. o.V.: Laien im Postministerium, in: Der Tagesspiegel, 16.01.1954.
[87] Vgl. o.V.: Postgeheimnis und Rechenkunst, in: NV, 04.12.1953.

Fraktionsvorstand der wichtigste Zugangsschlüssel zur Regierung war.[88] Wie es überhaupt mehr als sonderbar anmutete, dass da ein Betriebsmanager Einzug in die ansonsten mehrheitlich aus hauptberuflichen Politikern zusammengesetzte Bundesregierung hielt. In den fernen USA mochte der Postminister als ehemaliger Makler und Autohändler vielleicht aus der freien Wirtschaft kommen,[89] aber für bundesrepublikanische Verhältnisse war dies eine geradezu exotische Begebenheit.

Das für die Arbeit eines Bundesministers merkwürdige Eignungskriterium Konfession galt in den 1950er Jahren letztlich aber desgleichen für die Parteielite der CSU, der Balke zum damaligen Zeitpunkt auch sonst nicht ungelegen kam. Denn nicht nur im Bundeskabinett des „Alten" aus Rhöndorf galt der Proporz etwas, auch in der CSU selbst bestand auf der Führungsebene ein akuter Bedarf an evangelisch getauften Persönlichkeiten. Überdies entbehrte sie eines protestantischen Parteiflügels.[90] Und obwohl sich die CSU in Bayern dabei zur dominanten Partei entwickelte, existierten immer noch einige Diasporagebiete, in denen die Christsozialen als „die von der Gegenreformation"[91] beargwöhnt wurden. In solchen Zonen wurde die CSU durchweg als katholische Partei wahrgenommen, was sie der Konfession ihres Spitzenpersonals nach ganz überwiegend ja auch war. Das von ihr gegebene Interkonfessionalitätsversprechen hielt sie in den Augen der evangelischen Minderheit nicht ein. Nicht zuletzt deshalb zog sich die CSU in diesen Zeiten regelmäßig den Unbill des evangelischen Landesbischofs zu.[92] Es galt folglich, die Bevölkerung dringend von der Überparteilichkeit der CSU, von ihrer ökumenischen Toleranz zu überzeugen. Hierfür fehlte es der CSU jedoch an evangelischem Personal. Die Protestanten hatten sich während des „Dritten Reichs" überproportional von den Verlockungen des NS-Regimes korrumpieren lassen. Gerade im fränkisch-protestantischen Raum tummelten sich infolgedessen nach 1945 bayerische Protestanten, die von den alliierten Besatzungsmächten mit dem Bann eines politischen Betätigungsverbots belegt worden waren. In gewisser Weise verminderten die Entnazifizierungsgesetze das elektorale Potenzial der CSU. Noch im November 1953, kurz vor Balkes Rekrutierung,

---

[88] Siehe Domes 1964, S. 80 ff.
[89] Der US-amerikanische Generalpostmeister Arthur E. Summerfield hatte Präsident Dwight D. Eisenhower den Wahlkampf organisiert.
[90] Vgl. Mintzel 1977, S. 308.
[91] Höpfinger, Renate (Interview mit Werner Dollinger): Zeitzeugen-Interviews, in: Hanns-Seidel-Stiftung (Hrsg.; verantwortlich: Baumgärtel) 1995, S. 523-632, hier S. 529.
[92] Vgl. ebd. (Interview mit Friedrich Zimmermann), S. 626.

II.IV Der Moment des Quereinstiegs

konstituierte sich der „Evangelische Arbeitskreis in der CSU", dem die Aufgabe zufiel, die Distanz der Partei zu den evangelischen Wählern zu verkürzen.[93] Kurzum: Ministrables Personal evangelischen Glaubensbekenntnisses machte sich in der CSU in den 1950er Jahren ausgesprochen rar, Balke war hier für die Partei ein echter Zugewinn. Auch die Besetzung exponierter Positionen, etwa eines Bundesministeriums, mit Protestanten diente dem Ziel, die CSU in bisher parteifernen Wählergruppen attraktiver zu machen. Neben Balke verdankten einige Mandatsträger ihre Förderung durch die Partei zuvorderst ihrem Taufschein. So war zum Beispiel auch die protestantische Bundestagsabgeordnete Inge Geisendorfer von der Parteispitze protegiert worden.[94] Im Übrigen entsprach eine Personalpolitik der konfessionellen Ausgewogenheit nicht zuletzt dem Politikverständnis des damaligen Parteivorsitzenden Hans Ehard, der wie sein CDU-Pendant Adenauer um die effizienten Möglichkeiten des Proporzes zur symbolischen Integration der protestantischen Strömungen wusste.[95]

Apropos Partei: Noch etwas begünstigte Balkes Seiteneinstieg in die CSU. Im Jahre 1953 war die Partei von ihrer organisatorischen Beschaffenheit her in keiner Weise mit der CSU etwa des Jahres 2008 vergleichbar. Damals ließ sie sich ohne Weiteres als Honoratiorenpartei charakterisieren, die eine geringe Zahl formeller Parteimitglieder und ein rudimentärer Organisationsaufbau kennzeichneten, die dezentral und ehrenamtlich verwaltet war[96] sowie „im Wesentlichen auf das Charisma, die Autorität und Zugkraft ihrer staatlichen ‚Würdenträger' baute"[97]. Eine Partei auch, in der es nach Auskunft ihres Generalsekretärs Friedrich Zimmermann Mitte der 1950er Jahre „keine Geschäftsstellen [gab], keine Räume, keine Akten, keinen Apparat, gar nichts"[98]. Das hauptamtliche Personal erreichte zu Beginn des Jahres 1955 nicht einmal die Anzahl von fünfzehn Personen. Wie gesagt, erlitt die Partei zwischen 1948 und 1955 einen der anteilsmäßig heftigsten Mitgliedschaftseinbrüche der jüngeren Parteiengeschichte, die Zahl ihrer Mitglieder schrumpfte von rund 82.000 auf

---

[93] Vgl. Mintzel 1975, S. 216-221.
[94] Vgl. Höpfinger 1995 (Interview mit Werner Dollinger), S. 530.
[95] Vgl. Müller, Kay: Zwischen Staatskanzlei und Landesgruppe. Führung in der CSU, in: Forkmann, Daniela/Schlieben, Michael (Hrsg.): Die Parteivorsitzenden in der Bundesrepublik Deutschland 1949–2005, Wiesbaden 2005, S. 215-262, hier S. 226.
[96] Vgl. hierzu Mintzel 1975, S. 248 u. S. 303 ff.
[97] Ebd., S. 249.
[98] Höpfinger 1995 (Interview mit Friedrich Zimmermann), S. 624.

etwa 35.000.[99] Die unteren Ebenen, vor allem die Kreisverbände, vermieden es sogar, Neumitglieder zu werben, um nicht mit dem konkurrenzträchtigen Elan jüngerer, engagierterer Aktivisten konfrontiert zu werden.

Für Balke freilich waren dies exzellente Bedingungen. Die Parteistrukturen waren schwach, die Mitgliederdichte überschaubar und was den Mangel an hauptamtlichem Parteipersonal betraf, so konnte Balke dieses Infrastrukturdefizit der CSU kompensieren. Denn als einer von Bayerns führenden Lobbyisten war er bestens ausgestattet. Vermittels seiner herausragenden Stellung in der bayerischen Chemieindustrie wusste er mit einer eigenen Sekretärin samt Büro in München sowie einem persönlichen „Dispositionsfonds" in Höhe von jährlich 40.000 Mark (zur „Etablierung in Bonn"[100]) aufzuwarten. Im Vergleich zu anderen Parteimitgliedern besaß er mit diesen Privilegien einen unschätzbaren Vorteil und konnte somit anfangs getrost auf ein Bundestagsmandat mit den dazugehörigen Annehmlichkeiten verzichten. Und da es parteiintern so gut wie keinen Kommunikationsfluss weder von oben nach unten noch andersherum gab, geschweige denn eine demokratische Willensbildung existierte,[101] konnte die Parteiführung über die Besetzung eines Bundesministeriums vergleichsweise ungestört entscheiden. Die in sich zersplitterte Honoratiorenschaft hätte dies nicht verhindern können. In der CSU der frühen 1950er Jahre, dem Zeitraum von Balkes Seiteneinstieg, traf der geschäftsführende Parteivorstand alle wichtigen Entscheidungen. Die Landesversammlung der CSU, laut Satzung das oberste Organ der Mitgliederrepräsentation, hatte nichts zu sagen; strukturelle Maßnahmen wie die Einrichtung von Landesgeschäftsstellen oder die Einrichtung eines Generalsekretariats gingen an ihr beteiligungslos vorüber. Entscheidungsverfahren waren in der CSU notorisch intransparent und autoritär verfügt. Der spätere CSU-Generalsekretär Zimmermann sprach daher verächtlich von einer Parteibasis, die „widerspruchslos und oft auch gedankenlos"[102] sämtliche Führungsentscheidungen einfach hinnehme. Balke kam in eine Partei, die im Zweifel nicht einmal seine Berufung registrierte, in der er sich jedenfalls keinen Proteststürmen entgegenstellen musste.

---

[99] Vgl. Mintzel 1977, S. 66 f.; siehe auch die Mitgliederstatistik unter: http://www.hss.de/fileadmin/media/downloads/ACSP/0911_CSU-Mitgliederentwicklung.pdf [eingesehen am 01.03.2010].
[100] Schreiben Kolke an Balke, Gammert und Hesiel vom 09.04.1954, in: ACDP, NL Balke, I-175-045/1; vgl. auch Schreiben Balke an Kolke, Heisel und Gammert vom 26.09.1955, in: ebd.
[101] Vgl. für diesen Abschnitt Mintzel 1975, S. 250 u. S. 317.
[102] Zitiert nach ebd., S. 303.

II.IV Der Moment des Quereinstiegs

Darüber hinaus begünstigte die chronische Leere in der Parteikasse Balkes Seiteneinstieg. In den 1950er Jahren war die CSU sehr darauf bedacht, gute Kontakte zur Industrie zu unterhalten und den Wünschen wichtiger Wirtschaftskreise nach politischem Einfluss ergebenst nachzukommen.[103] Unverzichtbare Geldgeber, zu denen letztlich auch Balke gehörte, durften nicht verprellt werden, wollte man auch in Zukunft im Freistaat noch massenhaft Parolen und Konterfeis plakatieren. Indem nun die CSU einen der bedeutsamsten Industriekapitäne Bayerns protegierte, suchte sie das Wohlgefallen des Unternehmerlagers zu erheischen. Der Berufung Balkes zu einem von drei CSU-Ministern im Bundeskabinett folgte knapp ein Jahr später auch deshalb die Inthronisierung Hanns Seidels als Parteivorsitzendem, da dieser im Gegensatz zu seinem Vorgänger Ehard in industriellen Kreisen als besonders wohlgelitten galt.[104]

In dieser besonderen Konstellation gestaltete sich der Seiteneinstieg Balkes bemerkenswert unproblematisch. In einer Partei, in deren Entwicklungsstadium die „Ochsentour" noch kein dominanter Rekrutierungsweg war, konnten Parteiautoritäten wie Strauß ihre Personalwünsche problemlos diktieren, ließen sich auch keine Aufstiegsmuster entwerten. Dies ist keineswegs selbstverständlich. Denn oft sorgen Seiteneinstiege für Unmut unter der großen Schar langjährig engagierter Parteimitglieder, desavouieren sie altgediente Funktionäre und Mandatsträger, denen eigentlich die Ämter gebührt hätten, die nun plötzlich an Amateure vergeben wurden. Solch ein Beispiel ist der Quereinstieg Walter Riesters im Jahr 1998.[105] Von der Autorität des Bundeskanzlers Gerhard Schröder protegiert, hielt der Gewerkschafter Riester als Arbeitsminister Einzug in das Bonner Bundeskabinett. Die SPD-Fraktion hatte allerdings die Nominierung eines ihrer Mitglieder, des stellvertretenden Fraktionschefs und Experten für Sozialpolitik, Rudolf Dreßler, erwartet und gewünscht. Riester wurde als Fremdkörper und selbstherrliches Oktroi des Kanzlers empfunden und musste sich in der Rolle eines unbeliebten Parvenüs erst fraktionsintern Respekt verschaffen. Oder wie der sozialdemokratische Parteiintellektuel-

---

[103] Vgl. Schlemmer 1998, S. 473.
[104] Vgl. Protokoll der Sitzung des geschäftsführenden CSU-Landesvorstands vom 08.01.1955, abgedruckt als Dokument Nr. 68b in: Balcar/Schlemmer (Hrsg.) 2007, S. 484; Groß, Hans Ferdinand: Hanns Seidel 1901-1961. Eine politische Biographie, München 1992, S. 105; Müller 2005, S. 231. Der Präsident des Landesverbandes der Bayerischen Industrie schätzte Seidel sehr; vgl. Moser 2002, S. 51 sowie S. 54 f.
[105] Vgl. hierzu Klecha, Stephan: Walter Riester – der letzte klassische sozialdemokratische Seiteneinsteiger, in: Lorenz/Micus (Hrsg.) 2009, S. 240-254, hier S. 246 f.

le Peter Glotz diesen feindseligen Verteidigungsreflex der politischen Kaste als eines der großen Probleme politischer Seiteneinsteiger beschrieb: „Das Immunsystem wehrt sich gegen Transplantationen."[106] Balke hatte es da einfacher, obgleich er ebenfalls Protegé eines innerparteilich Mächtigen war.

Der geheime Meritokrat: Unproblematischer Einstieg wider die Normalität

In der Tat haben es Seiteneinsteiger nicht leicht. Politische Kommentatoren appellieren an die Parteien, Politik bedürfe der „Inspiration von außen", es gelte, „unabhängiges Denken nutzbar zu machen"[107] und also Seiteneinsteiger zu holen. Auch Parteistrategen machen sie gelegentlich zum Gegenstand von mehr oder minder innovativen Reformkonzepten, gleichfalls sind sie die Hoffnungsträger politologischer Analysen, die eine sozialstrukturelle Verengung der politischen Gremien bemängeln. Seiteneinsteiger, so die Theorie, könnten als Unternehmer, Juristen, Ärzte, Handwerker etc. die soziale Repräsentativität, das Abbild der Gesellschaft, politischer Institutionen anheben, mit Originalität, Kreativität und Fachwissen einer selbstgenügsamen Politikerschar neues Leben einhauchen. Seiteneinsteiger erstrahlen auf der Folie der Berufspolitiker umso heller, je mehr Kritik sich diese gefallen lassen müssen. In manchen Augen handelt es sich bei Berufspolitikern lediglich um einen Typus von Karrieristen, die sich besonders geschickt die Möglichkeiten des Parteiensystems zunutze machen; unter denen das Parlament von einer Arena intellektueller Debatte zu einer Manege öffentlichkeitswirksamer Konfliktinszenierung herabsinkt. Dennoch – oder vielleicht gerade deswegen – sind Seiteneinsteiger eine kontroverse Angelegenheit. Die Abnormität macht ihr Wesen und somit ihren Eros aus, kennzeichnet sie als interessante, abwechslungsreiche und leistungsfähige Charaktere, ist aber zugleich ein sicherer Weg in den Konflikt mit der Normalität, den Berufspolitikern. Schließlich lässt sich jedweder Erfolg von Seiteneinsteigern auch als Beweis für die Unzulänglichkeit herkömmlicher Amts- und Mandatsträger registrieren.

Das ist nicht neu. Schon die römische Republik kannte diesen Gegensatz und die daraus erwachsenden Probleme. Im alten Rom waren politischer Status und Leistungsfähigkeit entkoppelt. Die Angehörigen patrizischer, also dem

---

[106] Glotz, Peter: Gelebte Demokratie. Essays und Porträts aus drei Jahrzehnten (hrsg. von Annalisa Viviani u. Wolfgang R. Langenbucher), Bonn 2006, S. 140.
[107] Hofmann, Gunter: Außenseitern eine Chance, in: Die Zeit, 30.07.1998.

II.IV Der Moment des Quereinstiegs

alteingesessenen Stadtadel entstammender Familien besaßen ein Amtsabonnement qua „gens", ihrer familiären Herkunft. Sie rückten in die politische Elite, die Senatorenschaft, ein, selbst wenn ihr politisches Talent kümmerlich ausfiel.[108] Die historischen und politologischen Konstrukte „homo novus" und Seiteneinsteiger liegen charakterlich nahe beieinander, weisen gemeinsame Merkmale auf.

Ambitionierte Politiker, die ständig zusätzlichem Machtgewinn nachjagten, zersetzten die ehedem aristokratisch verschlossene Senatorenschaft mit Männern niederer Herkunft, die sich entweder durch Leistung hervorgetan hatten oder einfach nur als treu ergebene Günstlinge den parlamentarischen Rückhalt ihres Förderers stärkten. Das elitäre Streben nach Distinktion, dem sich die Senatoren von patrizischer Abkunft verschrieben hatten, kollidierte mit den Karrierefortschritten der „homines novi", der „neuen Männer", die sich der Protektion durch herkömmlich in den Senat gelangter Elitenmitglieder erfreuten. Die Gefühle reichten von affektiven Eifersüchteleien gegenüber den Emporkömmlingen, bis hin zu offener Ablehnung. „Bewunderung vor dem Kühnen, der ohne Empfehlung durch seine Ahnen das Vertrauen des Volkes gewinnt und die Aufgaben der Regierung bewältigt; Misstrauen gegen den Neuling, der vorurteilslos in die höchste Schicht der Gesellschaft eintritt [...]"[109] Ein „homo novus", der einem politischen Seiteneinsteiger in seinem Status als fremdartiger Eindringling in eine geschlossene und überkommenen Rekrutierungsmustern folgende Gruppe durchaus ähnelt, musste sich also der Abwehrreflexe der konventionell rekrutierten Elite erwehren – zumeist sah er sich genötigt, den Makel seiner sozialen Herkunft durch ein Übermaß an Leistung auszubessern.[110]

Gerade weil dem plötzlichen Aufstieg des „homo novus" in die politische Elite der Hautgout des Parvenüs anhaftete, musste er sich gegenüber einer feindseligen Umwelt durch herausragende Taten legitimieren. Außerdem stand er in der Wahrnehmung von Zeitgenossen wie auch der Geschichtsschreibung mit „selbstloser Hingabe für den Staat" im Kontrast zu dem politischen Normaltypus, der „verdorbenen Nobilität".[111] Denn er hatte außerhalb des Senats – dessen Angehörige ja zu einem großen Teil lediglich der „Mitgliedschaft" in einer mächtigen Familie wegen zu ihrem elitären Status gekommen waren –

---

[108] Vgl. Vanderbroeck, Paul J. J.: Homo novus again, in: Chiron 1986, S. 239-242, hier S. 240.
[109] Vogt, Joseph: Homo novus. Ein Typus der Römischen Republik, Stuttgart 1926, S. 4.
[110] Vgl. Vanderbroeck 1986, S. 242.
[111] Vogt 1926, S. 6.

bereits als Offizier oder Jurist brilliert und sein Leistungsvermögen öffentlich ausgewiesen. Dies ergab einen Gegensatz zwischen „nobilitas" – der durch das Adelsprivileg begründete soziale Stand einer aus dem Volk herausgehobenen Elite – und „virtus" – der via überragende Tugendhaftigkeit errungene Status. Damals standen sich zwei auch heute noch miteinander konfrontierte Figuren gegenüber: auf einen Seite die vermeintlich selbstverliebte, aufgrund lebenslang gesicherten, zudem weniger durch Leistung für das Gemeinwesen erklommenen Ranges behäbige und pflichtvergessene Berufspolitikerkaste; und auf der anderen Seite die mutmaßlich hochkompetenten Leistungsträger, von denen man sich eine gehörig gesteigerte Qualität politischer Entscheidungen verspricht, die mit ihrer eigenen Politikferne eine innere Wesensverwandtschaft zum gemeinen Bürger aufweisen und sich darüber Sympathie erwerben – stehen doch Bürger wie Neupolitiker den konventionellen Berufspolitikern und deren vermeintlich leistungsarmen und allein auf Statussicherung bedachten Gebaren mit skeptischem Unverständnis gegenüber. Das altrömische Kontrastbild ähnelt dem von Berufspolitikern und Quereinsteigern: Hier die qua Geburt mit vermeintlich geringer Leistung zu Status Gelangten, dort die in ihren jeweiligen Disziplinen Reüssierten.

Während das politische System der Bundesrepublik sein politisches Personal für gewöhnlich meritokratisch – Stichwort: „Ochsentour" – rekrutiert, werden Seiteneinsteiger allzu oft mit dem Verweis auf ihr besonderes, allerdings in außerpolitischen Arenen gewonnenes Fachwissen, insofern epistokratisch berufen. Seiteneinsteiger verletzen die meritokratische Norm und werden von Berufspolitikern als pathologische Anomalie betrachtet. Balke entging diesem typischen Schicksal politischer Quereinsteiger aufgrund der besonderen Voraussetzungen seines Debütmoments, der Situation eines akuten Personaldefizits, das zu bereinigen er durch seine scheinbar spontane Bereitschaft zur Amtsübernahme als Dienst an der Partei ausweisen konnte.

Kurzum: Balkes Seiteneinstieg verdankte sich der Koalitionsarithmetik, dem Mangel an eigenem Personal, dem Honoratiorenformat der Partei, aber eben auch der Verdienste, die sich Balke in der CSU durch die großzügige und verlässliche Bereitstellung von Industriegeldern erworben hatte. Das Gelegenheitsfenster zum Einstieg in die Politik stand offen für einen aus der NS-Zeit unbelastet hervorgegangenen protestantischen Spitzenmanager mit CSU-Nähe. Doch vermag die Nachfrage nach einem Mann wie ihm Balkes Einstieg in die Politik nicht hinreichend zu erklären. Er musste den Schritt schließlich auch selbst gehen wollen, musste zum Tätigkeitswechsel bereit sein. Welches Motiv also verleitete den gut bezahlten Wirtschaftsführer Balke zum Engagement im professionellen Politikbetrieb unter dem Panier der CSU, konkreter: zur Übernahme eines Ministeriums der Bundesregierung? Weshalb sollte jemand, der sich im rauen Klima der freien Wirtschaft behauptet hatte, auf das Wagnis einer politischen Karriere einlassen?

Die CSU: Partei des Unternehmerlagers

Dass Balke als überzeugter Verfechter der freien Marktwirtschaft nicht mit der SPD sympathisierte, verwundert nicht. Schließlich war er Mitglied des „Wirtschaftsbeirats der Union", welcher der CSU im politischen Kampf gegen DGB und SPD zur Seite stand.[112] Nicht zuletzt gründete Balkes finanzielle Unterstützung für Strauß auch auf der Absicht, den beiden Großorganisationen der Arbeiterbewegung entgegenzuarbeiten, zu verhindern, dass sich „die Existenz des DGB zum Naturschutzpark"[113] entwickle, wie es Balke einmal bezeichnete. Die CSU-Elite empfahl sich hierfür. Der bayerische Wirtschaftsminister Seidel erklärte die Förderung neuer Industriebetriebe neben der des Mittelstands zu einer vorrangigen Aufgabe der politischen Bemühungen um eine nachträgliche Industrialisierung Bayerns.[114] Bliebe da aber immer noch die FDP als ernstzunehmende Alternative, galt doch gerade sie als die wirtschaftsliberale Partei schlechthin. In ihrer Programmatik gaben sich die bayerischen Freidemokraten entschieden antisozialistisch und marktwirtschaftlich.[115] Hier war es wie schon bei der Verteilung der Parteispenden: Die CSU bot den unschlagbaren Vorteil, im Vergleich zur FDP erheblich organisations-, noch mehr aber wählerstark zu sein. Sie saß im Gegensatz zu den Freidemokraten an den vielzitierten „Fleischtöpfen der Macht", hatte zahlreiche Ämter und Mandate zu vergeben. Die enge Bindung der bayerischen Industriellen im Allgemeinen, Balkes im Besonderen an die CSU speiste sich folglich aus rein pragmatischen Erwägungen, mit welchem politischen Partner effektiv mehr Einfluss auszuüben war.

---

[112] Vgl. Mintzel 1975, S. 214.
[113] Brief Balke an Bayer vom 05.09.1951, in: ACDP, NL Balke, I-175-044/4.
[114] Vgl. Kleinhenz, Gerhard D.: Wirtschafts- und Sozialpolitik: Die Verwirklichung einer Sozialen Marktwirtschaft durch die Landespolitik der CSU, in: Hanns-Seidel-Stiftung (Hrsg.; verantwortlich: Baumgärtel) 1995, S. 253-289, hier S. 275 f.
[115] Vgl. hier und folgend Mintzel 1977, S. 191-194.

Die Parteiwahl traf Balke somit aus zweierlei Erwägungen. Zum einen war die CSU mit ihrer Bejahung des kapitalistischen Systems, spezifisch: der Sozialen Marktwirtschaft, weltanschaulich ganz nach seinem Gusto und dem der bayerischen Chemiewirtschaft. Zum anderen war sie politisch wirkungsmächtig, regierte in München und Bonn: Im ersten Fall stellte sie als weitaus stärkste Partei mit Hans Ehard den Ministerpräsidenten und im zweiten war sie mit einer durchaus souveränen Landesgruppe und einer stattlichen Abgeordnetenzahl an der Regierungskoalition beteiligt. Bereitwillig verwandelte sie sich überdies in eine politische Agentur bayerischer Wirtschaftsinteressen.[116]

---

[116] Vgl. ebd., S. 249.

II.V Gestatten, Siegfried Balke: Vertrauensmann der Wirtschaft

Die Wahl der CSU als Partei für den Seiteneinstieg ist also keinesfalls mehr rätselhaft. Was aber stiftete Balke selbst zu seinem Gang in die Politik an, was war sein persönlicher Beweggrund?

Zeitgenössische Beobachter schrieben ihm einen ehrenhaften Gestaltungseifer zu. Danach ging Balke „ins Postministerium mit einer bestimmten Passion: Er wollte die Post wirtschaftlich auf Schwung bringen, sie von ihrem chronischen Defizit heilen, und er wollte es, wenn man so sagen will, mit marktwirtschaftlichen Maximen tun, denn darauf verstand sich der erfolgreiche Wirtschaftler ausgezeichnet."[117] Auch im Rückblick hieß es, Balkes Ehrgeiz habe ihn dazu bewogen, „dieses zweitgrößte Wirtschaftsunternehmen des Bundes zu rationalisieren und so unbürokratisch wie möglich nach den Grundsätzen einer großen Privatgesellschaft wirtschaftlich zu führen."[118] Zweifellos war die freudlose Lage der Post für einen ambitionierten Manager ein reizvolles Betätigungsobjekt[119] und bot die denkbar günstigsten Möglichkeiten zur persönlichen Profilierung. Balke selbst gefiel ohnedies das Konzept eines finanziell unabhängigen, vom Ruch des Postenjägers freien, parteipolitisch unbelasteten und nicht kompromittierten Ministers, wie er selbst freimütig bekannte.[120]

Balkes öffentlich bekundetes Motiv war im Hinblick auf die Politik somit durch und durch pessimistisch und parteienskeptisch. Sein eigenes Engagement begründete er mit der vorgeblichen Unzulänglichkeit der professionellen Politikelite. Zudem bemühte er apologetisch die gesellschaftliche Verantwortung, welche den Männern der Wirtschaft doch obliege und ihrer Tugendhaftigkeit wegen den politischen Einsatz schlechterdings gebiete. Um die moralische Integrität seines Wechsels in die Politik zu veranschaulichen – womöglich auch um sich selbst ihrer zu vergewissern –, kleidete Balke in seinem Hauptwerk, „Vernunft in dieser Zeit" aus dem Jahr 1962, sein Motiv in die hehre Pflicht des Unternehmers, „sowohl innerhalb seines von seiner ursprünglichen Aufgabenstellung her gegebenen eigenen Wirkungsbereiches wie auch

---

[117] O.V.: ...überdies Minister, in: Deutsches Monatsblatt, Mai 1959, S. 6.
[118] O.V.: Im Dienste technischen und sozialen Fortschritts, in: Handelsblatt, 31.05.1967.
[119] Vgl. o.V.: Zwischen Bundespost und Kernspaltung, in: BMD, Nr. 45/4. Jg., 06.11.1956, S. 4 ff.
[120] Vgl. Balke, Siegfried: Warum ich mich für dieses Amt zur Verfügung stelle, in: Süddeutsche Zeitung, 12./13.12.1953.

außerhalb in Selbstverwaltungskörperschaften, politischen Versammlungen, politischen Vereinigungen, in Gemeinde- und anderen Parlamenten, kurz in jenen Institutionen, die die Demokratie zur politischen Willensbildung bereitstellt"[121], seine spezifischen Kompetenzen und Fähigkeiten zum Nutzen der Gesellschaft, des Staates, einzubringen. „In einer Zeit", so Balke weiter, „in der politisch denkende Menschen, Menschen mit politischem Instinkt, mit entsprechenden Begabungen und Fähigkeiten selten sind, muss aber auch der Unternehmer alle Kräfte und Reserven mobilisieren, die zur Lösung gesellschaftspolitischer und politischer Aufgaben allgemein beitragen können."[122] Nicht Funktionäre, so Balkes anmaßende Auffassung, sondern Unternehmer sollten die elementaren Fragen der Gesellschaft lösen. Sie sollten in ihrer Rolle als Staatsbürger aus dem Abseits heraus und in die Politik hinein treten; die von der parlamentarischen Demokratie dargebotenen Möglichkeiten nutzen, statt ihr „wirtschaftliches, politisches, geistiges Kapital" der Gesellschaft vorzuenthalten. Dem Unternehmer „obliegt es, sich mit nationalökonomischen Sachkenntnissen und mit dem Sinn für die gesellschaftspolitische Aufgabe der überragenden Bedeutung der menschlichen Beziehungen innerhalb des Wirtschaftslebens, der Wichtigkeit einer gesunden Gesellschaftsstruktur, der Wirkungen seiner wirtschaftspolitischen Entscheidungen auf die Wirtschaftsverfassung bewusst zu sein."[123] Die Politik könne gar nicht anders, als die „Fähigkeiten, das Einsichtsvermögen, die Erkenntnisse einer ‚nobilitas naturalis' […] zu der auch Unternehmer gehören"[124], zu berücksichtigen. Vereinfacht ausgedrückt, sollten Unternehmerpersönlichkeiten, die mit Politikern vermeintlich fremden Erfahrungen und Fertigkeiten ausgestattet sind, das Schicksal der Wirtschaft nicht Politikern anvertrauen,[125] sondern es vielmehr selbst in die Hand nehmen – auch im offiziellen Rahmen von Ämtern in staatlichen Institutionen.

Man konnte dies für arrogant oder geschickt halten. Aber Balke rechtfertigte seinen politischen Seiteneinstieg, der sich überraschend ereignet hatte und auf kuriose Weise zustande gekommen war, mit der Forderung nach dem

---

[121] Balke, Siegfried: Vernunft in dieser Zeit. Der Einfluss von Wirtschaft, Wissenschaft und Technik auf unser Leben, Düsseldorf/Wien 1962, S. 24.
[122] Ebd., S. 23.
[123] Ebd., S. 28 f.
[124] Ebd., S. 28.
[125] Ebd., S. 29.

II.V Vertrauensmann der Wirtschaft

„Übertritt des Unternehmers in den politischen Raum"[126]. Zumindest vor dem Hintergrund späterer Deutungen hatte er damit sogar Erfolg. In Retrospektiven wurde Balke als Vorbild seiner Zunft geschildert; als jemand, der, mit gutem Beispiel vorangehend, „möglichst viele Vertreter seiner beruflichen Sphäre in den Raum der wirtschaftlichen und politischen Verantwortung mit einzubeziehen"[127] getrachtet und als Manager in der Politik kein Solitär zu bleiben beabsichtigt hatte. Seine Bereitschaft zur Übernahme eines problembehafteten Amts – sie erklärt sich aus der offenkundig reizvollen Herausforderung, die „Post auf Schwung zu bringen"[128].

Demnach wäre Balke mit der Entscheidung für den Quereinstieg in die Politik einer selbst auferlegten staatsbürgerlichen Pflicht nachgekommen, um Staat und Gesellschaft mit seiner im Berufsleben gewonnenen Expertise zu beglücken. Denn wenn „Unternehmersein bedeutet, auf konkrete und nicht beliebig reproduzierbare Weise begabt zu sein", dann müsse dieses „nicht beliebig vermehrbare, geistige Kapital" auch der „Gesamtgesellschaft" zugutekommen.[129] Ob Balke tatsächlich die selbstbewusste Grundüberzeugung personifizieren wollte, nach der Naturwissenschaftler und Unternehmensführer eine herausgehobene Mitverantwortung für die Gestaltung der Gesellschaft übernehmen sollten, erscheint jedoch fragwürdig, muss zumindest mit einiger Vorsicht genossen werden. Für gewöhnlich verbirgt sich – erst Recht in der Politik – hinter derlei gemeinwohldienlicher Motivation ein ganz anderer Beweggrund. Vor allem, wenn der Betroffene selbst und der Wirtschaftsnähe verdächtige Medien derart offensiv die Interpretationshoheit über Balkes Seiteneinstieg zu erringen suchten.

Etliche Schilderungen zeitgenössischer Beobachter mit intimem Einblick in die Bonner Politikszenerie stimmen nämlich misstrauisch. Balke – ein eher apolitischer Mensch, wie es hieß – hätte erst mühsam überredet werden müssen.[130] Strauß habe ihm nach einem gemeinsamen Frühstück auf der Tagung des „Bundesverbandes der Chemie" einen „Antrag" machen, seine Verbandskollegen ihn drängen müssen.[131] In informierten Kreisen war es kein Geheimnis, dass die beiden CSU-Granden in Bonn, Fritz Schäffer und Franz Josef

---

[126] Ebd., S. 25.
[127] Tuchel, Klaus: Der Auftrag der Ingenieure, in: VDI nachrichten, 31.05.1967.
[128] O.V.: Zwischen Bundespost und Kernspaltung, in: BMD, Nr. 45/4. Jg., 06.11.1956, S. 4 ff.
[129] Balke 1962, S. 24 f.
[130] So bspw. Henkels, Walter: Bundespostminister Dr. Siegfried Balke, in: Frankfurter Allgemeine Zeitung, 12.01.1955.
[131] Vgl. o.V.: Das marktwirtschaftliche Porto, in: Der Spiegel, 16.06.1954.

Strauß, „geduldig an ihm haben kneten müssen, ehe sich der Chemiker aus dem Labor und dem Direktionszimmer entschloss, den angebotenen Platz in Bonn anzunehmen"[132]. Stimmte dies, so verspürte Balke keinen besonders energiegeladenen Ehrgeiz, als sich die Möglichkeit zu der von ihm später so gepriesenen Übernahme von „Mitverantwortung" tatsächlich ergab. War Balke also bloß jemand, der zum Jagen getragen werden wollte und der sich später um eine Korrektur dieses Bildes bemühte, seine anfängliche Zauderei vor dem harschen Urteil der Geschichte verbergen wollte?

Auch dies ist fragwürdig. Schließlich handelte es sich bei Siegfried Balke um einen bedeutungsvollen Akteur der bayerischen Wirtschaftsorganisation, der an der heiklen Schnittstelle verdeckter Parteienfinanzierung operierte. Nicht nur oblag ihm als „Hausmeier"[133] der Wacker-Erben die Unternehmensleitung eines der traditionsreichsten Industriebetriebe Bayerns, der „Alexander Wacker Chemie". Er saß ja auch dem VBCI vor, war im Präsidium des „Landesverbandes der Bayerischen Industrie" und Vorstandsvize der „Vereinigung der Arbeitgeberverbände Bayern". Die Bemühungen um die CSU, sie durch großzügige Finanzhilfen zur Sachwalterin der bayerischen Wirtschaftsinteressen zu machen, allein Balkes – als von „außerordentlicher Wichtigkeit"[134] bezeichnetes – Auftreten als Geldgeber Strauß`, illustrieren das intensive Bedürfnis der Arbeitgeberorganisationen nach politischem Einfluss. Neben den – zum Teil opulenten – Spendengeldern, mit denen die bürgerlichen Parteien für den Wahlkampf gegen die SPD gerüstet wurden, bestand ja eine weitere Taktik darin, Persönlichkeiten der Arbeitgebervertretungen in politischen Spitzenpositionen zu platzieren.

Bereits in den wenigen Jahren bundesrepublikanischer Demokratie war es zu einer gängigen Praxis der Wirtschaftsverbände geworden, anstatt Beamte oder Parteipolitiker zu beeinflussen, zuverlässige Organisationsangehörige in Ausschüsse, Referate, ja sogar Ministerien einzuschleusen.[135] Die Unternehmer wollten lieber Ihresgleichen statt schnöder Beamter an den bürokratischen Steuerpulten sitzen sehen – Männer, die im Auftrag der Industrie beispielsweise „Widerstand gegen planwirtschaftliche Tendenzen" leisten konnten. Und so

---

[132] O.V.: ...überdies Minister, in: Deutsches Monatsblatt, Mai 1959, S. 6.
[133] O.V.: Das marktwirtschaftliche Porto, in: Der Spiegel, 16.06.1954.
[134] Brief Bayer an Balke vom 24.08.1951, in: ACDP, NL Balke, I-175-044/4.
[135] Vgl. beispielhaft die Aktivität Dr. Theurers als Vertreter des württembergischen Chemieverbandes im Bundeswirtschaftsministerium; Brief Balke an Guido Bayer vom 07.10.1951, in: ebd.

II.V Vertrauensmann der Wirtschaft

sollte wohl auch Balke in seinem politischen Amt „große Dienste" für die chemische Industrie vollbringen und „den Einflüssen aller Gruppeninteressen eisernen Widerstand" entgegensetzen.[136] Die anlässlich seiner Berufung in die Bundesregierung aufgekommene Vermutung, Balke käme als Interessenvertreter der bayerischen Wirtschaft und Industrie in das Kabinett,[137] erscheint deshalb durchaus plausibel. Schon in den 1960er Jahren nahmen politikwissenschaftliche Forscher an, dass Interessenorganisationen versuchten, über die „materielle Wahlkampfhilfe mancherlei Art"[138] hinaus „Vertrauensleute des eigenen Verbandes" in Parlament und Fraktion zu platzieren, um auf diese Weise noch viel direkter ihre Vorstellungen von Wirtschafts- und Finanzpolitik vorbringen und interne Informationen abfangen zu können. Indizien für diese These gibt es zuhauf. So war der amtierende Hauptgeschäftsführer des „Bundesverbandes der Deutschen Industrie" (BDI), Gustav Stein, 1961 in den Bundestag eingezogen und ließ sich drei Jahre später in den Unionsfraktionsvorstand kooptieren.[139] Stein war es aber auch, der 1954 die Unternehmer konspirativ zur Besetzung politischer Ämter und Funktionen, ja zur Eroberung der politischen Schlüsselstellungen aufgerufen hatte. Als „Sachwalter eines großen Teils des Volksvermögens"[140] gebühre ihnen ein entsprechender Platz in der Politik. Unternehmer in der Politik sollten „ein positives Element gegenüber politischer Schwärmerei und Verwirrung" sein. Im selben Jahr hatte auch der BDI-Präsident Höchstselbst, Fritz Berg, in Verbandskreisen die Parole ausgegeben, auf der Ebene von Wahlkreisen „den unternehmerischen Einfluss im Verhältnis seiner Bedeutung" zu entfalten, und die Renaissance des politischen Industriellen à la Hugo Stinnes gefordert, der endlich wieder Bereitschaft zeige, „für dieses Unternehmertum und seine ideologische Stellung zu kämpfen". In der Tat, für Männer vom Schlage Bergs ging es wirklich um Kampf, nicht um Auseinandersetzung. Als im Herbst 1969 rund 150.000 Arbeiter streiken, gab Berg öffentlich zu Protokoll, man hätte „ruhig schießen sollen, dann herrscht wenigstens Ordnung"[141]. 1964 riefen mit denselben Motiven der Chef

---

[136] Ebd.
[137] Vgl. o.V.: Dr. Balke zum Postminister vorgeschlagen, in: Deutsche Tagespost, 20./21.11.1953.
[138] Hier und folgend Domes 1964, S. 84.
[139] Vgl. Franz, Corinna (Bearb.): Die CDU/CSU-Fraktion im Deutschen Bundestag. Sitzungsprotokolle 1961-1966, Zweiter Teilband September 1963 - Juli 1965, Düsseldorf 2004, S. XI-XCIV, hier S. XXXVII f.
[140] Hier und folgend zitiert nach o.V.: Der Interessen-Bündler, in: Der Spiegel, 02.11.1960.
[141] Zitiert nach o.V.: Was kam, war schon lange fällig, in: Der Spiegel, 12.10.1970.

der Bundesvereinigung der Deutschen Arbeitgeberverbände, Hans-Constantin Paulssen, und der Handelskammerpräsident Ernst Schneider Unternehmer dazu auf, sich an den nordrhein-westfälischen Kommunalwahlen zu beteiligen.[142] Die Unternehmer hingen einer Sehnsucht nach einer zuverlässigen Kontrolle über die Politik an, die sich charakteristisch in einer prahlerischen Verlautbarung Bergs ausdrückte: Er müsse nur das Bonner Palais Schaumburg, den Amtssitz des Bundeskanzlers, betreten, dann seien ihm unangenehme Vorhaben unverzüglich „vom Tisch"[143]. Im Übrigen erhielt Balke von seinen Unternehmerfreunden tatkräftige Unterstützung. Wirtschaftsorganisationen wie der Landesverband der bayerischen Industrie – dem Balke damals selbst angehörte – applaudierten sogar, wenn der neue Minister die Postgebühren erhöhte.[144]

Steigende Preise für die Lotterie: Balke im Auftrag der Chemieunternehmen

Weiter fällt auf, dass sich die chemische Industrie seit Beginn der 1950er Jahre öffentlich mit der staatlichen Forschungsförderung höchst unzufrieden zeigte. Sie unterstrich dies mit der Gründung eines eigenen „Wirtschaftsfonds", über den sie demonstrativ Universitäten Geld zuwandte und den so bloßgestellten Fiskus zu eigenen Maßnahmen animieren wollte.[145] Es war ausgerechnet Balke, der im Vorstand der „Arbeitsgemeinschaft Chemische Industrie" saß, die bereits im April 1950 die Unternehmen der chemischen Industrie zu Abgaben für einen „Fonds der Chemie" aufgerufen hatte.[146] Auch dies kam nicht von ungefähr. In jenem Postulat fand sich an zentraler Stelle die Auffassung, der Bund habe die „oberste Pflicht", Wissenschaft und Forschung großzügig mit öffentlichen Geldern zu fördern. Balkes Bestreben, aus dem später von ihm übernommenen Atomministerium ein Wissenschafts- und Forschungsförderungsministerium zu machen, ist in diesem – lobbyistischen – Zusammenhang zu sehen. Als Kopf eines solchen Ministeriums hätte er die finanziellen Be-

---

[142] Vgl. o.V.: Polit-Unternehmern, in: Der Spiegel, 18.03.1964.
[143] Zitiert nach Mühlbradt, Werner: Von Berg über Sohl zu Hansen, in: Die Zeit, 01.11.1974.
[144] Siehe o.V.: Beifall für Minister Balke, in: Die Welt, 09.02.1954.
[145] Vgl. Verband der Chemischen Industrie e.V. (Hrsg.): 5 Jahre Fonds der Chemischen Industrie zur Förderung von Forschung, Wissenschaft und Lehre. Ein Rechenschaftsbericht des Verbandes der Chemischen Industrie überreicht anläßlich einer akademischen Feier in Bonn am 15. April 1955, Frankfurt am Main 1955, S. 23 f.; o.V.: Mehr Mittel für die Chemieforschung, in: Frankfurter Allgemeine Zeitung, 31.10.1953.
[146] Der Aufruf ist als Faksimile abgedruckt in: Verband der Chemischen Industrie e.V. (Hrsg.) 1955, S. 7.

II.V Vertrauensmann der Wirtschaft

dürfnisse seines beruflichen Herkunftsbereichs und der von ihm selbst geleiteten Organisationen der Chemieindustrie befriedigen, hätte einen stattlichen Etat ausschöpfen können.

Das Wort vom „Vertrauensmann", dem die Förderung von Bayerns Unternehmen oblag, ging anlässlich Balkes Ministerernennung folglich nicht zufällig in den Medien herum.[147] Und Balke war scheinbar der richtige Mann für eine derartige Mission. In Unternehmerkreisen schätzte man ihn dafür, „ohne je auch nur einen Deut der bekannten Forderungen der Industrie aufzugeben"[148], zu verhandeln. Mit anderen Worten entsandten die Wirtschaftsverbände Balke in die Regierung, um den Interessen des Unternehmerlagers Geltung zu verschaffen.

Und in der Tat: Gönnt man sich Einsicht in die umfangreichen Kabinettsprotokolle der Adenauer-Ära, so fällt auf, dass Balke als Post- und Atomminister sehr häufig zu politischen Fragen Diskussionsbeiträge leistete, die sein Ressort kaum tangierten. Dabei vertrat er selbstverständlich pronociert unternehmerfreundliche Konzepte. Einige Beispiele: Da brachte er „gewisse Bedenken" gegen eine Einschränkung der degressiven Abschreibung vor, weil „nicht nur an die Industrie zu denken sei, die Investitionsgüter produziere, sondern auch an die Unternehmungen, die solche benötigen"[149]. Dann wieder lehnte er eine Dynamisierung der Unfallversicherung nach dem Muster der Rentenversicherung – Kopplung der Unfallrenten an die aktuellen Löhne und Gehälter – ab,[150] da diese Leistungsverbesserungen ja von den versicherten Unternehmen bezahlt werden müssen. Zeitgleich votierte Balke gegen eine Arbeitszeitverkürzung, forderte eine „Bändigung der Lohn- und Tarifpolitik"[151] und trat für die staatliche Übernahme von Entwicklungskosten in Geld verschlingenden Sparten wie dem zivilen Flugzeugbau oder der friedlichen

---

[147] Vgl. o.V.: Dr. Balke zum Postminister vorgeschlagen, in: Deutsche Tagespost, 20./21.11.1953.

[148] Lauer, A.: Dr. Siegfried Balke Bundespostminister, in: Deutsche Apothekerzeitung, 24.12.1953.

[149] Protokoll der 99. Kabinettssitzung am 09.03.1960, in: Behrendt, Ralf/Seemann, Christoph (Bearb.): Die Kabinettsprotokolle der Bundesregierung, Band 13.1960, in: „Kabinettsprotokolle der Bundesregierung online".

[150] Vgl. hier und folgend Protokoll der 169. Kabinettssitzung am 30.01.1957, in: Enders, Ulrich/Henke, Josef (Bearb.): Die Kabinettsprotokolle der Bundesregierung, Band 10.1957, in: ebd.; Protokoll der 23. Kabinettssitzung am 30.04.1958, in: Enders, Ulrich/Schawe, Christoph (Bearb.): Die Kabinettsprotokolle der Bundesregierung, Band 11.1958, in: ebd.; Protokoll der 55. Kabinettssitzung am 28.11.1962, in: Rössel, Uta/Seemann, Christoph (Bearb.): Die Kabinettsprotokolle der Bundesregierung, Band 15.1962, in: ebd.; Stamm 1981, S. 207

[151] Protokoll der 11. Kabinettssitzung am 23.01.1962, in: Rössel/Seemann (Bearb.), in: ebd.

Kernenergieforschung ein – konnten diese risikoreichen Investitionen doch von der Industrie nicht aufgebracht werden. Dass beispielsweise Fachblätter der pharmazeutischen Branche anlässlich Balkes Berufung zum Postminister jubilierend ihrer „wahren Freude" Ausdruck verliehen, endlich sei da ein Minister gefunden worden, der „genau die Sorgen kennt, die uns erfüllen"[152], erscheint erst vor diesem Hintergrund bedeutungsvoll.

Vieles deutet zudem darauf hin, dass Balke auch unmittelbar im Postministerium Interessen der freien Wirtschaft durchsetzen sollte, dass seine Entsendung in die Regierung nicht nur den bloßen Platz am Kabinettstisch zum Ziel hatte.[153] Das markerschütternde Bundespostdefizit sollte nach dem Willen der Unternehmer nicht durch eine Gebührenerhöhung – wie sie unter Schuberth gedroht hatte – getilgt werden,[154] sondern durch einen massiven Personalabbau. Gebührenänderungen waren für die empfindlichen Kalkulationen der industriellen Postkunden pures Gift, wirbelten sie doch alle mühsam errechneten Zahlen und Prognosen durcheinander. Der rationellere Einsatz von Arbeitskräften – Personaleinsparungen also – gehörte folglich nicht ohne Zufall zu den ersten und wichtigsten Absichten des neuen Ministers. Erhöhungen bei postalischen Dienstleistungen, die Balke später dennoch vornahm, trafen zuvorderst den gewerblichen Handel sowie Lotterie- und Versandunternehmen – am wenigsten aber die Industrie. Des Weiteren plante Balke – ebenfalls kurz nach seinem Amtsantritt –, das ertragreiche, insofern lukrative Fernmeldewesen zu privatisieren, es also privaten Unternehmen zum Kauf anzubieten, wogegen sich schnell gewerkschaftlicher Protest erhob.

Antworten auf „Reaktorfragen": Staatliche Gelder für die Industrie

Wie die Berufung zum Postminister geriet auch die darauffolgende zum Leiter des Atomressorts in der Rückschau zur delikaten Angelegenheit.[155] Denn Bal-

---

[152] Lauer, A.: Dr. Siegfried Balke Bundespostminister, in: Deutsche Apothekerzeitung, 24.12.1953.
[153] Zum Folgenden vgl. o.V.: Das marktwirtschaftliche Porto, in: Der Spiegel, 16.06.1954; Rittershofer, Werner: Die Deutsche Bundespost als Teil der Gemeinwirtschaft, Frankfurt am Main/Köln 1978, S. 54
[154] Balkes Amtsvorgänger Schuberth hatte diverse Dienstleistungen um zwanzig bis fünfzig Prozent verteuern wollen; vgl. o.V.: Investition über Portokasse, in: Der Spiegel, 09.07.1952.
[155] Vgl. hierzu Radkau, Joachim: Aufstieg und Krise der deutschen Atomwirtschaft 1945-1975. Verdrängte Alternativen in der Kerntechnik und der Ursprung der nuklearen Kontroverse, Hamburg 1983, S. 102 f.

kes ehemalige Arbeitgeber, nicht zuletzt die Klienten des bayerischen Chemie-Verbandes, dem er schließlich auch als Minister noch vorsaß – allgemein: die chemische Industrie – gehörten zu den größten Interessenten einer staatlich geförderten Atomforschung. Einerseits wollten sie als Produzenten von hochwertiger Atomtechnologie einen neuen Absatzmarkt erstürmen und gewinnträchtig exportieren; andererseits hatten sie keine Lust mehr, für die hierfür notwendige Forschung größtenteils selbst aufzukommen. Frankfurter Kernphysiker beispielsweise forschten mit einem Reaktor, der nicht aus dem staatlichen Budget, sondern von den Farbwerken Hoechst gesponsert worden war.[156]

Schon im Frühjahr 1953 machten die Chemieindustriellen daher in der Bundeshauptstadt ordentlich Druck, schnellstmöglich das Besatzungsstatut zu lockern, welches seinerzeit eine umfassende Nuklearforschung in Deutschland unterband. Die juristischen und natürlichen Personen, die Balkes Chemieverband vertrat, erblickten in der nuklearen Energieverwertung ein ausgesprochen gewinnträchtiges Gebiet. Die Farbwerke Hoechst, die Balkes ehemaligen Arbeitgeber – die Wacker Chemie[157] – und seinen späteren – die SIGRI Kohlefabrikate[158] – beherrschten, waren dabei eine treibende Kraft. Ihr Vorstandsvorsitzender Karl Winnacker bemühte sich hierfür seit den frühen 1950er Jahren um beträchtliche Gelder aus der Staatskasse. Die ersten beiden Atomminister, Strauß und Balke, hofierten ihn währenddessen. Speziell das Verhältnis zwischen Winnacker und Balke hinterlässt unweigerlich den Eindruck einer gegenseitigen, zeitversetzten Protektion. Winnacker durfte 1955 als Industrievertreter in der westdeutschen Delegation zur Genfer Atomkonferenz reisen, auf der sich die Crème de la Crème aus Politik, Wissenschaft und Wirtschaft im Bereich der Nuklearforschung einfand. Im selben Jahr wurde er stellvertretender Vorsitzender der soeben gegründeten „Deutschen Atomkommission" und Leiter der für die Industrie besonders bedeutungsvollen Fachkommission „Reaktorbau". 1959 baute er unter der Ministerschaft Balkes diese Dominanz noch weiter aus, wurde Präsident des neuen „Atomforums", avancierte zum

---

[156] Siehe Schreiber, Peter Wolfram: IG Farben. Die unschuldigen Kriegsplaner, Düsseldorf 1987, S. 192.
[157] Balke blieb der Wacker-Chemie in besonderer Weise verbunden. Neben dem Gerücht, er verfüge über eine jederzeitige Rückkehroption, spricht dafür seine Nachfolgeregelung an der Spitze des Deutschen Museums in München. 1969 setzte er dort den Wacker-Manager Herbert Berg als seinen Nachfolger im Vorstandsvorsitz durch, mit dem er einst in der Wacker-Geschäftsleitung zusammengearbeitet hatte; Mayr, Otto: Wiederaufbau: Das Deutsche Museum 1945-1970, München 2003, S. 194.
[158] „Siemens Plania Chemisches Werk Griesheim".

„mächtigsten industriellen Protagonisten der Kerntechnik in jener Zeit"[159]. Balke und Winnacker verband allerdings ein gemeinsames Interesse ganz besonders. Beide wollten Atompolitik betreiben – ohne Politiker. Innerhalb der vom Atomministerium geschaffenen und geförderten Gremien konnte Balke, der sich in seinem Selbstverständnis nicht als Politiker begriff, wieder wie ein Wirtschaftsakteur handeln. In die Arbeit beispielsweise der Atomkommission wurden nur Akteure mit einbezogen, die nach Balkes Auffassung auch wirklich gebraucht wurden.[160] Es waren überdies sämtlich Leute, mit denen er den Umgang beherrschte und gerne verkehrte: Wissenschaftler, Manager und Bankiers. Diese berieten sich in fünf Fachkommissionen wie zum Beispiel „Reaktorfragen", „Strahlenschutz" und „Kernenergierecht". Die Kommission verrichtete ihre Arbeit fern von aller Öffentlichkeit in den sprichwörtlichen Hinterzimmern der Politik: undurchsichtig, verschwiegen, verschworen. Sie war ein hochgradig intransparentes Gebilde, das regelmäßig versuchte, Entscheidungen unter Umgehung von Organen der Legislative und Exekutive zu fällen. Gleichfalls ominös operierte das „Atomforum", ein „Sammelbecken für alle bedeutenden Befürworter der Kernenergie"[161], in dem sich vor allem eine Reihe von Wirtschaftsgesellschaften zum Aufbau einer Atomindustrie zusammengefunden hatte: Obzwar es nach rechtlichem Standpunkt ein rein privater Verein war, formulierte es Richtlinien und Resolutionen, mit denen das personell schwach besetzte Bundesatomministerium hantierte. Balke, der von den zögerlichen Abläufen im Parteiensystem und der parlamentarischen Demokratie nicht viel hielt, konnte dies nur gefallen.

Mit Balke wussten die kleinen wie großen Chemiefirmen jedenfalls einen Mann an der Spitze des Ministeriums, der einerseits zum Teil aufgrund seiner ehrenamtlichen Positionen ihren Interessen verpflichtet war, dem andererseits aber auch persönlich an einer deutschen Atomwirtschaft gelegen war. Balke war somit nicht vor dem Verdacht gefeit, als Komplize einer aufstrebenden Wirtschaftselite die Bundesregierung infiltriert zu haben. Und es gibt nicht viele Argumente, die gegen das Urteil Joachim Radkaus aus dem Jahr 1983 sprechen: „Mehr als sein Vorgänger [Strauß] und mehr als alle seine Nachfolger lässt sich Balke von seiner ganzen Laufbahn her als ein Vertreter der Atomin-

---

[159] Joachim Radkau zitiert nach Königsberger 2009, S. 258.
[160] Vgl. hier und im Folgenden Radkau 1983, S. 144-148.
[161] Königsberger 2009, S. 291.

dustrie ansehen, zumal wenn man die anfangs führende Rolle der Chemie bei der Formierung der Atom-Interessen bedenkt."[162]

Demzufolge war die Wahl Balkes für die Nachfolge Strauß' im Atomwie schon zuvor im Postministerium wohl kein simpler Zufall. Auch hier konnte Balke unmittelbar Interessen der chemischen Industrie wahren. Erstens benötigte man einen Nachfolger, der wie Strauß, der ja seine politische Karriere mit Industriegeldern förderte, unter Kontrolle der Chemieverbände stand. Wer aber konnte dies besser, als ein Mann aus den eigenen Reihen? Zweitens stand Strauß aufgrund seiner außenpolitischen Bestrebungen, die Bundesrepublik auf Augenhöhe mit Staaten wie Frankreich und Großbritannien emporzuheben, im Ruch der militärischen Kernenergieverwertung. Nichts aber gefährdete die Zulassung westdeutscher Reaktorforschung, die von dem guten Willen der alliierten Besatzungsmächte abhing, mehr als der Verdacht, die Bundeswehr könne künftig eigene Atomwaffen besitzen. Wie die gesamte Riege westdeutscher Atomwissenschaftler um ihren intellektuellen Kopf Werner Heisenberg und ihren moralisch erhabenen Nestor Otto Hahn achteten auch die Kapitäne der chemischen Industrie darauf, dass niemand an den lauteren Absichten einer rein zivilen Forschung und Entwicklung auch nur die leisesten Zweifel erheben könnte. Jeglicher Anschein, Kernenergie erzeugende Reaktoren zur Herstellung von Waffen zu verwenden, musste aus Sicht von Wissenschaft und Wirtschaft daher tunlichst vermieden werden. Ganz im Gegensatz zu Strauß war von Balke seinerzeit nicht bekannt, dass er Pläne einer militärischen Nuklearpraxis hegte – er war inzwischen der geeignetere Kandidat für das Atomministerium. Weil Strauß Atomwaffen nicht bloß tolerierte, sondern sie sogar mit aller Macht in die Arsenale der Bundeswehr holen wollte, erblickten die Industriellen in ihm eine veritable Gefahr für ihr Vorhaben. Beteiligte wie Winnacker reagierten mittlerweile geradezu panisch auf den ausgewiesenen Atomwaffenfreund Strauß. So konnte er nicht einmal mehr diverse Ämter, die ihm als Atomminister zugefallen waren – etwa sein Sitz im Aufsichtsrat der Karlsruher Reaktorgesellschaft –, an seinen Nachfolger Balke übergeben, weil er bereits offiziell Verteidigungsminister geworden war und die Wirtschaftsvertreter jedweden Kontakt zu diesem Ressort scheuten.[163] Die Wirtschafts- und auch Wissenschaftsvertreter dürften kollektiv aufgeatmet ha-

---

[162] Radkau 1983, S. 140.
[163] Vgl. Strauß 1989, S. 239; im Folgenden vgl. Balke, Siegfried: Zur wirtschaftlichen Verwertung der Kernenergie, in: Bulletin Nr. 97, 24.05.1960; Stamm 1981, S. 225.

ben, als Strauß das Atomministerium verließ – vor allem, weil er das Ministerium als stellvertretender Vorsitzender des Bundesverteidigungsrates in einen militärischen Kontext gerückt hatte. Drittens protegierte Balke einflussreiche Männer wie Winnacker, die Unternehmen vertraten, denen am schnellen Aufbau einer Atomindustrie gelegen war. Balke unterstützte die Konzernlenker in ihrer Absicht, einen geschichtsträchtigen Augenblick zu beschwören, in dem man vor den Wagnissen einer kostenintensiven Technologie nicht zurückschrecken und kostbare Zeit auf die kritische Überprüfung der eilig entworfenen Pläne verschwenden dürfe.[164] Überdies leitete er politische Maßnahmen ein, die das wirtschaftliche Risiko der interessierten Konsortien begrenzten. Mit gewaltigen Summen gab er Bundesgarantien aus, wies er Subventionen der öffentlichen Hand an und beteiligte er den Bund an Betriebsverlusten von Kernforschungseinrichtungen. Bundesbürgschaften in Höhe von 200 Millionen Mark wurden übernommen, 290 Millionen Mark aus dem „European Recovery Program" (ERP) abgezwackt, 250 weitere Millionen Mark für die Anschaffung von nukleartechnologischem Gerät bewilligt. Balke erreichte, dass sich der Bund mit bis zu 500 Millionen Mark an Verlusten aus Atomprojekten beteiligte, ebenso mit 100 Millionen Mark pro errichtetes Atomkraftwerk. Damit erleichterte der umtriebige Minister den Unternehmen den waghalsigen Einstieg in die Atomwirtschaft ganz beträchtlich. In den Augen von Energieproduzenten wie dem „Rheinisch-Westfälischen Elektrizitätswerk" (RWE), die erst später selbst zu Reaktorbetreibern wurden, förderte Balke „einseitig eine Industrie mit zweifelhafter ökonomischer Rentabilität und unsicheren Erfolgsaussichten"[165]. Und viertens nutzte Balke jede sich bietende Gelegenheit, um die vermeintliche Selbstlosigkeit der Industrie, die „fleißig und beharrlich und ohne Hoffnungen auf großen Verdienst viel Geld in diesen neuen Industriezweig investiert"[166], in aller Öffentlichkeit zu dokumentieren.

Auch agierte Balke als spezifischer Sachwalter der bayerischen Industrieunternehmen, wenn er sich Ende der 1950er Jahre im Kabinett gegen eine Heizölsteuer und Subventionen der kriselnden Ruhrkohle aussprach.[167] Öl

---

[164] Vgl. Radkau, Joachim: Technik in Deutschland. Vom 18. Jahrhundert bis zur Gegenwart, Frankfurt am Main 1989, S. 344 f.

[165] Löffler, Bernhard: Soziale Marktwirtschaft und administrative Praxis. Das Bundeswirtschaftsministerium unter Ludwig Erhard, Wiesbaden 2002, S. 358.

[166] Zitiert nach Besser, Joachim: Deutschland ohne Posaunen auf der Atomkonferenz (Interview mit Siegfried Balke), in: Die Welt, 02.09.1958.

[167] Vgl. Protokoll der 78. Kabinettssitzung am 16.09.1959, in: Henke, Josef/Rössel, Uta: Die Kabinettsprotokolle der Bundesregierung, Band 12.1959, in: „Kabinettsprotokolle der Bun-

II.V Vertrauensmann der Wirtschaft

strömte zur Versorgung der bayerischen Industrie und die Revierkohle kam der Konkurrenz zugute. Damit verschaffte Balke nicht nur der Linie der bayerischen CSU-Landesregierung, sondern auch und besonders bayerischen Firmen – wie seinem ehemaligen Arbeitgeber, der Wacker Chemie, deren Generaldirektor Herbert Berg (wiederum: nicht zufällig) der „Gesellschaft zum Studium des Baues alpenüberquerender Ölleitungen nach Bayern e.V." vorstand – im Kabinett politische Repräsentanz.

Eben dies: Akteur im Zentrum der politischen Entscheidungen als organisatorisch gebundener Interessenvertreter der Wirtschaft zu sein, muss als die basale Idee, die hinter Balkes Seiteneinstieg steckte, angesehen werden. Bis dahin hatte man mit den Spenden der „Volkswirtschaftlichen Gesellschaft" und den geheimen Zahlungen des VBCI zwar immer konkrete politische Forderungen verbunden; und im „Wirtschaftsbeirat der Union" wurde permanent die Arbeit der CSU-Landesgruppe im Bundestag besprochen und vorstrukturiert.[168] Doch mit eigenen Händen, ohne den lästigen Umweg über schwer kontrollierbare Berufspolitiker wie Strauß, die Apparaturen in den Regierungsstellen zu bedienen, war indessen nicht gelungen. Schon seit Bestehen der Bundesrepublik war es jedoch Ziel der bayerischen Unternehmerorganisationen gewesen, über direkte Informations- und Eingriffsmöglichkeiten in den politischen Entscheidungsräumen zu gebieten.[169] Dies war ja der Grund gewesen, weshalb man anfangs mit der CSU-Parteiführung die Landtagskandidatenlisten im Einvernehmen aufstellte und auch mal einen Minister aus Industriekreisen berief. Diese Versuche waren allerdings ohne befriedigenden Erfolg geblieben, da sich erstens kaum Bereitwillige fanden, öffentliche Ämter zu bekleiden, und zweitens die Industriespitzen nicht einfach ohne Amt und Funktion in Parlaments-, Kabinetts- und Fraktionssitzungen vorstellig werden konnten. Dass sich kein namhafter Manager von seinem Chefsessel in die Politik bequemen wollte, darüber klagte man im LBI-Präsidium in den frühen 1950er Jahren doch sehr.[170] Mit Siegfried Balke wurde dies erstmals anders. Und da die füh-

---

desregierung online"; Deutinger, Stephan: Eine „Lebensfrage für die bayerische Industrie". Energiepolitik und regionale Energieversorgung 1945 bis 1980, in: Schlemmer, Thomas/Woller, Hans (Hrsg.): Die Erschließung des Landes 1949 bis 1973, Bayern im Bund Band 1, München 2001, S. 33-118, hier S. 67 u. S. 70-74.

[168] Vgl. Weber 2004, S. 33.
[169] Vgl. hierzu Moser 2002, S. 49-52.
[170] Vgl. ebd., S. 54. Die westdeutsche Wirtschaftselite betätigte sich nur ganz selten aktiv politisch; vgl. Zapf, Wolfgang: Die deutschen Manager. Sozialprofil und Karriereweg, in: ders.

renden Christsozialen jener Zeit kaum etwas mehr als den Entzug von dringend benötigten Spendengeldern fürchteten, fiel es den bayerischen Magnaten bekanntlich äußerst leicht, der CSU im Bedarfsfall Kandidaten einfach vorzuschreiben. So setzte Balke seine Lobbytätigkeit im Gewande eines Politikers fort. Sein politischer Seiteneinstieg im Ministerrang war eine Extremform einer noch im 21. Jahrhundert beliebten Lobbypraktik von Interessenverbänden. Nur gestaltet sich deren politische Einflussnahme heute passiver und geräuschloser, da sie auf der Ebene der Ministerialbürokratie in der Formulierung von Gesetzestexten tätig werden. Zwischen 2004 und 2006 waren dies beispielsweise knapp dreihundert Verbandsmänner,[171] die als „Externe" ihre Expertise feilboten und auf diesem Weg in der Legislative mitmischten.

Dass bei der Entsendung eines Wirtschaftsvertreters in die Regierung die Wahl auf Balke fiel, erklärt sich aus drei Aspekten. Erstens gab es – wie gesagt – kaum Interessenten für diese Mission. Und zweitens war Balke durch Ämterhäufung innerhalb der Unternehmens- und Arbeitgeberorganisationen stark vernetzt, kannte die wichtigsten Persönlichkeiten und hatte über die zahlreichen Gespräche und Treffen außerdem einen guten Kontakt zu zentralen CSU-Politikern. In Unternehmerkreisen gefiel Balke, drittens, durch seinen hartnäckigen Verhandlungsstil.

Als Agent im politischen Zentrum: Hoffen auf die Rückkehr von Wilhelm Cuno

Die Ministerschaft Balkes war aus Sicht der Wirtschaftsverbände also ein Experiment. Die politische Elite sollte in ihren Entscheidungen nicht mehr konspirativ aus dem Hintergrund über die doch irgendwie ominöse Zuweisung von Geldmitteln beeinflusst werden, sondern unmittelbar im Innern politischer Führungsgremien, veredelt mit der Legitimation des offiziellen Amts und der Möglichkeit verzögerungsloser Intervention, präsent zu sein. Schließlich kannte der erkaufte Einfluss auch seine Grenzen, konnten die Wirtschaftsverbände noch so viel Geld in die Parteikassen pumpen – am Ende zeigten sich die politischen Instanzen für ihre Vorgaben nur eingeschränkt zugänglich. Balke trat daher als Mann der bayerischen Wirtschaft auf, der Verbandsinteressen am Kabinettstisch Gehör verschaffen sollte.

(Hrsg.): Beiträge zur Analyse der deutschen Oberschicht, München 1965, S.136-149 ,hier S. 148 f.
[171] Vgl. Bovensiepen, Nina: Separate Welten, in: Süddeutsche Zeitung, 08.07.2008.

Das übernommene Ressort war dabei weniger wichtig als die Befugnis, im Ministerrang jederzeitigen Zugang zu Ministerien und Kanzleramt zu haben. Man musste nun nicht mehr auf freie Termine im Foyer eines Ministeriums warten. Das lästige Antichambrieren bei politischen Machtinhabern sollte ein Ende haben, denn wer könnte schon schneller Zutritt zu einem Minister erlangen als ein Minister selbst – so jedenfalls heckten es Balke und seine Mitstreiter aus. Damit ging man aus Sicht der unternehmerischen Interessenorganisationen offensiv ein störendes Manko an. So brauchte sich Balke beispielsweise nicht mehr in der unterwürfigen Pose eines Bittstellers Audienzen im Bundeswirtschaftsministerium zu beschaffen.[172] Bis 1956 existierte überdies – im Gegensatz zu den Arbeitnehmern – innerhalb der Unionsfraktion „keine Gruppe der ‚Unternehmer-Abgeordneten'"[173], keine Faktion, die bewusst Interessen der Arbeitgeber vertreten hätte. Daher war Balke nicht nur in Kabinettssitzungen zugegen, sondern ließ sich auch in sämtliche CSU-Gremien kooptieren, die als einigermaßen wichtig angesehen werden konnten: so die Landesvorstandschaft und die geschäftsführende Landesvorstandschaft (ab 1968 das Präsidium). Auch die Medien mutmaßten, Balke sei durch seine Industriellenklientel zur Übernahme eines Ministerpostens gedrängt worden, da seit den Weimarer Reichskanzlern Wilhelm Cuno und Gustav Stresemann keine Persönlichkeit aus den Reihen der freien Wirtschaft mehr am Regierungstisch Platz genommen habe.[174] Mit der Berufung Balkes verband sich aus Sicht der Industriellenkreise die Erwartung, die Regierung noch stärker auf die Interessen der Wirtschaft zu verpflichten.

Noch etwas erscheint bedeutungsvoll: Um das öffentliche Bild des westdeutschen Unternehmers war es nach dem Krieg nicht gut bestellt. Bis hinein in die 1960er und 1970er Jahre schrieben und beklagten etwa der Gesellschaftsanalytiker Ralf Dahrendorf oder der Großfabrikant Rolf Rodenstock, Unternehmer stellten die unbekannteste Elitegruppe dar, die geheimnisvoll und undurchschaubar, mindestens also dem Normalbürger suspekt sei.[175] Im Unternehmerlager registrierte man ein scheinbar weitverbreitetes „Informations- oder besser Bildungsdefizit in Bezug auf das Verbandswesen", im Übrigen seien „in jedem selbst umfänglichen Lexikon zwar mittlere Pinselschwinger, busenbegabte Filmsternchen und auch mancher durchschnittliche Gewerk-

---

172 Vgl. beispielhaft Telegramm vom 21.11.1951, in: ACDP, NL Balke, I-175-044/4.
173 Domes 1964, S. 38.
174 Vgl. o.V.: Nicht nur Fachminister, in: Die Zeit, 27.09.1956.
175 Vgl. Moser 2002, S. 26.

schafter würdig vertreten" – nicht aber ökonomisch begabte und gesellschaftlich verantwortungsbewusste Unternehmer.[176] Mit dem Gedanken von deutschen Unternehmern verband sich auch nicht das Bild von tugendhaften Gestalten wie Walther Rathenau; vielmehr dachte man an Alfried Krupp und Friedrich Flick, die symbolkräftig für die einzig und allein profitorientierte Kollaboration skrupelloser Industriemagnaten mit dem verbrecherischen NS-Regime standen.[177] Dementsprechend negativ fühlten sich die Manager und Firmeneigner öffentlich als intransparente Träger gesellschaftlicher Macht wahrgenommen. Selbstkritisch vermerkten sie, sich in der Öffentlichkeit schlecht zu verkaufen. Das konnten die Unternehmer selbstredend nicht auf sich sitzen lassen. Seit Ende der 1940er Jahre gab es deshalb in Verbandskreisen des Arbeitgeberlagers ernsthafte Bemühungen, das nach eigenem Empfinden in den Medien und der öffentlichen Wahrnehmung verzerrte Bild vom Unternehmer als Profitgeier und Arbeiterpeiniger aufzubessern.[178]

Auch Balke kündigte an, gegen das Klischee ankämpfen zu wollen, die Wirtschaft kritisiere zwar unaufhörlich die Politik, stelle ihrerseits aber „dennoch höchst selten und ungern Männer aus ihren Reihen für die Regierungsarbeit ab, ja, es fänden sich bei ihr auch kaum entsprechende Persönlichkeiten, die bereit wären, nach Bonn zu gehen"[179]. Es gelte, diese Vorwürfe „durch die Praxis zu entkräften" und das kollektive Bild vom Unternehmer aufzuwerten. Folgerichtig stelle er sich deshalb zur Verfügung.

Aus solchen Erwägungen resultierte 1951 die Gründung des „Deutschen Industrie-Instituts" (DI). Dieses sollte dem Arbeitgeberlager zu einer angenehmeren Reputation verhelfen, vor allem auffällige Stigmata aus der Vergangenheit kaschieren helfen. Im DI entstanden Studien, die kontroverse Managerbiographien vom Verdacht moralisch ungebührlichen Verhaltens in den Jahren der NS-Herrschaft reinwaschen sollten; auch bot es eine Heimstatt für ehemalige Verbandsgrößen, die sich in den Jahren 1933 bis 1945 allzu stark diskreditiert hatten und nicht mehr an exponierten Positionen sitzen konnten. Wie beim „Büro Bonn" mischte Balke auch hier mit. Er selbst war es, der im Sommer 1951 die Aufgaben einer gleichfalls neu aufzubauenden „Informati-

---

[176] Sölter, Arno: Der Verbandsmanager. Eine Verbandsfibel in Zitaten, Aphorismen, Bonmots, Köln 1977, S. 11.
[177] Vgl. Hachmeister 2004, S. 308; im Folgenden vgl. auch ebd., S. 308-311.
[178] Hier und folgend vgl. Moser, Eva: Bayerns Arbeitgeberverbände im Wiederaufbau. Der Verein der Bayerischen Metallindustrie 1947-1962, Stuttgart 1990, S. 144-147.
[179] Hier und folgend Balke, Siegfried: Warum ich mich für dieses Amt zur Verfügung stelle, in: Süddeutsche Zeitung, 12./13.12.1953.

II.V Vertrauensmann der Wirtschaft

onsstelle der Bayerischen Wirtschaft" umriss. Balke oblag auch der Vorsitz der „Volkswirtschaftlichen Gesellschaft Bayern", die neben Spendensammlung und -verteilung ihre Energien vor allem auf die Öffentlichkeitsarbeit konzentrierte. In jedem Fall ließen sich die Unternehmerorganisationen die Verbesserung ihres Images in der Bevölkerung einiges kosten. Und Balke befand sich stets im Zentrum dieser Anstrengungen. Vor seinem Gang in die Politik agierte er als ein höchst umtriebiger Lobbyist. Öffentlichkeitsarbeit und Medienpräsenz, gestützt auf wissenschaftliche Ausarbeitungen eigener Institute aber sind für den Lobbyismus typische Druckmittel.[180] So wie auch in den frühen 1950er Jahren Balkes Kontakt zu Strauß, einem einflussreichen politischen Akteur also, auch heute noch eine lobbytechnische Kernkompetenz ausmacht.[181]

Was Balke und die von ihm vertretenen Organisationen in den 1950er Jahren so beflissen betrieben, war deshalb eigentlich nichts Neues. Ihre historischen Vorläufer hatten nichts Anderes getan. Auch der „Bayerische Industriellen-Verband" (BIV) stemmte sich gegen einen Überhand nehmenden Einfluss des Staates auf die Wirtschaft und beklagte eine mangelhafte Geltungskraft der Industrie gegenüber den politischen Entscheidungsträgern. Er unternahm den Versuch, über die Forderung nach festen Parlamentsmandaten für Vertreter der Industrie und direkte Verbandsgespräche mit zuständigen Ministern unmittelbar die Gesetzgebung zu beeinflussen sowie über Denkschriften und persönliche Kontakte erwünschte Entscheidungen herbeizuführen. Sein Interesse am Machterhalt des Ministerpräsidenten Georg v. Hertlings bekundete der BIV mit Spenden und öffentlicher Unterstützung. Strauß ähnlich, empfahl sich v. Hertling als „Gegner des Sozialismus und Kritiker einer überholten Industriefeindlichkeit"[182] dem BIV.

---

[180] Vgl. Haacke, Eva: Wirtschaftsverbände als klassische Lobbyisten – auf neuen Pfaden, in: Leif, Thomas/Speth, Rudolf (Hrsg.): Die fünfte Gewalt. Lobbyismus in Deutschland, Wiesbaden 2006, S. 164-187, hier S. 177 f.

[181] Vgl. Leif, Thomas/Speth, Rudolf: Zehn zusammenfassende Thesen zur Anatomie des Lobbyismus in Deutschland und sechs praktische Lösungsvorschläge zu seiner Demokratisierung, in: ebd., S. 351-354, hier S. 353.

[182] Eckardt, Günther: Industrie und Politik in Bayern 1900-1919. Der Bayerische Industriellen-Verband als Modell des Einflusses von Wirtschaftsverbänden, Berlin 1976, S. 129 f.; vgl. zu alldem insbesondere ebd., S. 122-183.

Seiteneinsteiger mit doppeltem Nutzen: Resümee

Zusammengefasst: Die plötzliche Berufung Siegfried Balkes zum Bundesminister, zum Angehörigen der politischen Elite Westdeutschlands, war äußerst voraussetzungsvoll, alles andere als spontan. Anders als der Idealtypus eines Seiteneinsteigers in die Politik, der ohne jegliche Berührung mit einer Partei in die politische Spitzenebene eintritt, besaß Balke durchaus eine Art von Organisationsvergangenheit. Zwar anders als typisch, nicht über die „Ochsentour", hatte sich Balke vor seinem parteioffiziellen Politikengagement um die CSU verdient gemacht. In Form von Wahlkampfspenden und der Förderung Strauß' erwarb er sich bestimmte Anrechte auf Gegenleistungen. In den 1950er Jahren befand sich die CSU in einer Position finanzieller Abhängigkeit, in der sie den Organisationen des bayerischen Unternehmerlagers, deren Abgesandter Balke war, keine allzu unerfüllbaren Forderungen ausschlagen konnte. Diese Organisationen allerdings beschlossen, einen Agenten in das politische Machtzentrum zu entsenden. Mit Franz Josef Strauß verfügten sie über einen Eliteangehörigen, der ausreichend Macht besaß, um einen solchen Agenten im politischen Milieu zu protegieren und der als Empfänger regelmäßiger Geldzahlungen zugleich in einer Bringschuld für die erhaltenen materiellen Leistungen stand. Nur wenige Wochen nach dem ersten „geschäftlichen" Aufeinandertreffen Balkes mit Strauß, als zeitgleich das Gerücht umging, der Kanzler würde in naher Zukunft einen Bundeswirtschaftsrat schaffen, sollte Strauß bereits dafür sorgen, dass Balke diesem als Industrievertreter angehören würde.[183]

Letztlich entschied den Zeitpunkt von Balkes Missionsbeginn – für seines Quereinstiegs also – jedoch eine besondere, eher zufällig eingetretene Situation. Im Kabinett war nach der Bundestagswahl eine Vakanz entstanden, zumal in einem auch für die bayerischen Industriellen interessanten Ministerium, die aus dem parteieigenen Personalreservoir nicht behoben werden konnte. Außerdem bereicherte Balke als Protestant und Wirtschaftsmann die Parteielite der CSU, deren Repräsentanzvermögen er schlagartig steigerte. Insofern handelte es sich bei dem Seiteneinstieg Balkes um eine beidseitige Instrumentalisierung. Nicht nur der Seiteneinsteiger wurde von der Partei als Galionsfigur zur wählerorientierten Ansprache neuer Bevölkerungsschichten benutzt. Auch die Partei selbst diente außerpolitischen Organisationen als Entrée. Dass die Politik, wie es in hagiographischen Darstellungen und retrospektiven Selbstaus-

---

[183] Siehe Brief Balke an Bender vom 07.10.1951, in: ACDP, NL Balke, I-175-044/4.

künften oft heißt, Balke als einen abseits von Parteien stehenden, insofern unbestechlichen und autonomen Experten für Wissenschaft und Technik berief,[184] erweist sich somit als falsch. Vielmehr kam Balke im Gewande der CSU als Lobbyist der bayerischen Industrie nach Bonn.

---

[184] So z.B. der Nachruf der Georg-Agricola-Gesellschaft; vgl. Hermann, Armin: In memoriam Siegfried Balke, in: Kultur und Technik, Jg. 9 (1985) H. 2, S. 118; auch: Raegener, Karl Heinrich: Prof. Dr. Siegfried Balke – der Repräsentant der Arbeitgeber, S. 3, Textwiedergabe nach einer Tonbandaufnahme vom 31.10.1969, in: ACDP, NL Balke, I-175-001/2.

III. Bundesminister in Bonn

III.I Vom Ziegenmelker zum Hoffnungsträger: Ankunft in Bonn

Bei Siegfried Balke handelte es sich gleichsam um eine Blitzberufung. Wie aus dem Nichts reihte sich der Chemieindustrielle mit seiner Ernennungsurkunde in die Regierungsmannschaft ein, um die von Schuberth hinterlassene Lücke nach beinahe drei Monaten endlich zu füllen. Angesichts dieser mehrmonatigen Querelen verbanden sich umso mehr Erwartungen und Hoffnungen mit der Rekrutierung Balkes in Adenauers Ministerteam, musste die auf ihn gefallene Wahl ja augenscheinlich sorgfältig durchdacht worden sein. Die Übertragung von Autorität muss zudem für Außenstehende nachvollziehbar sein. „Zur Elite steigt auf", so der Machtanalytiker Rainer Paris, „wer in gewissem Umfang bereits als Autorität anerkannt ist; das ihm attestierte Prestige ist gleichsam die Mitgift, die er in den neuen Kreis einbringt und dem Fundus der Gruppe zuführt"[185]. Balke versprach mit seiner beruflichen Herkunft, betriebswirtschaftliche Kompetenz in die Spitze der Bundespost einfließen zu lassen,[186] galt er doch als „guter Organisator" und „nüchterner Wirtschaftspolitiker", obendrein als „ein unabhängiger und kritischer Denker, mit Energie geladen und von unermüdlicher Arbeitskraft"[187]. Die Hoffnungen richteten sich auf einen „Mann des freien Wettbewerbs", der „nach bewährtem amerikanischen Vorbild" „gesunde privatwirtschaftliche Grundsätze" und frischen Wind in den ein wenig erstarrten Monopolbetrieb bringen"[188] sollte und der allen „staatskapitalistischen Tendenzen und wirtschaftlichen Verstaatlichungsversuchen entgegentreten"[189] würde.

Balke wurde von Seiten der Medien die Qualifikation eines Managers zugeschrieben, der – anders als der Postbeamte Schuberth – in der Lage sein würde, die Bundespost gehörig zu reformieren und ihr die Modernität eines marktwirtschaftlich agierenden Unternehmens zu verleihen. Balke galt, wieder im Gegensatz zu seinem Amtsvorgänger, als äußerst energisch. Den Journalis-

---

[185] Paris, Rainer: Normale Macht. Soziologische Essays, Konstanz 2005, S. 87.
[186] Vgl. Zühlsdorff, Volkmar: Ein moderner Postminister, in: Die Zeit, 17.12.1953.
[187] O.V.: Der Postminister der CSU, in: Süddeutsche Zeitung, 18.11.1953.
[188] Zühlsdorff, Volkmar: Ein moderner Postminister, in: Die Zeit, 17.12.1953.
[189] O.V.: Dr. Balke zum Postminister vorgeschlagen, in: Deutsche Tagespost, 20./21.11.1953.

ten imponierte sein Status als Selfmademan, der sich „mit wacher Nüchternheit durch die schweren Inflationsjahre durchgeschlagen"[190] und trotz mittelloser Eltern als Werkstudent „zäh und fleißig"[191] binnen fünf Jahren sein Diplom, anschließend seinen Doktortitel regelrecht errungen hätte.[192] Gerade in den frühen 1950er Jahren goutierte die Wiederaufbau- und Aufstiegsmentalität der Bundesrepublikaner eine solche auf Leistung und Trotz begründete Biographie.[193] Die Westdeutschen frönten damals in einem „ambitiöse[n] Zeitgeist der Tüchtigkeit"[194] dem „Kult der Härte"[195], bewiesen sich monomanisch kontinuierlich ihre Leistungskraft; „Wille und Anstrengung zu Auf- und Ausbau der privaten Existenz war die beherrschende Signatur der fünfziger Jahre"[196].

Balkes Kindheits- und Jugendjahre hätten für sein späteres Leben keine kontrastreichere Folie abgeben können. Am 1. Juni 1902 in Bochum als ältester von vier Söhnen geboren, besuchte Balke erst eine Bauern-, dann eine Realschule. Er wuchs in ärmlichen Verhältnissen auf, der Vater war Schneider, die Mutter verdingte sich als Hausangestellte in Düsseldorf.[197] Im Westerwald, in dem beschaulichen Dörfchen Daufenbach, „lernte er das Melken der Ziegen und das Dengeln der Sense", die „Entbehrungen waren weitgehend seine Erzieher".[198] In dem abgeschiedenen Bauerndorf nahm sich der örtliche Pfarrer Balkes schlummernder Talente an. Durch ebenso ehrgeizig wie anstrengend betriebenen Privatunterricht schaffte es der so unterstützte Balke, als Externer an der Oberrealschule Gummersbach die Reifeprüfung abzulegen. Von da an kletterte Balke aufwärtsmobil die soziale Leiter empor: Studium und Promoti-

---

[190] O.V.: Der Bundespostminister, in: Hamburger Abendblatt, 09.12.1953.
[191] O.V.: Kurz vorgestellt, in: Die Welt, 10.12.1953.
[192] Vgl. Henkels, Walter: Bundespostminister Dr. Siegfried Balke, in: Frankfurter Allgemeine Zeitung, 12.01.1955; o.V.: Siegfried Balke, in: Telegraf, 12.12.1953.
[193] Siehe hierfür Schildt, Axel: Moderne Zeiten. Freizeit, Massenmedien und »Zeitgeist« in der Bundesrepublik der 50er Jahre, Hamburg 1995, S. 425 f.
[194] Zahn, Ernest: Soziologie der Prosperität. Wirtschaft und Gesellschaft im Zeichen des Wohlstandes, München 1964, S. 20.
[195] Wallich, Henry C.: Triebkräfte des deutschen Wiederaufstiegs, Frankfurt am Main 1955, S. 315.
[196] Tenbruck, Friedrich H.: Alltagsnormen und Lebensgefühle in der Bundesrepublik, in: Löwenthal, Richard/Schwarz, Hans-Peter (Hrsg.): Die zweite Republik. 25 Jahre Bundesrepublik Deutschland – eine Bilanz, Stuttgart 1974, S. 289-310, hier S. 296.
[197] Zum Folgenden vgl. allgemein Heinen, Hans-Günther: Herr Minister ließ bitten, in: Schwarz auf Weiß, H. 2/Juli 1956, S. 4, in: ACDP, NL Balke, I-175-001/1; o.V.: Nicht nur Fachminister, in: Die Zeit, 27.09.1956; o.V.: Balke, Siegfried, in: Interpress Archiv, 30.05.1967; Vierhaus, Rudolf/Herbst, Ludolf (Hrsg.): Biographisches Handbuch der Mitglieder des Deutschen Bundestages 1949 – 2002, Band 1 A – M, München 2002, S. 32 f.
[198] Henkels, Walter: 99 Bonner Köpfe, Düsseldorf/Wien 1963, S. 28 f.

on an der Technischen Hochschule München, anschließende Berufstätigkeit als Chemiker.

Die Aufstiegserfahrung war für Balke sicherlich prägend. Die Gummersbacher Oberrealschüler akzeptierten den Burschen vom Land nicht als Ihresgleichen; die dort beschäftigten Lehrkräfte versuchten ihn mit besonderer Strenge zu entmutigen; und für die Anmeldung zum Abitur musste der junge Dorfprovinzler Balke vor einem weißbärtigen Geheimrat den Kotau machen. In Gummersbach wurde Balke gewiss viel abverlangt, musste er Herkunftsdiskriminierung und Ausgrenzung erdulden, sich innerhalb einer sozialen Rangordnung als Geringgestellter vor unanfechtbaren Autoritäten erniedrigen. In diesem feindselig gesonnenen Umfeld gewann er Statur, wuchs an den Herausforderungen. Denn Fleiß, Zähigkeit, Duldsamkeit und Ehrgeiz waren die Triebkräfte, mit denen sich Balke durchkämpfte, die er in jenen Jahren trainierte. Der permanente Zwang zum Leistungsnachweis begleitete ihn fortan, auch und gerade in der Politik. Seine Jugenderfahrungen prägen auch seine politischen Ansichten. Seine kritische Einstellung gegenüber der betrieblichen Mitbestimmung von Arbeitnehmern leitete sich beispielsweise daher ab. Beteiligung an der Unternehmensführung sollte nicht voraussetzungslos und selbstverständlich sein, sondern „nur über den Leistungsnachweis im Berufsleben"[199] erfolgen. Sozialstaatlicher Umverteilung begegnete er mit der skeptischen Warnung, sie könne Leistungswillen abtöten.[200] Aussagen wie die folgende waren typisch für Balkes meritokratische Haltung: „Ich behaupte gar nicht, dass es Gewerkschaftssekretäre oder Gewerkschaftsfunktionäre nicht gebe, die geeignet wären, Vorstandsmitglied einer Firma zu werden. Sie müssen aber den normalen Berufsweg gehen, dann können sie es auch werden." Die Faszinationskraft dieser märchenhaften Selfmademan-Karriere war groß und wirkte sich förderlich auf die Rezeption Balkes durch die Medien aus. Daneben beeindruckte das stattliche Aufkommen von Ehrenämtern, die Balke scheinbar ganz nebenbei bekleidete, und seine rege Tätigkeit als Publizist. Von einer „erstaunlichen Arbeitsintensität dieses schmächtigen Mannes"[201] wurde da geschwärmt; denn Balke war Mitherausgeber der Fachzeitschrift *Chemie-*

---

[199] Hier und folgend Wessel, Kurt/Brüggemann, Felix (Interview mit Siegfried Balke): Die Wirtschaft von heute bedarf der Technik von übermorgen, in: Münchner Merkur, 24./25.09.1966.
[200] Siehe Beitragsmanuskript „Der Dienst der Kirche an der Industriegesellschaft" (für den 12.04.1965), in: ACDP, NL Balke, I-175-029/3, S. 11 f.
[201] O.V.: Der Bundespostminister, in: Hamburger Abendblatt, 09.12.1953.

Ingenieur-Technik. Zu guter Letzt widmete er sich auch noch einem privaten Studium der Geschichte der Wissenschaft. Dem Eindruck nach handelte es sich also um einen wahrhaftigen Tausendsassa, der da gerade in das Postministerium einzog – eine insgesamt passende Wahl.

Oktroi an der Spitze des Apparats: Bedingungen des Amtsantritts

Wie bei vielen Seiteneinsteigern üblich, wurde Balke darüber hinaus von den Zeitungsschreibern bei seinem Amtsantritt als Politik-Novize und Träger besonderer Kompetenzen bejubelt und die Erwartungen an ihn dadurch hochgeschraubt. Ferner dürften die der Berufung vorangegangene Kontroverse um die Besetzung des Postministeriums, ebenso wie auch die weihnachtliche Zeit die mediale Zuwendung zur Personalie Balkes begünstigt haben. Doch machte ihm diese außerordentlich positive Resonanz in den Medien das Ministerleben nicht unbedingt einfacher. Schließlich waren derartige Erwartungen auch gleichzeitig Bürde, drohten Hoffnungen im Falle eines Misserfolgs in Enttäuschungen umzuschlagen. Balke stand also faktisch unter Druck, als er in der Weihnachtszeit 1953 sein Amt antrat. Anders als in der Öffentlichkeit empfing man Balke im Ministerium nicht gerade mit offenen Armen, kam der neue Minister doch entgegen herrschender Konvention nicht aus dem Beamtenapparat der Post, nicht einmal aus der Politik, sondern von ganz außerhalb. Allein dass er dem üblichen Rekrutierungsmodus widersprach, ein Oktroi der Politik war, sorgte für Unmut. Die rein politisch motivierte, nicht auf Sachkenntnis gründende Berufung nährte jedenfalls eine große Skepsis in den Kreisen der höheren Postbeamten und verdichtete sich in den Räumen des Ministeriums zu einer abweisenden Atmosphäre.[202] Weil er keine langjährige Verwaltungstätigkeit in den Strukturen der Bundespost absolviert hatte, besaß Balke von den „Postgeheimnissen" eben nicht bloß wenig Ahnung, sondern seine Berufung desavouierte andere Kandidaten aus der Apparatspitze und entwertete die althergebrachten Aufstiegskanäle.

Alsdann stand der neue Minister vor dem Problem der erfolgreichen Krisenbewältigung, dem Erfordernis, den ramponierten Ruf des maroden Staatsunternehmens zu rehabilitieren und die Post zurück in die viel beschworenen „schwarzen Zahlen" zu führen. Der Druck des Multimillionendefizits der

---

[202] Vgl. o.V.: Laien im Postministerium, in: Der Tagesspiegel, 16.01.1954; o.V.: Zwischen Bundespost und Kernspaltung, in: BMD, Nr. 45/4. Jg., 06.11.1956, S. 4 ff.

III.I Ankunft in Bonn

Postkasse war eine weitere Belastung, die auf die Schultern des neuen Ministers drückte. Den Haushalt zu sanieren war somit zwar kein leichtes, doch ein vordringliches Unterfangen. Fürwahr keine leichte Aufgabe, doch hatte Balke in der Vergangenheit ja schon mehrere kränkelnde Unternehmungen vor dem Zusammenbruch bewahrt.[203] Betriebswirtschaftliche Kenntnis zählte hier dann doch mehr als Fachwissen um rein postalische Dinge.

---

[203] Vgl. o.V.: Nicht nur Fachminister, in: Die Zeit, 27.09.1956.

III.II Ein Rationalisierer im Post-, ein Fachmann im Atomministerium: Politische Maßnahmen

Nun war Balke also Bundesminister geworden, einer Organisation in der Krise zumal. Was sein Debüt als Politiker anbelangt, so verhielt er sich erwartungsgemäß und eines Seiteneinsteigers würdig. Er nahm keine Rücksicht auf politische Gepflogenheiten oder allgemein: Dinge, die er nicht für sachdienlich hielt. Das Postministerium betrachtete er nicht einfach als ein Fachressort, sondern „Aufgabengebiet, auf dem sich Politik, Wirtschaft und Technik kreuzen"[204]. Freilich stilisierte er sich damit selbst zum idealen Akteur für die Situation. Balke startete mit viel Elan. Rasch fiel er auf, weil er so unkonventionell agierte, wie es seine außerpolitische Herkunft zu versprechen schien. „Frisch, forsch, unbekümmert – sehr unbekümmert"[205] begann er seine Arbeit. Im Kabinett mokierte er sich über die „weitgehende Politisierung der höheren Beamtenstellen", darüber also, dass Spitzenpositionen in der staatlichen Verwaltung nicht den „fachlich Tüchtigsten" vorbehalten blieben.[206] Schnell wurde er zum Schrecken der Belegschaft. In der Bundespost – deren Mitarbeiter gewissermaßen das mustergültige Klischeebild des Staatsbediensteten abgaben – beabsichtigte Balke das der freien Wirtschaft entstammende Leistungsprinzip einzuführen.[207] Die Besoldungsreform, die er diskutieren ließ, sollte nach Balkes Vorstellung vor allem den Leistungslohn an die Stelle des Soziallohns treten lassen. Für die Post waren derlei Gedanken geradezu revolutionär, wären aus dem eigenen Hause wohl niemals selbst gekommen. Und so stellte sich denn auch sehr schnell der Eindruck ein, Balke führe das Ministerium „nach Art einer Aktiengesellschaft, deren einziger Aktionär der Bund sei"[208].

Eine weitere Neuerung bestand darin, Rat in sachlich-politischen Fragen extern zu beziehen.[209] Der neue Minister holte sich Konsultation von sachver-

---

[204] Zühlsdorff, Volkmar: Ein moderner Postminister, in: Die Zeit, 17.12.1953.
[205] O.V.: Sehr unbekümmert, in: Frankfurter Allgemeine Zeitung, 30.01.1957.
[206] Protokoll der 69. Kabinettssitzung am 02.02.1955, in: Hollmann, Michael/Jena, Kai v. (Bearb.): Die Kabinettsprotokolle der Bundesregierung, Band 8. 1955, in: „Kabinettsprotokolle der Bundesregierung online".
[207] Vgl. Henkels, Walter: Bundespostminister Dr. Siegfried Balke, in: Frankfurter Allgemeine Zeitung, 12.01.1955.
[208] Ebd.
[209] Vgl. o.V.: Zwischen Bundespost und Kernspaltung, in: BMD, Nr. 45/4. Jg., 06.11.1956, S. 4 ff.; Protokoll der 169. Kabinettssitzung am 12.03.1954, in: Hüllbüsch, Ursula/Trumpp, Thomas (Bearb.): Die Kabinettsprotokolle der Bundesregierung, Band 7. 1954, in: „Kabinettsprotokolle der Bundesregierung online".

ständigen Juristen. An die Spitze des Verwaltungsrats der Bundespost berief er erfahrene Leute aus der Privatwirtschaft, einen an Aufsichtsräte gewöhnten Steueranwalt und einen Mann der Handwerksverbandsspitze. Auf Redenschreiber verzichtete er gänzlich, mit der Bemerkung: „Meine Reden mache ich selber" verdutzte er seine Referenten.[210] Balke fiel auf, weil er mit unkonventioneller Methodik agierte. Nach seiner Zeit als Postminister konnte er jedenfalls stolz berichten, dass ihm dieses Amt die Möglichkeit gegeben habe, „betriebswirtschaftliche und unternehmerische Gesichtspunkte zu realisieren, die der Verwaltung an und für sich fremd waren, ihr aber zweifellos genützt haben"[211]. Kurzum: Der Chemie-Manager mischte zu Beginn seiner Ministerzeit sein Ressort gehörig auf, eben weil er sich auch weiterhin als Manager verhielt. Da die Post eine hybride Organisation aus politischem Ressort und staatlichem Dienstleister war, benötigte sie in der Tat eine gesunde Portion Wirtschaftskompetenz an ihrer Spitze. Balke profitierte folglich von einem günstigen Umfeld – in das er freilich eher zufällig geraten war. Als Innen- oder Justizminister hätte er womöglich weitaus geringere Chancen besessen, Erfolge zu feiern und Prestige zu erwerben.

Auch rhetorisch stach Balke heraus. Er suchte „seine Worte so behutsam, als gelte es, ein zartes Pflänzchen vor den rauen Winden der Wirklichkeit zu schützen"[212], die Bonner Journalisten rühmten „die Vollendung der sprachlichen Ausdrucksfähigkeit"[213], die ebenso akademisch wie vorzüglich daher komme und nicht „den Leidenschaften des Tages"[214] verpflichtet sei. Die Berichterstatter goutierten, dass es da im Kabinett einen Minister gab, der sich in „einer geschliffenen Sprache ausdrücken" konnte und „eine Situation mit Witz und Humor" zu meistern wusste.[215] Balke nahm man ab, auf Bluff zugunsten sachlicher Argumentation zu verzichten. Insoweit erwies sich die außerpolitische Herkunft, die langjährige Tätigkeit in der Wirtschaft als Manager und Publizist, als ersprießliche Quelle von Authentizität.

---

[210] Siehe o.V.: Zwischen Bundespost und Kernspaltung, in: BMD, Nr. 45/4. Jg., 06.11.1956, S. 4 ff.
[211] Brief Balke an Georg Heindl [1. Vors. d. Wirtschaftsbeirates der Union e.V.] vom 17.07.1957, in: ACDP, NL Balke, I-175-043/1.
[212] Bayern, Konstantin Prinz v.: Atomenergie und Raumfahrt, in: Deutsche Zeitung, 25.07.1962.
[213] Henkels, Walter: Bundespostminister Dr. Siegfried Balke, in: Frankfurter Allgemeine Zeitung, 12.01.1955.
[214] Ders.: Ein Minister ohne Ellbogen, in: Frankfurter Allgemeine Zeitung, 19.03.1960.
[215] Laupsien, Hermann: Eine Persönlichkeit – stets dem Gemeinwohl verpflichtet, in: Handelsblatt, 11.12.1969.

Von Hausbriefkästen und Weltraumraketen: Anmerkungen zu Balkes politischem Erfolg

Vielen Seiteneinsteigern kann man ohne Weiteres attestieren, relativ früh und vergleichsweise drastisch gescheitert zu sein. Der im Bundestagswahlkampf 1998 aufgeriebene Jost Stollmann ist ein solches Beispiel, aber auch Quereinsteigertypen wie Ralf Dahrendorf oder Hans Leussink, die trotz fachlicher Begabung an den Herausforderungen ihrer Ämter zerbrachen, deren politische Talente an falscher Stelle zum Einsatz kamen. Bei Balke war dies anders. Schon rein statistisch schaffte es der ehemalige Chemiker, neun Jahre im Bundeskabinett auszuhalten und bis 1969 – dem Zeitpunkt seines wohlgemerkt freiwilligen Ausscheidens – im Bundestag auszuharren. Gemessen an seinen Amtsjahren rangiert Balke in den immerhin fünf zwischen 1949 und 1963 regierenden Adenauer-Kabinetten als einer der dienstlängsten Minister an vierter Stelle.[216] Nur wenige Seiteneinsteiger können auf eine solch erfüllte, in jedem Fall passable Karriere zurückblicken. Innerhalb der Kategorie politischer Seiteneinsteiger gehört Balke sicherlich zu den erfolgreicheren Vertretern seiner Spezies. Und auch die Darstellung im Anschluss an seine Ministerzeit, die oftmals kritische Retrospektive, zeichnet ein Bild des Erfolgs.

Balke gestand man zu, die Bundespost binnen drei Jahren rationalisiert und modernisiert, um dann als Atomminister die Grundlagen für die deutsche Atomindustrie bereitet und den kernphysikalischen Anschluss an internationale Standards geschafft zu haben.[217] Das ist ganz gewiss nicht gering und zeugt von einer positiven Rezeption Balkes politischen Handelns – das eines Seiteneinsteigers mithin. Doch welche Berechtigung hatte das wohlmeinende Urteil der Medien?

Selbst wenn man Balkes Leistungen als Minister mit kritischem Vorbehalt in Augenschein nimmt, blickt man immer noch auf eine beachtliche Erfolgsbilanz. Die Entscheidungen, die er traf, die Maßnahmen, die er anordnete: All das hatte nachhaltige Konsequenzen, die von Bundesbürgern auch heute noch bemerkt werden können. Als Postminister trieb er die Rationalisierung und Automatisierung, zusammengefasst: die Modernisierung der Post konse-

---

[216] Hinter Ludwig Erhard (vierzehn Jahre), Fritz Schäffer (zwölf Jahre), Gerhard Schröder (zehn Jahre) und neben Franz Josef Strauß sowie Franz-Josef Wuermeling.

[217] O.V.: Im Dienste technischen und sozialen Fortschritts, in: Handelsblatt, 31.05.1967; o.V.: Siegfried Balke 65 Jahre alt, in: Westdeutsche Allgemeine Zeitung, 01.06.1967; Tuchel, Klaus: Im Dreieck Wirtschaft-Wissenschaft-Staat, in: Sonntagsblatt, 28.05.1967.

quent voran. Entscheidende, ja zukunftsweisende Maßnahmen, die inzwischen aus der Gegenwart nicht mehr wegzudenkende Selbstverständlichkeiten darstellen, entfielen auf sein Schaffenskonto.[218] Ganz seinem Image entsprechend, betrat er das Postministerium bereits am ersten Tag mit großem Elan, in der Manier eines entschlussfreudigen Reformers. Beispielsweise zeichnete Balke dafür verantwortlich, dass es in Wohnhäusern Hausbriefkästen im Parterre gibt. Sie sollten den Zustellern lange Wege durch die bundesrepublikanischen Treppenhäuser ersparen. Auch hier ganz der Unternehmer, hatte Balke eine Innovation importiert, auf die er während eines mehrwöchigen Aufenthalts in den USA aufmerksam geworden war. Hausbriefkästen fügten sich hervorragend in eine technologische Ära, in der eine Vielzahl an Apparaturen in allen Bereichen der Gesellschaft Arbeitserleichterung erbrachten, sich die Haushalte mit allerlei technischem Schnickschnack wie elektrischen Mixern oder Brotschneidemaschinen modernisierten. Sie standen beispielhaft für einige zeitgeistsensible Maßnahmen, die der Seiteneinsteiger da verordnete. Dabei traf Balke bereits auf erste Probleme eines staatlichen Unternehmens. Denn die Post verfügte über keinerlei Handhabe, ein derartiges Briefkastensystem, das in den Privatbereich der Bürger eingriff, zu erzwingen. In Ermangelung jeglicher juristischer Gewalt war er infolgedessen auf die Kooperationsbereitschaft der Bürger angewiesen. Balke löste das Problem, indem er für die Kunden attraktive Anreize stiftete, hohe Zuschüsse gewährte.[219] Des Weiteren ließ er Ingenieure an der Normierung von Briefformaten sowie der maschinellen Erfassung des Adressfelds tüfteln und verhalf so der Automatisierung in dem Traditionsunternehmen zum Durchbruch. Weitere Innovationen fanden sich im Ausbau der Selbstwahl beim Telefonieren und der Beschränkung auf eine Postzustellung täglich. Durch derartige Veränderungen erhöhte der neue Minister die Betriebsrentabilität. Balke machte all dies großen Spaß. So nahm er sich selbst der Briefmarkenästhetik an, indem er einen mit namhaften Künstlern bewehrten Ausschuss zwecks Verschönerung der Postwertzeichen bildete.[220] Dem vorherrschenden Mangel an hochqualifizierten Arbeitskräften versuchte Balke beizukommen, indem er „Headhunter" an die Tore der Fachschu-

---

[218] Zum Folgenden vgl. Beyrer 1997, S. 26-31; Gscheidle, Kurt: Damit wir in Verbindung bleiben. Porträt der Deutschen Bundespost, Stuttgart-Degerloch 1982, S. 62-68; Henkels, Walter: Bundespostminister Dr. Siegfried Balke, in: Frankfurter Allgemeine Zeitung, 12.01.1955; o.V.: Das marktwirtschaftliche Porto, in: Der Spiegel, 16.06.1954; Vierhaus/Herbst (Hrsg.) 2002, S. 32; Weber 2001, S. 114.
[219] Vgl. o.V.: Briefe im Parterre, in: Der Spiegel, 16.10.1957.
[220] Vgl. Protokoll der 64. Kabinettssitzung am 21.12.1954, in: Hüllbüsch/Trumpp (Bearb.).

len entsandte, die Studierende mit kleinen Gehaltszahlungen an das ansonsten wenig attraktive Unternehmen banden.[221] Eine letztlich auch von ihm als unumgänglich betrachtete Gebührenerhöhung verordnete er nicht etwa pauschal für den gemeinen Kunden, den Bürger; statt einfach sämtliche Dienstleistungen kollektiv zu verteuern, war sein Konzept betriebswirtschaftlich differenzierter gedacht. In erster Linie wurden Großkunden aus der Wirtschaft bei den Leistungen des Drucksachenversands und des Zeitungsvertriebs, aber auch den Fernschreibegebühren belastet. Achtzig Prozent der Preissteigerung mussten Unternehmen tragen, die in diesen Bereichen tätig waren. In der Rolle eines Geschäftsmanns setzte sich Balke allerdings im Vorfeld mit seinen Großkunden zusammen, um ihnen die bevorstehenden Lasten anzukündigen und den Verdruss zu mindern. Er wusste ja, wie ärgerlich überraschende Änderungen der Kalkulationsgrundlage für einen Manager sein konnten. Sein Argument, die Postkunden seien „in verschiedenen Sparten bisher zu billig bedient worden"[222], war zwar hart, aber betriebswirtschaftlich nachvollziehbar. Die daraus resultierenden Mehreinnahmen gedachte Balke, hier ebenfalls ganz der Unternehmer, umgehend rentabel in eine verbesserte Servicequalität, den Ausbau der telefonischen Leitungsinfrastruktur etwa, zu reinvestieren. Überhaupt wollte Balke das Fünfhundertmillionendefizit nur zu einem Drittel über Preiserhöhungen tilgen.[223] Dennoch blieb ihm nicht erspart, als „Portoerhöhungs-Ministers" Geschichte zu schreiben. Wichtiger war, dass er die an ihn geknüpften Erwartungen insgesamt erfüllte. Das Defizit von 220 Millionen Mark wurde unter seiner Ägide getilgt, die Post sogar in eine Gewinnzone im Bereich von 150 bis 160 Millionen Mark geführt.[224] Vor und nach Balkes Ministerzeit befanden sich die Jahresabschlussergebnisse jeweils in Verlustregionen. Geht man von der Annahme aus, dass sich das Image der Bundespost in der Bevölkerung anhand der Qualität des Aufgabenvollzugs und des Gebührenniveaus bemaß,[225] die Aufgaben eines Postministers darin bestehen, „in den täglichen Einzelentscheidungen die unterschiedlichen Erwartungen von Kunden, Personal, Wirtschaft und Politik so zu koordinieren, dass bei ihrer Erfüllung die

---

[221] Vgl. o.V.: Werber vor den Schulen, in: Der Spiegel, 25.04.1956.
[222] O.V.: Das marktwirtschaftliche Porto, in: Der Spiegel, 16.06.1954.
[223] Vgl. Protokoll der 21. Kabinettssitzung am 04.03.1954, in: Hüllbüsch/Trumpp (Bearb.).
[224] Hier und folgend o.V.: Nicht nur Fachminister, in: Die Zeit, 27.09.1956; Schaubild 3 bei Rittershofer, Werner: Die gemeinwirtschaftliche Verpflichtung des Öffentlichen Dienstes – dargestellt am Beispiel der Deutschen Bundespost, in: WSI-Mitteilungen, H. 10/1974, S. 414-429, hier S. 423.
[225] Vgl. Rittershofer 1978, S. 33 f.

III.II Politische Maßnahmen 77

Wirtschaftlichkeit der Post und die Funktionsfähigkeit des Kommunikationssystems in der Bundesrepublik Deutschland erhalten bleibt"[226], so erwiesen sich die Maßnahmen Balkes als durchaus erfolgreich.

Dies trug Balke den – für einen Politiker keineswegs selbstverständlichen – Ruf ein, seine Versprechen auch einzuhalten. Neben der Bereinigung des Kassendefizits sorgte hierfür eine weitere aufsehenerregende Aktion. Im April 1954 versprach er den von der DDR umschlossenen Berlinern Gebührenerleichterungen. Diese sollten als Hilfe für die leidgeprüfte Stadt verstanden werden. Binnen eines Jahres löste der Postminister sein Versprechen ein. Den Staat kostete dies zwar zehn Millionen Mark, verhalf Balke aber zu dem Ruf eines vertrauenswürdigen Ministers, der niemals locker ließ;[227] gleichzeitig war er den Beweis seines „unternehmerischen Stehvermögens" angetreten.[228] Wenigstens prinzipiell steigerte er damit auch das Ansehen der Bundesregierung, somit der Politik. Im Übrigen ließen sich etliche Stimmen aus dem Ministerium vernehmen, denen zufolge die Ministerialen ihren Chef allen Anfangsanimositäten zum Trotz doch noch lieb gewonnen hatten und nicht mehr gehen lassen wollten.[229] Der Manager Balke hatte sich im Gegensatz zu seinem Vorgänger unentbehrlich gemacht. In Gegenwart Schuberths hatte man zwar den Stallgeruch des Postapparats einatmen können, jedoch verlangte das Großunternehmen inzwischen doch viel stärker nach einem finanzkundigen Manager, als dies in früheren Zeiten der Fall gewesen war. Balke hatte somit in einem ihm mindestens skeptisch gesonnenen Umfeld Sympathien gewonnen und Prestige erlangt.

Balkes „Kernprobleme": Minister für Atomfragen

War Balke im defizitären Postministerium zwar durch seine berufliche Vergangenheit als Prokurist und Firmendirektor geeignet erschienen, doch als Laie in postalischen Angelegenheiten und politischer Dilettant dennoch skeptisch beäugt worden, so gewährte ihm die zweite Schiene seiner Berufslaufbahn, die des Chemikers, den Eindruck, für sein zweites Ressort hervorragend qualifi-

---

[226] Gscheidle 1982, S. 53.
[227] Vgl. o.V.: Man spricht von Siegfried Balke, in: Berliner Morgenpost, 28.04.1955.
[228] Laupsien, Hermann: Eine Persönlichkeit – stets dem Gemeinwohl verpflichtet, in: Handelsblatt, 11.12.1969.
[229] Vgl. o.V.: Zwischen Bundespost und Kernspaltung, in: BMD, Nr. 45/4. Jg., 06.11.1956, S. 4 ff.

ziert zu sein. Der „Naturwissenschaftler von Rang"[230] erschien den Polit-Kommentatoren „wie geschaffen"[231] für ein Ministerium, das sich primär mit Fragen der nuklearphysikalischen Energie befassen sollte. Im Verlauf seiner Amtszeit wies er sich in seinen Schriften als stupender Experte für Atomkernenergie aus, operierte sachverständig mit speziellen Begriffen, anspruchsvollen Theorien und komplizierten Formeln, schien auch alles über die Problematik des Strahlenschutzes zu wissen.[232]

Neben dieser Konvergenz von beruflichem Hintergrund und politischer Tätigkeit – einem Argument, das ganz oft zur Legitimation von Seiteneinsteigern angebracht wird – gewann Balkes Wechsel in das Atomministerium auch durch die zeitgenössische Denkart an Plausibilität. Bereits in den 1950er Jahren hatte eine Verwissenschaftlichung von Politik eingesetzt, die sich im darauffolgenden Jahrzehnt unreflektiert zu einer regelrechten Planungsbegeisterung steigerte.[233] Neue Leitgedanken wie „Planung ohne Planwirtschaft" enttabuisierten den durch das ökonomische System der Sowjetunion weltanschaulich stigmatisierten Begriff von Planung. Im Angesicht einer zunehmend komplexer werdenden Gesellschaft versprach man sich von wissenschaftlich angeleiteter Planung für die Politik vorausschauende Konzepte, krisenfeste Steuerungsmittel. Bundeskanzler Kurt Georg Kiesinger sah sich damals sogar bemüßigt, das Bundeskanzleramt mit einem „Planungsstab" an die neuen Verhältnisse anzupassen und die Segnungen dieser neuen Kultur in Empfang zu nehmen. Gegen diese dominante Mentalität erhoben nur wenige Kritiker ihre Stimmen, um dem schier unaufhaltsamen Trend politischer Planung intellektuell Einhalt zu gebieten. Unter diesen befand sich der prominente Soziologe Helmut Schelsky, nach dessen Meinung aus dem Planungsübermut eine Gefahr für die Demokratie erwachse, indem „selbsternannte Experten die eigentliche staatliche Gewalt untergraben und das politische System zunehmend technokratischer werden würde"[234]. Doch taten derlei akademische Bedenken der Dominanz des politischen Planungsdenkens natürlich keinen Abbruch.

---

[230] O.V.: Zwischen Bundespost und Kernspaltung, in: BMD, Nr. 45/4. Jg., 06.11.1956, S. 4.
[231] O.V.: Siegfried Balke: neuer Atomminister, in: Westdeutsche Allgemeine Zeitung, 24.10.1956.
[232] Siehe bspw. Balke 1962, S. 130-176.
[233] Vgl. hierzu Nützenadel, Alexander: Stunde der Ökonomen. Wissenschaft, Politik und Expertenkultur in der Bundesrepublik 1949-1974, Göttingen 2005, S. 328-338; Seifert, Benjamin: Träume vom modernen Deutschland. Horst Ehmke, Reimut Jochimsen und die Planung des Politischen in der ersten Regierung Willy Brandts, Stuttgart 2010, S. 26-36.
[234] Seifert 2010, S. 34.

Als Planungsgläubiger[235] war Balke zum politischen Zeitgeist der 1960er Jahre hochgradig kompatibel. Wissenschaft war für ihn ein Instrument, das die Arbeit der staatlichen Instanzen in gleichem Maße bereichern konnte wie die Gesellschaft etwa in Sachen Energieversorgung und Informationsvermittlung. Auch politische Maßnahmen müssten vor ihrer Durchführung schließlich einer sorgfältigen Planung unterzogen werden; ganz besonders, wenn sie fortwährend an Komplexität gewannen. Balkes Auffassung nach bedurfte gerade der Berufspolitiker zur Mitte des 20. Jahrhunderts wissenschaftlicher Expertise, reichten dessen politischer Instinkt und das Wissen um die Funktionsweise politischer Arenen nicht mehr aus. Wäre dies zutreffend gewesen, so befand sich Balke natürlich in einer komfortablen Situation. Von Amtswegen gehörte er der Gruppe politischer Entscheider an, verfügte als promovierter Chemiker und profilierter Manager zudem über den notwendigen Sachverstand, um sich gewissermaßen selbst beraten zu können. Demzufolge wäre in ihm die ideale Symbiose aus Wirtschaft und Politik zu sehen gewesen. Aber klar: Die Politik verachtet Planung, kaum etwas verläuft dort planmäßig. Balke hatte dies am eigenen Leib erfahren müssen, von dem Ende seiner Ministerzeit hätte er nicht stärker überrascht werden können.

Wie viele seiner Zeitgenossen hing Balke zudem einem überschwänglichen Fortschrittsglauben an. Seine Zukunftsvisionen enthielten menschenleere Maschinenhallen.[236] Ähnlich wie durch die industrielle Revolution die menschliche durch maschinelle Erntearbeit abgelöst worden war, glaubte Balke, dass wie einst die Agrar- auch die Industriegesellschaft durch technologischen Fortschritt überwunden würde. Einfache Arbeiter würden dann nicht mehr am Fließband oder Schmelzofen stehen, sondern die Roboter und Maschinen programmieren und regulieren. Ganz so kam es dann doch nicht. Dennoch: Als Balke Atomminister wurde, begann man gerade erst, gewissermaßen mit der Planung zu planen. Wissenschaftler in der Politik schienen da nur eine logische Konsequenz zu sein. In den 1960er Jahren avancierte Karl Schiller, ein Wirtschaftstheoretiker im universitären Professorenrang, zum politischen Star

---

[235] Siehe hierfür Balke, Siegfried: Die Planung der technischen Zukunft, in: Frankfurter Allgemeine Zeitung, 15.12.1967; o.V.: Balke regt Modellversuch zur Krankenversicherung an, in: Frankfurter Neue Presse, 26.03.1964; Tuchel, Klaus: Der Auftrag der Ingenieure, in: VDI nachrichten, 31.05.1967.
[236] Vgl. hierzu Witt, Otto: Ein Wissenschaftler und Politiker, in: Stuttgarter Zeitung, 25.06.1964.

dieser neuen Denkweise.[237] Seit 1965 wirtschaftspolitischer Sprecher der sozialdemokratischen Bundestagsfraktion, stieg er ein Jahr später zum Bundeswirtschaftsminister auf. Personen wie Schiller, die aus dem Universitätsbetrieb ihren Weg in die Politik suchten, waren seinerzeit keine Seltenheit. In den 1960er Jahren dominierten sie den zwar schwachen, aber dennoch kontinuierlichen Strom von Seiteneinsteigern in Politik. Weitere Beispiele waren der Soziologie Ralf Dahrendorf, der 1968 in den baden-württembergischen Landtag einzog und 1970 in Brüssel EG-Kommissar wurde; oder Hans Leussink, ein Professor für Grundbau, Tunnelbau und Baubetrieb, der es 1969 unter Willy Brandt zum Bundesminister für Bildung und Wissenschaft brachte. Siegfried Balke fügte sich nur zu gut in das Schema der Zeit. Seit 1956 hielt er als Honorarprofessor in München Vorlesungen für Chemiewirtschaft und betrachtete sich selbst als eine Art Hobby-Wissenschaftler. Je stärker sich die politische Kultur mit dem Planungsvirus infizierte, desto einleuchtender wirkte die Berufung des promovierten Ingenieurs an die Spitze des Bundesatomministeriums.

Außerdem unterhielt Balke nützliche Kontakte zu einflussreichen Persönlichkeiten; so verband ihn ein enges Vertrauensverhältnis zu dem Atomphysiker Frederic de Hoffmann, der in die Vereinigten Staaten emigriert war und dort Präsident der High-Tech-Firma „General Atomics" war.[238] Doch zunächst: Im Oktober 1956 übernahm Balke das Ministerium für Atomfragen, das erst ein Jahr zuvor gegründet worden war und seinem ersten Chef, ironischerweise Franz Josef Strauß, als Plattform zum Wechsel an die Spitze des Verteidigungsministeriums gedient hatte. Auch von dieser Amtszeit Balkes hieß es später einhellig, er habe „Hervorragendes geleistet"[239] und „politisch wie verwaltungsmäßig, national wie international die Weichen für die Zukunft der deutschen Atomwirtschaft gestellt"[240]. Tatsächlich: Wieder hinterlässt Balkes – diesmal atompolitisches – Handeln auch im Lichte wissenschaftlicher Skepsis einen guten, wenngleich nicht makellosen Eindruck.

Balkes dortige Amtsführung glich einem Déjà-vu. Wieder startete er mit viel Energie; wieder ging er die eklatantesten Missstände an. So bereiste Balke gleich nach seinem Amtsantritt die Vereinigten Staaten, Großbritannien und

---

[237] Vgl. Walter, Franz: Vorwärts oder abwärts? Zur Transformation der Sozialdemokratie, Berlin 2010, S. 32 f.
[238] Vgl. Radkau 1983, S. 140 f.
[239] Leonhardt, Rudolf Walter: Was erwarten wir vom neuen Wissenschaftsminister?, in: Die Zeit, 21.12.1962.
[240] O.V.: Für Gesellschaft und Staat, in: Handelsblatt, 31.05.1972.

III.II Politische Maßnahmen 81

Kanada, um sich dort, in den technologisch am weitesten fortgeschrittenen Staaten des Westens, die Entwicklungsstände im Bereich der technischen Atomenergieverwertung zu vergegenwärtigen.[241]

Balke übernahm das Atomministerium in einer problematischen Phase, in der richtungsweisende Entscheidungen zu treffen waren und in der eine ganze Reihe von Akteuren aus Wissenschaft und Wirtschaft seinen Handlungsspielraum als Minister einschränkte. 1956 befand sich die Bundesrepublik auf diesem Feld gegenüber anderen Ländern in einem schier uneinholbaren Rückstand. Ob in den USA, der Sowjetunion, Frankreich oder Großbritannien: Überall schien man den Deutschen in Sachen Reaktorentwicklung weit voraus. Die westdeutschen Wissenschaftler – hier allen voran der Nobelpreisträger Werner Heisenberg – waren auf dem Gebiet der Kernenergieforschung im Zuge des Zweiten Weltkriegs von einer sagenumwobenen Weltelite zu drittrangigen Zuschauern abgestiegen. Dieser eklatante Statusverlust weckte in Heisenberg und seinen Kollegen das unbedingte Verlangen, zu alter Größe zurückzufinden. Doch dazu brauchte es im gerade erst angebrochenen Atomzeitalter weit mehr als nur originelle Ideen und mathematischen Genius. Atomforschung ließ sich nicht mehr an Holztischen mit simplen Gerätschaften praktizieren, unter Bedingungen also, unter denen Otto Hahn und seinem Mitarbeiter Fritz Straßmann 1938 noch die welthistorisch erste Spaltung eines Atomkerns gelungen war. Nuklearforschung war längst zur „Big Science" expandiert, die ungeheuerliche Summen verschlang. Während Frankreich Mitte der 1950er Jahre seinen Atomwissenschaftlern 450 Millionen Mark aus der Staatsschatulle gewährte, belief sich der entsprechende Betrag in der Bundesrepublik auf eine geradezu lächerliche Summe von 1,9 Millionen Mark.[242] Einstellige Millionenbeträge aber halfen den aufstiegswilligen Forschern nicht weiter. Heisenberg wollte mehr, wollte ebenso große Summen wie seine Kollegen – zum Teil seine einstigen Eleven – in den anderen Staaten, erstrebte ein eigenes Kernforschungszentrum in München.[243]

Der frischgebackene Atomminister Balke hatte es also mit enormen Erwartungen einer Elite zu tun, die sich unter den politischen Fittichen Adenauers seit geraumer Zeit blockiert fühlte. Balke freilich konnte sich in ihre Situation einfühlen, war er doch selbst Wissenschaftler. Als Wirtschaftsfach-

---

[241] Vgl. Radkau 1983, S. 55.
[242] Vgl. Fischer, Peter: Atomenergie und staatliches Interesse: Die Anfänge der Atompolitik in der Bundesrepublik Deutschland 1949-1955, Baden-Baden 1994, S. 242.
[243] Vgl. Stamm 1981, S. 157 f.

mann erblickte er überdies in der Atomtechnologie einen lukrativen Absatzmarkt für westdeutsche Konsortien. Atomtechnologie aus Deutschland – das konnte in seinen Vorstellungen ein Exportschlager werden. Wie die Atomwissenschaftler sah auch Balke eine zivile Nische. Denn so groß die Etats der Konkurrenzforschung auch sein mochten: Sie flossen überwiegend in die militärische Forschung. In Großbritannien beispielsweise hatten die Wissenschaftler in den 1950er Jahren in der Reaktorforschung zwar große Fortschritte erzielt, doch dienten diese Entwicklungsanstrengungen dem Gewinn waffenfähigen Plutoniums, zuallererst also dem Bau einer eigenen Atombombe.[244] Die Vereinigten Staaten selbst kümmerten sich zum damaligen Zeitpunkt überdies noch kaum um den zivilen Anwendungsbereich. Aufgrund der in großer Menge vorhandenen fossilen Energieressourcen verspürte man keinen sonderlichen Druck zur Entwicklung alternativer Wärmequellen und fast der gesamte Etat der „United States Atomic Energy Commission" (USAEC) – achtzig bis neunzig Prozent davon – floss sogar noch Ende der 1950er Jahre schnurstracks in den Militärbereich. Die kernphysikalischen Bemühungen im Ausland waren somit vorwiegend auf militärische Projekte ausgerichtet.

In der Entwicklung eines praxistauglichen Reaktors, der imstande sein würde, kostengünstig Energie zu erzeugen, die sich als Elektrizität an die deutschen Haushalte würde verkaufen lassen, dessen Technologie man aber auch gewinnträchtig an das Ausland liefern könnte – dies war ein Forschungszweig, mit dem sowohl die deutsche Wissenschaft als auch Wirtschaft vorankommen konnten. Heisenbergs ambitionierter Schüler Karl Wirtz, der im Göttinger „Max-Planck-Institut für Physik" die experimentelle Abteilung leitete, stellte fest, dass die ausländischen Leistungsreaktoren – also solche, die zur kommerziellen Energiegewinnung gedacht waren – noch in einem frühen Stadium der Entwicklung ihrer technischen Reife harrten und man ohne Weiteres Entwicklungsspielräume für eigene Reaktorkonstruktionen besitze. In Interviews verkündete Wirtz, es sei „durchaus nicht zu spät für uns, in diese Entwicklung einzusteigen"[245], und seine weiteren Prognosen lockten die Industrie mit reißenden Absatzmärkten für Kernkraftwerke. Keiner der gesehenen Reaktoren

---

[244] Vgl. hier und folgend Prüß, Karsten: Kernforschungspolitik in der Bundesrepublik Deutschland. Projekt Wissenschaftsplanung, Frankfurt am Main 1974, S. 20 f.; ders.: Die Entwicklung der Schwerionenforschung in der BRD, in: Küppers, Günter/Stichel, Peter/Weingart, Peter (Hrsg.): Wissenschaft zwischen autonomer Entwicklung und Planung – Wissenschaftliche und politische Alternativen am Beispiel der Physik, Bielefeld 1981, S. 223

[245] Zitiert nach Fischer 1994, S. 248.

taugte offenbar zur lohnenswerten Herstellung eines Duplikats – in diesen Glauben wollten jedenfalls die westdeutschen Kernphysiker ihre Regierung versetzen.

Der neue Atomminister hatte in Zusammenarbeit mit Wissenschaft und Wirtschaft darüber zu entscheiden, an welchem Reaktortyp – dem US-amerikanischen oder dem britischen – sich die zukünftige Forschung orientieren sollte und welcher Brennstoff – Natururan oder angereichertes Uran – verwendet werden sollte.[246] Wollte man Kosten einsparen oder lieber die Gewissheit haben, sich nicht der wankelmütigen Exportbereitschaft ausländischer Uranlieferanten auszusetzen? Wie diese Fragen beantwortet werden würden, entschied auch über die Unternehmen, die in einer späteren Atomwirtschaft involviert sein würden. In jedem Fall würden Balkes Entschlüsse folgenschwer sein.

Ein weiteres Problem bestand für ihn darin, geeignetes Personal auszubilden, das einmal die Atomanlagen, die entwickelt werden sollten, würde bedienen und warten können. Doch die Nachwuchsfrage war ungeklärt. Die talentierten Jungwissenschaftler der Bundesrepublik waren damals fasziniert von den ausländischen Großforschungsanstalten, besonders von jenen in den USA. Dort waren binnen kürzester Zeit im Zuge des militärischen „Manhattan"-Projekts zum Bau der Atombombe hochmoderne Großforschungsanlagen wie das „Argonne National Laboratory", das „Oak Ridge National Laboratory" oder das „Los Alamos Scientific Laboratory" entstanden.[247] Deutschland hatte nichts dergleichen zu bieten und war in dieser Beziehung völlig unterausgestattet – sowohl was technische Geräte und Anlagen als auch Rohstoffe anbelangte. Für die ersten Gehversuche eines westdeutschen Reaktorentwicklungsprogramms veranschlagte Karl Wirtz im Jahr 1956 rund 250 Millionen Mark, die gesamten öffentlichen Zuwendungen von Bund und Ländern maßen in jenem Jahr aber gerade einmal 20,5 Millionen Mark.[248] Drastisch gesagt, gehörte die Bundesrepublik im Kosmos der Atomforschung zu den „Dritte Welt"-Staaten. Wer wollte da schon seine Karriere in der Bonner Republik vergeuden? Balke, im Bewusstsein der mangelnden Attraktivität Westdeutschlands

---

[246] Vgl. Radkau 1983, S. 54-64.
[247] Vgl. Jordan, Hermann L.: Großforschung in der BRD – Probleme der Institutionalisierung. Mobilität und Kontrolle, in: Küppers/Stichel/Weingart (Hrsg.) 1981, S. 179-200, hier S. 182.
[248] Vgl. Wirtz, Karl: Programmfragen der Kernenergiegewinnung. Überlegungen über bestreitbare Wege, in: Die Atomwirtschaft, Jg. 1 (1956) H. 7-8, S. 250-253, hier S. 252 f.; o.V.: Staatliche Atomausgaben seit 1956, in: Die Atomwirtschaft, Jg. 7 (1962) H. 12, S. 597-600, hier S. 597.

für den nuklearwissenschaftlichen Nachwuchs, versuchte die eigene Inkompetenz auf dem Feld der Kernenergieverwertung, den Status als „ausgesprochene Nichtwisser"[249], gegenüber dem Ausland geflissentlich zu verbergen. Er, der Minister, wollte natürlich sein Land einerseits als kompetenten Kooperationspartner empfehlen und andererseits qualifiziertes Personal in die Bundesrepublik locken beziehungsweise dort halten.

Balke beabsichtigte, dem akuten Mangel an wissenschaftlichem wie technischem Personal, der für die Zukunft drohte, schleunigst entgegenzuwirken – Vorhersagen prognostizierten für die 1960er Jahre einen wachsenden Bedarf an naturwissenschaftlichem Nachwuchs. Balke verfolgte daher, wenn auch letztlich erfolglos, das Vorhaben, an westdeutschen Gymnasien Atomphysik unterrichten zu lassen.[250] Um überhaupt eine blühende Atomindustrie errichten zu können, bedurfte es spezieller Gesetzestexte, die den Umgang mit der völlig neuen, im Grundgesetz bislang unberücksichtigten Technologie – mit radioaktiven Stoffen also – reglementierten. Mit Erfolg drängte Balke daher im Kabinett auf ein Atomgesetz. In diesem Zuge kamen unter der Ministerschaft Balkes das erste Atomgesetz und die erste Strahlenschutzverordnung zustande. Damit ermöglichte Balke den baldigen Aufbau einer international konkurrenzfähigen Atomindustrie. Unermüdlich suchte er die Politik von der Wichtigkeit seines Ressorts zu überzeugen und für die Besonderheiten der Nukleartechnologie zu sensibilisieren. Vor dem Bundestag proklamierte er, wie schon sein Amtsvorgänger Strauß, eine deutsche Atomwirtschaft als unabdingbare Voraussetzung, um auch zukünftig zur Beletage führender Industrienationen zu gehören. Über die Frankfurter Rundschau warnte er eindringlich, ohne Kernkraftwerke werde man „eines Tages auch keine Staubsauger mehr verkaufen können"[251]. Balke meinte das damals ernst. Gleichzeitig suggerierte er der Öffentlichkeit und den übrigen Regierungsmitgliedern eine Notsituation, in der es zu den von ihm vorgeschlagenen Maßnahmen keinerlei Alternative gebe.[252] Gemeinsam mit wissenschaftlichen Koryphäen wie dem Nobelpreisträger Werner Heisenberg und beflügelt durch den technischen Fortschrittsoptimismus erweckte er den Eindruck, die reaktortechnische Entwicklung führe schnurstracks von Experimental- zu Serientypen, mit denen sich Energie

---

[249] Zitiert nach Radkau 1983, S. 152.
[250] Vgl. ebd., S. 204 f.
[251] Zitiert nach ebd., S. 163.
[252] Vgl. Radkau 1989, S. 346 f.

III.II Politische Maßnahmen

kommerziell vermarkten ließe. Damit konstruierte er – gewollt oder ungewollt – einen Sachzwang, der jedweden Widerspruch als absurd auswies.

Ferner nahm er sich früh und vor allem noch vor ihrer späteren Brisanz der radioaktiven Abfallbeseitigung an. Erste Atommächte wie Großbritannien leiteten ihre radioaktiven Giftstoffe einfach ins Meer.[253] Die Wahl solcher aberwitziger Entsorgungsverfahren lässt Balkes Denken umso fortschrittlicher und verantwortungsvoller anmuten. Seiner Weitsicht oder zumindest seiner Bereitschaft, Expertenrat zu befolgen, war zu verdanken, dass sein Ministerium in dieser noch heute problembehafteten Angelegenheit nach geeigneten Prozeduren fahndete.[254]

Als Atomminister konnte Balke jedoch nicht einfach schalten und walten, wie er wollte.[255] Seine Amtsführung unterlag starken Einschränkungen. Wissenschaftliche und wirtschaftliche Interessengruppen hatten sich bereits positioniert, um die Atompolitik nach ihrem Gusto gestalten zu können. Nichtstaatliche Vereinigungen wie die „Physikalische Studiengesellschaft" oder das „Atomforum" traktierten das Ministerium mit Papieren, die ihre Vorstellungen von Atompolitik kundtaten. Des Weiteren traf der Atomminister auf eine gewachsene Struktur von Wissenschaftsorganisationen, die sich bereits ausgiebig mit dem Forschungsfeld „Kernenergie" befassten. Die Deutsche Forschungsgemeinschaft und noch viel stärker die Max-Planck-Gesellschaft hatten aus ihrem Etat bereits seit einigen Jahren Gelder für die kernphysikalische Forschung abgezwackt und spezielle Kommissionen eingerichtet – nicht zuletzt, da ihren Organisationsführungen mit Otto Hahn und Werner Heisenberg passionierte Nuklearwissenschaftler angehörten.

Für Balke war es in Anbetracht dieser äußerst schwierigen Bedingungen gewiss nicht leicht, Atomminister zu sein. Minister zumal eines Ressorts, dessen Gegenstand in den 1950er Jahren zum großen Teil „keine Realität, sondern Spekulation"[256] war, überdies in einer Zeit, in der Projektionen und Planungsgrundlagen permanent unhaltbar veralteten und sich die Prognosen ständig än-

---

[253] Vgl. zu diesem Aspekt Kotynek, Martin: Ins Meer, ins Eis, ins Bergwerk, in: Süddeutsche Zeitung, 16.03.2010.
[254] Vgl. Tiggemann, Anselm: Die „Achillesferse" der Kernenergie in der Bundesrepublik Deutschland: Zur Kernenergiekontroverse und Geschichte der nuklearen Entsorgung von den Anfängen bis Gorleben 1955 bis 1985, Lauf an der Pegnitz 2004, S. 126-133.
[255] Vgl. hierfür Stucke, Andreas: Institutionalisierung der Forschungspolitik. Entstehung, Entwicklung und Steuerungsprobleme des Bundesforschungsministeriums, Frankfurt am Main/New York 1993, S. 99 f. und S. 253.
[256] Radkau 1983, S. 64.

derten. Unter diesen Umständen ließen sich gegenüber den skeptischen Parlamentariern und dem misstrauischen Kanzler kaum Erfolge vorweisen. Dies war Balkes „Kernproblem": Sämtliche Verwertungsideen waren noch zukunftsmusikalische Gedankenspiele. Doch um einen gigantischen Etat zu rechtfertigen, den er für die nötigen Fördermaßnahmen aufstellen musste, bedurfte es triftiger Gründe. Deshalb steckte Balke in einem Dilemma, musste hohe Erwartungen schüren, um ebenso hohe Geldbeträge ausgeben zu können. Mit dem Imperativ der „kerntechnischen Konkurrenzfähigkeit auf dem Weltmarkt"[257] verfügte Balke über ein bestechendes Argument, um eine Politik einleuchtend zu legitimieren, die unvermeidlich enorme Steuergelder verschlingen würde. Denn die Angst, dass die exportorientierte Wirtschaft der wachstumsverwöhnten Bundesrepublik den Anschluss an eine fulminante Zukunftstechnologie verpassen könnte, war damals ein schlagendes Argument. Das Versprechen, innerhalb kurzer Zeit in der Energieerzeugung ein phänomenales Leistungsvermögen zu erreichen, schwebte folglich wie einst das Schwert des Damokles über Balkes Haupt. Denn es gab zahllose Autoren, die sich publizistisch mit der faszinierenden Materie der Atomenergie befassten und phantasievoll schillernde Utopien eines anbrechenden Atomzeitalters ausmalten, welches für die menschliche Zivilisation eine Bedeutung habe, die mindestens an die der Industrialisierung heranreiche. In den technikgläubigen Phantasien beheizten „Baby-Reaktoren" die bundesdeutschen Wohnzimmer. Und auf den Straßen der Zukunft wähnte man von Nuklearkräften angetriebene Automobile – Flugzeuge und Schiffe sowieso. Auf die Verwertung von Atomenergie projizierte die Gesellschaft in den 1950er Jahren sämtliche Hoffnungen und Optimismen auf eine friedlichere und bessere Welt. Das berühmte Godesberger Parteiprogramm der Sozialdemokraten kam gleich in seinem Einleitungssatz auf die „Urkraft des Atoms" zu sprechen.[258] Allenthalben berauschten sich Enthusiasten aus Wissenschaft, Politik und Medien an fantastischen Vorstellungen, ohne jemals die heutzutage allzu bekannten Probleme von Atommüll oder Strahlenkontamination zu bedenken. Im Grunde genommen konnte Balke im Angesicht solcher Erwartungen gar nicht anders, als zu scheitern. Umso bemerkenswerter nimmt sich daher seine Bilanz als Atomminister aus.

---

[257] Ebd., S. 164; siehe auch das Protokoll der 45. Kabinettssitzung am 11.09.1962, in: Rössel/Seemann (Bearb.). Zum Folgenden vgl. ebd., S. 78-88; ders. 1989, S. 349.
[258] Siehe Godesberger Programm, S. 2, online einsehbar unter: http://www.spd.de/de/pdf/parteiprogramme/spd_godesbergerprogramm.pdf [eingesehen am 01.02.2010].

III.II Politische Maßnahmen

Das angebrochene Atomzeitalter war also einerseits Bürde, andererseits eine Legitimationsquelle für politische Maßnahmen. Bedeutende Bereiche der Gesellschaft interessierten sich für das Atom als Energiequelle, überhöhten weitgehend unkritisch seinen Segensreichtum. Als förderlich erwies sich der Enthusiasmus von Wissenschafts- und Bildungsinstitutionen. Die bundesdeutschen Bildungseinrichtungen waren regelrecht Feuer und Flamme und passten sich der neuen Technologie mit Vehemenz an. An den westdeutschen Universitäten schossen kernphysikalische Lehrstühle aus dem Boden, in Karlsruhe und Jülich gründeten sich Forschungszentren, erste Versuchsreaktoren wurden für viel Geld aus dem Ausland beschafft und in Betrieb genommen – so das berühmte Garchinger „Atomei", das unter der wissenschaftlichen Leitung des aufstrebenden Experimentalphysikers Heinz Maier-Leibnitz für Furore sorgte und seinen Standort Bayern als ambitionierte und fortschrittliche Region auswies. Der Stellenwert der Nuklearforschung war bereits so groß, dass auch das „Deutsche Museum" in München, dessen Ausstellungen mit einschlägigen Exponaten penibel die technische Entwicklung in Deutschland dokumentieren sollten, 1955 eine eigene Abteilung für Kernphysik und Kerntechnik gründete.[259]

Kaum weniger leidenschaftlich nahm sich das Interesse der Wirtschaft aus. Die Anfangsphase einer deutschen Atomforschung und -wirtschaft dominierten Unternehmen der chemischen Industrie.[260] Sie sahen sich, getragen von der Furcht vor einer drohenden „Energielücke", als zukünftige Konsumenten günstigen Atomstroms als die Hauptnutznießer dieser neuen Technologie. Allerdings schwand ihr Interesse im Verlauf der Jahre merklich, gab es doch zwischenzeitlich einen Überschuss an einheimischer Ruhr-Kohle und gewärtigte man zudem explodierende Entwicklungskosten. Schon in den 1960er Jahren ebbte die Begeisterung merklich ab, die prognostizierten Belastungen und Probleme ließen am abzusehenden Nutzen zweifeln. Dennoch: In den 1950er Jahren wandten sich wirtschaftlich große und politisch einflussreiche Unternehmen äußerst enthusiastisch der Kernenergie zu. Siemens reaktivierte 1954 alte Kontakte zu dem US-amerikanischen Konzern Westinghouse und finanzierte eine hausinterne „Studiengruppe Reaktorentwicklung"; die MAN unterhielt ab 1958 in Nürnberg eine Abteilung für Kernkraftanlagen.[261]

---

[259] Siehe Königsberger 2009, S. 257-281.
[260] Vgl. Stucke 1993, S. 103.
[261] Vgl. Königsberger 2009, S. 258 f.

Vermutlich war es seine nichtpolitische Herkunft, die bewirkte, dass Balke erstaunlich oft fachlichen Erwägungen den Vorzug gegenüber politischen Erfolgen gab. Stellenweise traf er Entscheidungen und gab er Bedenken zu Protokoll, die ihm politische Nachteile erbrachten. Bundeskanzler Adenauer zeigte sich allenfalls an einem zügigen Beginn einer westdeutschen Atomwirtschaft interessiert. Den ökologischen Risiken, die damit verbunden waren, schenkte er hingegen weniger Beachtung. Balke wurde demgegenüber in einer technikenthusiasmierten Phase, die keine Selbstzweifel kannte, nicht müde, auf die „mangelnde Fundiertheit der ‚Toleranzgrenzen' hinzuweisen"[262], die er in Gesetzesentwürfen vorfand. Im Gegensatz zu seinen Kabinettskollegen wollte er seiner Ansicht nach notwendige Schutzmaßnahmen „ohne Rücksicht auf Wirtschaftlichkeit"[263] gesetzlich erzwingen; so jedenfalls referierte er es 1957 dem zuständigen Bundestagsausschuss. Obwohl selbst glühender Verfechter der friedlichen Nukleartechnologie, entzog er sich mit vorausschauendem Blick der geistigen Kapitulation vor dem betörenden Atomzauber. Zumindest blendete er, im Gegensatz zu vielen anderen Zeitgenossen, die durchaus erkennbaren Risiken dieser gleichfalls gefährlichen wie innovationsträchtigen Technik nicht aus. Als einer der ersten Angehörigen der politischen Elite der Bundesrepublik überhaupt betrachtete Balke Umweltschutz als eine vordringliche Aufgabe der Politik. In einem seiner Entwürfe für ein neu zu schaffendes Forschungs- und Wissenschaftsministerium tauchte bereits im Herbst 1961 eine eigenständige Abteilung auf, die sich mit der „Abwehr von Zivilisationsschäden" befassen sollte, wie Umweltschutz im technokratischen Duktus der Zeit genannt wurde.[264] Die umweltsünderische Bedenkenlosigkeit, mit der Politiker in den 1960er und 1970er Jahren beispielsweise die Frage nach der Endlagerung von Atommüll klärten, wäre unter Balke als zuständigem Minister wohl weitaus weniger drastisch ausgefallen. Insgesamt schien die Gesellschaft von dem weniger macht- als sachorientieren Handeln des Quereinsteigers zu profitieren.

---

[262] Radkau 1983, S. 351.
[263] Zitiert nach ebd.
[264] Vgl. Stamm 1981, S. 242 f.

III.II Politische Maßnahmen

Politischer Globetrotter auf dem Weg ins All: Ein Ministerium im Wandel

Trotzdem schaffte es Balke nicht, seine eigenen Ansichten gegen die verschiedenen Interessengruppen aus Wissenschaft und Wirtschaft durchzusetzen. Meistens unterlag der Minister risikoscheuen Managern oder ehrgeizigen Forschern.[265] Weil die Industrie vorgab, aufgrund der zweifelhaften Chancen auf Erfolg nur unter einer außergewöhnlich hohen Beteiligung des Staates am Aufbau einer Atomwirtschaft zu partizipieren, gab Balke nach – obwohl die späteren Anbieter von nuklearwirtschaftlichem Equipment später auch die Hauptnutznießer der umgesetzten Gelder sein würden. Wissenschaftliche Koryphäen wie Werner Heisenberg, deren Forderungen sich durch ihr persönliches Renommee legitimierten, verlangten nach staatlichen Geldern, indem sie von unzähligen Entdeckungen schwärmten, die zum Teil aussichtslose Projekte verhießen.

Als sich das vierte Adenauer-Kabinett konstituierte, reklamierte Balke Ende 1961 zusätzlich zu seinen bisherigen Befugnissen die ministerielle Kompetenz über die Weltraumforschung. Dies lag nahe, da jener Bereich ebenso wie der atomenergetische eng mit physikalischen Fragen verknüpft war.[266] Indem er sich neue Zuständigkeiten übertragen ließ, weitete er die politische Bedeutung seines Ministeriums aus. Und Balke tat gut daran. Denn in den ausgehenden 1950er Jahren verblasste der Mythos vom Zeitalter der Atomkraft bereits.[267] Die Raumfahrt war demgegenüber der dernier cri – die Bundesrepublik aber wie in der Kernforschung auch hier ein „Latecomer"[268]. Als die künstlichen Erdtrabanten „Sputnik" und „Explorer" längst die Erdkugel umkreisten, erreichte Balke, dass sich die Bundesrepublik als Gründungsmitglied an einer europäischen Organisation zur Entwicklung von Weltraumfahrzeugen, der „European Launcher Development Organisation" (ELDO), beteiligte, um sich an der Konstruktion der „Blue-Streak"-Weltraumrakete beteiligen zu können.[269] Auch brachte er die Gründung der „Deutschen Gesellschaft für Welt-

---

[265] Im Folgenden vgl. Stucke 1993, S. 103 ff.
[266] Siehe Protokoll der 130. Kabinettssitzung am 23.11.1960, in: Behrendt/Seemann (Bearb.).
[267] Vgl. Radkau 1983, S. 208.
[268] Stucke 1993, S. 106; vgl. insgesamt S. 106-112.
[269] Vgl. Protokoll der 153. Kabinettssitzung am 28.06.1961, in: Enders, Jürgen/Filthaut, Jörg (Bearb.): Die Kabinettsprotokolle der Bundesregierung, Band 14.1961, in: „Kabinettsprotokolle der Bundesregierung online" sowie Protokoll der 19. Kabinettssitzung am 16.03.1962, in: Rössel/Seemann (Bearb.): Die Kabinettsprotokolle der Bundesregierung, Band 15.1962, in: „Kabinettsprotokolle der Bundesregierung online"; Reinke, Niklas: Geschichte der deut-

raumforschung", die erstmals im August 1962 zusammentrat, durch das Kabinett.[270] In seiner Amtszeit formierte sich außerdem die „Deutsche Kommission für Weltraumforschung". Diesmal hatte sich Balke das übergeordnete Interesse Adenauers an politischen Maßnahmen, die über ihren unmittelbaren Fachbereich hinausreichen, zunutze gemacht. Die Raumfahrt war nicht nur von forschungspolitischer, sondern auch von wirtschafts-, außen- sowie sicherheitspolitischer Bedeutung und konnte zudem den Status der Bundesrepublik gegenüber anderen Nationen heben. Balke war es damit ein Leichtes, das Bundeskabinett zu manipulieren. Er konstruierte einen Sachzwang, der suggerierte, unbedingt staatliche Mittel für die Raumfahrtforschung zu bewilligen, um nicht unwiederbringlich den Einstieg in eine Zukunftstechnologie zu versäumen. Und im Gegensatz zur Atompolitik musste er diesmal auch nicht den Druck einer bereits intakten Bastion von Einzelinteressen befürchten. Forschungsorganisationen wie die DFG verfügten noch nicht über gesonderte Fachbereiche. Balke versuchte – jedoch erfolglos – die beiden Zukunftstechnologien seines Ressorts zu verknüpfen. Der Atomkommission stellte er Raumfahrzeuge in Aussicht, die von nuklearen Kräften angetrieben würden, des Weiteren wollte er sie mit der Idee von Satelliten begeistern, die ihre Energie aus „Kernbatterien" bezögen.[271] Diese Entscheidungen Balkes mochten auf seine Zeitgenossen futuristisch wirken, waren jedoch eher realistisch. Sie erwiesen sich insofern als weitsichtig, als dass die BRD noch in der Gegenwart mit europäischen Partnern nach den Vorzügen einer von Russland und den USA unabhängigen bemannten Raumfahrt strebt.[272]

Auf diversen Auslandsreisen erschloss Balke der westdeutschen Wirtschaft neue Absatzgebiete. Dies hatte er schon als Postminister getan. Zum Beispiel redete er in Orten, die damals auf den gemeinen Bürger exotisch ausstrahlten, in Teheran, Istanbul und Beirut, über Fragen der Fernmeldetechnik und zog potenzielle Aufträge in einer Größenordnung von fünfzig bis sechzig Millionen Mark an Land.[273] In Indien, im Nahen Osten und in Südamerika

---

schen Raumfahrtpolitik. Konzepte, Einflußfaktoren und Interdependenzen 1923-2002, München 2004, S. 55.

[270] Vgl. Protokoll der 25. Kabinettssitzung am 02.05.1962, in: Rössel/Seemann (Bearb.): Die Kabinettsprotokolle der Bundesregierung, Band 15.1962, in: „Kabinettsprotokolle der Bundesregierung online".
[271] Vgl. Radkau 1983, S. 207.
[272] Siehe Stirn, Alexander: Hoffen auf Merkel, in: Süddeutsche Zeitung, 03.06.2008.
[273] Siehe Protokoll der 89. Kabinettssitzung am 06.07.1955, in: Hollmann/v. Jena (Bearb.); vgl. Radkau 1983, S. 166 f.

III.II Politische Maßnahmen 91

kundschaftete er zukünftige Vertriebsmärkte für die westdeutsche Atomtechnik aus. Überhaupt verhalf er dem jungen Staat, der von der historischen Schuld des nationalsozialistischen Regimes erdrückt wurde, mit seinen Reisen zu einem verbesserten Image. Gleich, auf welchem Kontinent Balke dem Flugzeug entstieg, stets unterhielt er sich in einer anderen Sprache als die seines Mutterlandes.[274] Auf der Atomkonferenz in Genf, die von Vertretern aller Herren Länder und beider weltanschaulichen Machtblöcke besucht wurde, zog er mit seinen Sprachkünsten Bewunderung auf sich, konnte in diplomatischer Manier nicht nur Diners ausrichten, ohne sich zu blamieren, sondern sogar das Ansehen seines Landes mehren. Ein Minister der Bundesrepublik, der jovial kosmopolitischen Glanz versprühte – das gab es in den Kabinetten Konrad Adenauers nicht oft.

Bildungskatastrophe in einem Entwicklungsland: Zwischen Energie- und Forschungsministerium

Das wohl nachhaltigste Verdienst, den man Balke anrechnen muss, findet sich allerdings in seinen Bemühungen um die Gründung eines Wissenschafts- und Forschungsministeriums.[275] In unzähligen Aufsätzen, mit denen Balke bisweilen auch an die Öffentlichkeit trat, thematisierte er die ungeheure Bedeutsamkeit von Wissenschaft. Investitionen in Forschung und Bildung benannte er als gesellschaftlich unerlässliche Vorsorgemaßnahmen, die mindestens den gleichen Stellenwert wie solche in der Wirtschaft besäßen. Energisch kämpfte er für eine staatliche Betreuung der Forschung durch den Bund; sein Lieblingsprojekt war dabei die Förderung naturwissenschaftlichen Unterrichts in der Schule. Zwar waren diese Konzepte im Interesse der industriellen Wirtschaft, die von Ausbildungskosten entlastet werden sollte, doch die daraus resultierenden Bestrebungen des Atomministeriums mündeten anlässlich der Regierungsneubildung Ende 1962 tatsächlich in ein Forschungsressort.

Auch das war Balke: der geistige Vater des heutigen Bundesministeriums für Bildung und Forschung. Wie bereits als Postminister, der auf eine technisch innovationsfreudige Bevölkerung bauen konnte, und als Atomminister,

---

[274] Vgl. o.V.: ...überdies Minister, in: Deutsches Monatsblatt, Mai 1959, S. 6.
[275] Zu diesem Aspekt siehe Balke 1962, S. 266; Bayern, Konstantin Prinz v.: Atomenergie und Raumfahrt, in: Deutsche Zeitung, 25.07.1962; Weber 2001, S. 116 f.; o.V.: Die Bedeutung der Forschung. Für Schaffung eines Bundesorgans zur Betreuung – Forderungen an die Allgemeinheit, in: Bulletin, Nr. 226, 07.12.1962, S. 1924.

dem eine technokratische Mentalität zusätzliche Autorität verschaffte, konnte er auch in Sachen Bildung von dem Geist der Zeit profitieren. Seine Ministerschaft fiel in eine Phase der öffentlich debattierten Bildungsmisere. Im Rückblick entsteht sogar der Eindruck, bei der Bundesrepublik der 1950er Jahre habe es sich auf dem Bildungssektor um einen erschreckend rückständigen Staat gehandelt, der dringend der Unterstützung externer Entwicklungshelfer bedurfte.[276] An das Stereotyp vom Land der „Dichter und Denker" war ganz und gar nicht mehr zu denken. Statistiken verrieten, dass Tausende Ingenieure und Naturwissenschaftler in die Vereinigten Staaten auswanderten. Kuriose Vorschläge kamen auf, wie 1964 die Forderung des nordrhein-westfälischen Kultusministers Paul Mikat, 300 Absolventen der Pädagogischen Hochschulen für unabkömmlich zu erklären, um dadurch deren Rekrutierung durch die Bundeswehr abzuwenden. In dramatischen Bildungsbewertungen rangierte die Bundesrepublik in den frühen 1960er Jahren sogar hinter dem Dritte-Welt-Land Uganda. Besorgte Experten riefen einen „Bildungsnotstand" aus. Im Urteil der Zeitgenossen ermangelte es Westdeutschland offenkundig an Abiturienten, Studenten, Professoren, sogar Universitäten. Darüber zumindest herrschte in der ansonsten noch reichlich polarisierten Parteienlandschaft Einigkeit; dieser Konsens verflüchtigte sich erst wieder in den 1970er Jahren, als sich die bildungspolitischen Fronten zwischen den beiden Volksparteien wieder verhärteten.

In den ersten zwanzig Jahren der Bonner Republik fehlte es nicht an Warnungen und Mahnungen, die bisweilen panisch ausfielen. So prophezeite der Philosoph und Pädagoge Georg Picht, die Bundesrepublik werde ohne politische Eingriffe „im Zuge der wissenschaftlichen Zivilisation [...] unter die Räder kommen"[277]. Doch besorgte Köpfe wie Picht teilten ihr Schicksal zunächst mit der mythischen Kassandra, deren unheilvolle Weissagungen ungehört blieben. Die Politik besann sich erst auf tatkräftige Maßnahmen, als es sich bereits um eine virulente Debatte handelte. Bis dahin hatte es eines Druckaufbaus bedurft. Dazu trugen intellektuelle Diskursteilnehmer wie Georg Picht oder Ralf Dahrendorf ebenso bei wie das Streben nach einem hohen internationalen Rangplatz. Denn erstens konstatierten Experten einen alarmie-

---

[276] Zum Folgenden vgl. insgesamt Kenkmann, Alfons: Von der bundesdeutschen »Bildungsmisere« zur Bildungsreform in den 60er Jahren, in: Schildt, Axel/Siegfried, Detlef/Lammers, Karl Christian (Hrsg.): Dynamische Zeiten. Die 60er Jahre in den beiden deutschen Gesellschaften, Hamburg 2003, S. 402-423.
[277] Zitiert nach ebd., S. 406.

III.II Politische Maßnahmen

renden Zustand und prognostizierten für die nahe Zukunft einen schwerwiegenden Mangel an Fachkräften, der den wirtschaftlichen Wohlstand der deutschen Nachkriegsgesellschaft ultimativ bedrohe. Und zweitens nahm die Bundesrepublik als Angehörige des westlichen „Blocks" an der Konfrontation zweier um die ideologische Hegemonie konkurrierender Systeme teil. Gemessen an den einschlägigen Kennziffern dieses permanenten Wettstreits zweier Weltanschauungen, befand sie sich allerdings in einer wahrhaftigen Misere. Während die Sowjetunion stets stolze Zahlen verkündete – 760.000 Ingenieursstudenten oder 104.000 Professoren im Jahr 1956 zum Beispiel –, musste sich Westdeutschland eine Krise ihrer Bildungsstätten attestieren lassen. Die Politik war alarmiert, und glaubte sich ausweglos einem „Sachzwang" unterwerfen zu müssen. In der prestigereichen Riege der führenden Industrienationen ins Hintertreffen zu geraten, den allgemeinen Wohlstand nicht aufrechterhalten zu können und in der Systemkonkurrenz mit dem Ostblock zu unterliegen: Dieses drohende Schicksal musste unter allen Umständen abgewendet werden. Die späteren Anstrengungen bezeugen den Stellenwert, welche die Reform des Bildungssystems plötzlich genoss: Zwischen 1960 und 1968 erhöhte sich die Zahl der Professoren um über sechzig Prozent, der akademische Mittelbau wuchs gar explosionsartig um über 330 Prozent, etliche neue Universitäten wurden gegründet, um die steigende Studentenzahl zu bewältigen.

In den späten 1950er Jahren war dies freilich noch anders. Balke kämpfte damals mit dem Problem, dass zwar zahlreiche Gelehrte von der Bildung als einem „Zentralproblem der modernen Welt"[278] geistreich schwadronierten, die Politik davon aber kaum Notiz nahm. Um alles in der Welt wollte Balke daher die Mutation seines Ministeriums für Atomfragen in eines für Energie verhindern,[279] wie es Ende der 1950er Jahre in der Regierung erwogen wurde. Stattdessen strebte er nach einem Ministerium zur Förderung von Wissenschaft und Forschung. Hätte Adenauer seinem Minister mehr Beachtung geschenkt, die Bildungsreformer hätten dem Kanzler für seine Weitsicht zugejubelt.

Balke indes warb jahrelang vehement und offen für die baldige Auflösung des Atomkernministeriums, das vor dem Hintergrund einer dann florierenden Atomwirtschaft in einigen Jahren obsolet sein würde. Was ihm als herausragende Bescheidenheit und Dienst an der Allgemeinheit ausgelegt wurde, war von dieser Warte aus betrachtet weitaus egoistischer. Balke suchte damit die

---

[278] Hellmut Becker zitiert nach Schildt 1995, S. 435.
[279] Vgl. hier und folgend Stamm 1981, S. 226 ff.; Stucke 1993, S. 63 ff.

Entwicklung seines Ministeriums zu beeinflussen, es nicht in Richtung eines Energie-, sondern Forschungsministeriums zu stoßen. Ihm schwebte ein Ministerium vor, das nicht einen neuen „Behördenapparat", sondern einen „geistigen Führungskopf im staatlichen Bereich" hervorbringen, das „mit einem Minimum an Dirigismus und einem Maximum an Selbstverwaltung Wissenschaft und Forschung in ein klares Koordinatensystem" einordnen sollte.[280] Nicht zuletzt deshalb zeigte er sich so unglücklich, als Adenauer seinem Ressort 1957 die Kompetenzen für die Wasserwirtschaft übertrug. Dies war ein Zuständigkeitsbereich, der Balkes Ministerium stärker in die energie-, nicht aber die forschungspolitische Richtung trieb. Balke nahm sich der Problematik der Wasserverschmutzung daher auch nur mit stiefmütterlichem Widerwillen an. 1961 hatte er Glück: In der neuen Regierung vagabundierte die Wasserwirtschaftskompetenz, die vor 1957 bereits einem Ministerium für besondere Aufgaben oblegen hatte, weiter in die Obhut des neugeschaffenen Gesundheitsministeriums. In der Trinkwasserpolitik hatte Balke zwar nicht für Abhilfe gesorgt, doch konnte er für dieses Versagen nicht allein verantwortlich gemacht werden.[281] Erstens hatte die Trinkwasserproblematik zu dem Zeitpunkt, an dem Balke die Zuständigkeit erhielt, ein beträchtliches Ausmaß erreicht, das einen kleinen Apparat wie den des Atomministeriums nachvollziehbar überforderte; und zweitens konnte Balke im Angesicht eines föderalistischen Kompetenzwirrwarrs keine schnellen und durchgreifenden Entscheidungen treffen. Er hatte sich damit, durch Misserfolg und Desinteresse, ohne größeren Prestigeverlust des unliebsamen Fremdkörpers entledigt.

1961 erreichte Balke eine vorzeitige Entscheidung, in welche Richtung sich das Atomministerium entwickeln würde. Es lockten die Sterne, die schier grenzenlose Weite des Weltalls, die von Jules Verne im 19. Jahrhundert popularisierte Idee der Mondfahrt, die „extraterrestrische Forschung"[282], wie Balke frohlockte. In jenem Jahr erhielt er faktisch die Zuständigkeit über die Raumfahrt. Dabei setzte er sich gegen Widerstände durch: gegen das Verkehrsministerium, das diesen Bereich zuvor aufgrund dessen Nähe zur Luftfahrt betreut hatte; gegen das Wirtschaftsministerium, das die Förderung angewandter Forschung im Industriebereich für sich beanspruchte; und gegen das Innenministerium. Freilich musste Balke mit einer Kompromisslösung auskommen, in der

---

[280] Balke zitiert nach Stucke 1993, S. 65.
[281] Vgl. Stamm 1981, S. 228.
[282] Zitiert nach Stamm 1981, S. 230; vgl. insgesamt ebd., S. 229 f.; Löffler 2002, S. 359 f.

er den Vorsitz über einen „interministeriellen Ausschuss" für Weltraumfahrt führte. Zwar hatte er sich deswegen in Zukunft mit mehreren Ressorts um Zuständigkeiten zu balgen und Entscheidungen durch Verhandlung herbeizuführen, doch befand sich seine Behörde endlich auf dem Kurs in Richtung eines Forschungsministeriums. Denn nun bestimmte Balke mit Kernenergie und Raumfahrt das Geschick zweier Spitzentechnologien, derer beider Basis naturwissenschaftliche Grundlagenforschung war.

Zu Beginn der 1960er Jahre erkannte Balke den rechten Moment, um die eng umrissene Sphäre seines Ministeriums endgültig zu verlassen und sein Ressort in Richtung der Bildungs- und Forschungspolitik zu erweitern. Hierfür suggerierte er einen Sachzwang. In diversen Vorträgen und Publikationen rief er eine Krise der deutschen Forschung und Bildung aus.[283] Zusätzlich mobilisierte er die Unterstützung außerpolitischer Organisationen, um öffentlichen Druck auf das Kanzleramt aufzubauen. Dabei bediente er sich der Ressourcen seiner ehrenamtlichen Tätigkeit als Vorsitzender des „Deutschen Verbandes Technisch-Wissenschaftlicher Vereine" (DVT). 1961 veröffentlichte der DVT eine programmatische „Erklärung zur Errichtung einer politischen Instanz für Wissenschaft und Forschung". Balke hatte damit eine Interessenorganisation instrumentalisiert, um stellvertretend politischen Zielen, die eng mit seinen persönlichen Ambitionen verknüpft waren, in aller Öffentlichkeit zum Ausdruck zu verhelfen. Ferner monierte Balke die in der Öffentlichkeit anscheinend verbreitete Vorstellung, Geistes- und Naturwissenschaften stünden sich als Gegensätze gegenüber; vielmehr bilde jegliches Bemühen um wissenschaftliche Erkenntnis eine Einheit. Mit derlei Aussagen unternahm er Versuche, die Idee eines allgemein zuständigen Forschungs- und Wissenschaftsministeriums gegenüber der Öffentlichkeit als plausibel und gerechtfertigt auszuweisen, darüber hinaus weiteren Druck auf den Bundeskanzler aufzubauen. Daneben suchte er die Furcht der wichtigsten Vetospieler – der etablierten Wissenschaftsorganisationen und der Bundesländer – vor einer neuen staatlichen Autorität zu zerstreuen, indem er eine größtmögliche Selbstverwaltung der Forschung und eine geringstmögliche Regulation durch den Staat einforderte. Dies war eine mehr als notwendige Maßnahme. Denn die wissenschaftlichen Selbstverwaltungsorganisationen, unter denen die MPG und die DFG tonangebend waren, fürchteten nichts mehr, als sich ihre Forschungsvorhaben

---

[283] Siehe etwa Balke, Siegfried: Schicksalsfragen der Wissenschaft, in: Bulletin Nr. 190, 10.10.1961; vgl. im Folgenden Stamm 1981, S. 231-245.

von einer staatlichen Behörde vorschreiben lassen zu müssen; gleichfalls wollten sich die autonomieverliebten Landesregierungen nicht von einer übergeordneten Instanz dirigieren lassen. Insgesamt schaffte es der Seiteneinsteiger Balke, trotz diverser Gegenkräfte und mehrerer Alternativen, die Verwandlung seines Ministeriums in die von ihm gewünschte Richtung einzuleiten – ein Ministerium mithin, das noch heute besteht.

III.III Workaholic jenseits von Anti-Atom-Dörfern: Vom Wert eines Seiteneinsteigers

Und noch etwas gelang Balke: Der aus der Wirtschaft gekommene Quereinsteiger schaffte es, in all den Jahren seines politischen Wirkens frei von Skandalen, Eklats und Affären zu bleiben.[284] Das ist keineswegs selbstverständlich, geraten doch insbesondere die unter öffentlicher Beobachtung stehenden Politiker leicht in Stolperfallen. Franz Josef Strauß, Björn Engholm, Max Streibl, Rita Süssmuth, Kurt Biedenkopf oder Cem Özdemir sind nur wenige Beispiele. Den Medien bot Balke, im Unterschied zu manch anderem Seiteneinsteiger, in neun Jahren als Minister und weiteren sieben als einfacher Abgeordneter keinerlei Angriffsfläche. Natürlich, wie hätte er sich auch des Missbrauchs öffentlicher Mittel, zum Beispiel eines Dienstwagens, schuldig machen können? Schließlich verfügte er über ein eigenes Büro und genügend Gelder aus den Wirtschaftsverbänden, deren heimlicher Agent er ja nicht zuletzt war. Kurzum: Auch wenn der politische Erfolg eines Bundesministers kaum akkurat messbar ist, „Erfolg" gerade in der wissenschaftlichen Forschung eine waghalsige Variable darstellt, so sprechen im Falle Balkes doch etliche Kennziffern und prall gefüllte Maßnahmenkataloge für eine ansehnliche, konstruktive, zumindest nicht auffällig schlechte Performanz dieses forschen Quereinsteigers.

Ein politischer Überflieger war Balke freilich nicht. Seine Ministerschaft kannte auch Schattenseiten. Als nach der Regierungsbildung 1957 Balkes Ressort hochtrabend zum „Ministerium für Atomkernenergie und Wasserwirtschaft" umbenannt wurde, hatten sich nicht nur die ehemaligen „Atomfragen" zur „Atomkernenergie" konkretisiert, sondern mit der Wasserwirtschaft ein weiteres Handlungsfeld dazu gesellt. Obwohl Beobachter später schrieben, Balke habe auch in dieser Angelegenheit „energisch die langfristigen Maßnahmen gegen die Wasserverschmutzung eingeleitet"[285], muss man bei genauerem Hinsehen zu einem kritischeren Urteil gelangen. Im Grunde hatte Balke versagt. Zwar beantragte er im Kabinett Anfang 1959 ganze zwanzig Millionen Mark für – dem Anschein nach massive und sinnvolle – Investitionen in den Bereichen Wasserversorgung, städtische Abwasserbeseitigung und Ge-

---

[284] Vgl. Raegener, Karl Heinrich: Prof. Dr. Siegfried Balke – der Repräsentant der Arbeitgeber, S. 11, Textwiedergabe nach einer Tonbandaufnahme vom 31.10.1969, in: ACDP, NL Balke, I-175-001/2.

[285] Laupsien, Hermann: Eine Persönlichkeit – stets dem Gemeinwohl verpflichtet, in: Handelsblatt, 11.12.1969.

wässerschutz.[286] Doch hatte er zuvor mehr als ein Jahr benötigt, um innerhalb seines Ministeriums überhaupt eine eigene Wasserwirtschaftsabteilung einzurichten.[287] Dass Adenauer 1961 dem Atomressort mangels Erfolg die Zuständigkeit für das bundesdeutsche Trinkwasser entzog und dem neuen Ministerium für Gesundheitswesen übertrug, war nach außen hin eine Niederlage. Auch im Atomministerium bekleckerte sich Balke nicht vollends mit Ruhm. Die von ihm so euphorisch beschworene Atomwirtschaft blieb in seiner Amtszeit reine Fiktion – das erste offizielle Regierungsprogramm hierfür kam erst nach 1963 zustande, als Balke längst nur noch Abgeordneter war. Viele Aufgaben waren nach seiner Ablösung also unerledigt, Balkes Werk unvollständig geblieben.

Die entscheidende Frage, ob Seiteneinsteiger für die Politik eine sinnvolle Innovation sein können, lässt sich am Beispiel Siegfried Balkes anhand einiger Indizien jedoch positiv beantworten. Zuallererst wären da seine weitreichenden Kenntnisse zu nennen, denn Balkes Expertise in wirtschafts- und finanzpolitischen Fragen war profund und er ließ sie großzügig in die Kabinettsdiskussionen einfließen. So konsultierten ihn seine Ministerkollegen etwa zur Frage nach der Notwendigkeit rechtlich geschützter Berufsbezeichnungen von „Ingenieur" und „Chemiker".[288] In vielen solchen ressortfremden Fragen wurde er aufgrund seiner kompetenten Ratschläge hinzugezogen.

Was aber waren weitere Grundlagen dieser augenscheinlich erfolgreichen Seiteneinsteigerschaft? Sowohl im Post-, als auch im Atomministerium standen Balke versierte Staatssekretäre zur Seite, die ihm die Koordination mit dem gouvernementalen Behördengeflecht abnahmen. Zusammen mit Balkes betriebswirtschaftlichen und wissenschaftlichen Kompetenzen ergab sich daraus eine insgesamt komplementär wirkende Personalkonstellation in den jeweiligen Ministeriumsspitzen erst des Post-, dann des Atomressorts. Weiterhin rekrutierte er ausgewiesene Fachleute mit nützlichen Ressourcen wie beispielsweise den Chemiker Hans Sauer, der Balke auf dessen Auslandsreisen begleitete und persönliche Kontakte mit wichtigen Entscheidungsträgern und Prominenten der Atomenergieentwicklung in den USA und Frankreich unterhielt. Sauer „spielte vertrauensvoll zusammen mit der Leitung des Karlsruher Zentrums [für Kernforschung], verachtete den Amtsschimmel und überspielte

---

[286] Protokoll der 56. Kabinettssitzung am 25.02.1959, in: Henke/Rössel (Bearb.).
[287] Vgl. Radkau 1983, S. 256; Stamm 1981, S. 228.
[288] Siehe Protokoll der 14. Kabinettssitzung am 23.07.1954, in: Enders, Ulrich/Reiser, Konrad: Einleitung, in: dies.: Die Kabinettprotokolle der Bundesregierung, Band 6. 1953, in: „Kabinettsprotokolle der Bundesregierung online".

III.III Vom Wert eines Seiteneinsteigers 99

geschickt die zuständigen Beamten in Bonn"[289]. Balkes Personalentscheidungen professionalisierten seine Wirkungsstätte.

Zu Besuch bei DESY in Hamburg: Balkes ministerielle Eignung

Hinzu kam seine außergewöhnliche Sprachbegabung. Obwohl oder gerade weil er dem Keller der Gesellschaft entstammte, sprach er fließend Englisch, Französisch, Italienisch sowie Spanisch. Als ein solcher Polyglott konnte er sich glänzend auf internationalem Parkett bewegen, ohne verlegen auf die Hilfe eines Dolmetschers angewiesen zu sein.[290] Balke hatte sich diese Sprachvielfalt vor allem angeeignet, weil ihm seine Lehrer in der Schule stets mangelnde Fähigkeiten bescheinigt und ihm eine düstere Zukunftsprognose ausgestellt hatten. So allerdings konnte er sich in innerer Zufriedenheit des Bewusstseins erfreuen, es allen Zweiflern gezeigt zu haben. Als Minister zahlte sich dieser Wille dann doppelt aus. In Spanien konnte er beispielsweise über die Nutzung von Kernenergie in der Landessprache parlieren. In seiner Funktion eines hochrangigen Verbandsfunktionärs verfügte er zudem über reichlich Erfahrungen mit internationalen Zusammenkünften, war zum Beispiel 1952 für die Bundesrepublik der Arbeitgebervertreter auf der Tagung des Industrieausschusses Chemie beim Internationalen Arbeitsamt in Genf. Als Chef eines Ministeriums, das sich ständig in internationalen Verhandlungen befand und dessen Repräsentanten im Ausland Messen und Fachkonferenzen besuchten, war dies ein nicht zu unterschätzender Vorzug.

Bei Siegfried Balke handelte es sich sodann um einen Mann, der einer starken Faszination für die Problematik moderner Technologien und ihrer Wirkung auf die Gesellschaft unterlegen, ja getrieben war und hierfür eine besondere Sensibilität ausgeprägt hatte.[291] Davon legen seine unzähligen Vorträge und Aufsätze beredtes Zeugnis ab. Beispielsweise philosophierte Balke über „Die technische Entwicklung und der Mensch" oder erläuterte „Grenz-

---

[289] Krauch, Helmut: Bildung und Entfaltung der Studiengruppe für Systemforschung 1957 – 1973 (Vortrag vom 10.04.2000 am Institut für Technikfolgenabschätzung und Systemanalyse im Forschungszentrum für Technik und Umwelt in Karlsruhe), in: http://www.usf.uni-kassel.de/usf/archiv/dokumente/krauch/studiengruppe.pdf [eingesehen am 20.03.2008], S. 9.
[290] Vgl. Kilgus, Rudi: Atomminister Balke 60 Jahre, in: Mannheimer Morgen, 01.06.1962; o.V.: Wissenschaftler im Bundeskabinett, in: Bremer Nachrichten, 02.06.1962; o.V.: Wer ist's?, in: Chemie-Ingenieur-Technik, S. 196, unbekanntes Datum, in: ACDP, NL Balke, I-175-001/1; siehe Protokoll der 146. Kabinettssitzung am 03.05.1961, in: Enders/Filthaut (Bearb.).
[291] Vgl. Balke 1962; Berghahn 1985, S. 298 ff.

schichtprobleme in Wissenschaft und Politik". Für die mit Rationalisierungsmaßnahmen konfrontierte Bundespost, noch mehr aber für das Atomkernenergieministerium waren seine wissenschaftshistorischen Kenntnisse und soziologischen Reflexionen über die Arbeits- und Lebenswelt von morgen nützlich und ihm bei der Ausübung des Ministersamts fachlich von großem Vorteil. All die repräsentativen Pflichten, die einem Bundesminister obliegen, gingen im Falle Balkes mit Spaß und Freude einher. Ein Bundesverkehrsminister, der Autobahnen nichts Ästhetisches abgewinnen kann, diese aber trotzdem feierlich mit der Durchtrennung eines Bandes eröffnen muss, zählt dies zu den lästigen Aufgaben seines Amts. Ein Atomminister, der sich auch noch für den „Kern" seiner Ressortangelegenheiten begeistert, den technische Errungenschaften faszinieren und der sich wissbegierig für jedwede Etappe des technologischen Fortschritts interessiert, hat Seltenheitswert. Balke muss seine Tätigkeit zuerst im Post-, danach im Atomministerium gefallen, ja er muss sie in manchen Momenten genossen haben. In beiden Ressorts hatte man es als Minister mit großen Gerätschaften, mit technischen Innovationen, mit beeindruckenden Produkten aktuellster Forschung zu tun. Für jemanden wie Balke war die politische Tätigkeit in einem solchen Metier durchaus fantastisch. Er hielt Reden an Orten, an denen zukunftsweisende Entdeckungen gemacht werden sollten wie dem Berliner „Hahn-Meitner-Institut", das einen eigenen Experimentier-Reaktor besaß. 1959 weihte er in Hamburg das „Deutsche Elektronen-Synchrotron" (DESY) ein, gewissermaßen das Flaggschiff der westdeutschen Kernenergieforschung. Auch tummelte er sich unter führenden Köpfen der Nuklearforschung auf der Atomkonferenz der Vereinten Nationen oder posierte für die Kameras am Kommandostand eines Atomreaktors. Als Postminister durfte er einen Kraftomnibus Probe fahren oder sich als erster Kunde des Frankfurter Fernmeldehochhauses telefonisch vermitteln lassen. Ferner gefiel er sich in der Rolle des mondänen Globetrotters, der in Argentinien den Südamerikadienst der Lufthansa eröffnete. Nie wirkte er dabei deplatziert, man konnte bemerken, dass er sich auskannte, wahrhaftiges Interesse bekundete, sogar Spaß hatte. Balke war nicht wie manch anderer Berufspolitiker deplatziert, der sich durch die gleichermaßen lästige wie notwendige Routine quält und letztlich nur widerwillig seine repräsentativen Pflichten erfüllt; er wirkte bei solchen öffentlichen Darbietungen authentisch, verschmolz mit seiner Aufgabe.

Außerdem war Balke in menschlichen Belangen eine gewinnende Persönlichkeit, die habituell wie charakterlich schnell Sympathien auf sich zog und die eine heitere Aura umgab. Bescheidenheit, Dogmaferne, pathosfreie Artikulation und Nüchternheit machten ihn populär.[292] Man attestierte ihm die angenehme Neigung zu „britischem Understatement" und glaubte ihm, die amtsmäßig verliehene Macht nicht zu missbrauchen.[293] Seine Sprach- und Schreibfertigkeiten wurden ebenfalls gerühmt. Balke konnte als Redner schon mal die „Überraschung des Abends" liefern, indem er „in liebenswürdiger Diktion und aufgelockert mit anschaulichen Beispielen" jovial die Atomphysik erläuterte.[294] Von Balke ist auch nicht bekannt, dass er in seinen Ministerien aus der Position des formal höher Gestellten heraus cholerisch schrie, Untergebe gängelte oder sich beratungsresistent verschloss. Sein (sozialer) Umgang war allem Anschein nach ein sehr angenehmer.

Wenn der Zeitgeist in der Küche spukt: Chancen eines günstigen Umfelds

Die Gegenstände seiner politischen Arbeit ließen Balkes Stärken zur Geltung kommen – insbesondere jene, die er aus der Wirtschaft mitbrachte. Im Postministerium halfen ihm seine Erfahrung im Umgang mit betriebswirtschaftlichen Bilanzen sowie seine kaufmännischen Fertigkeiten. Und als Chemiker in einem politischen Amt war er gerade in atompolitischen Angelegenheiten als Experte akzeptiert. Als Atomminister konferierte Balke weniger mit Politikern als mit Wirtschaftsbossen, Bankiers und Wissenschaftlern. Bewandert in Businessgepflogenheiten, die in den Chefetagen der bundesrepublikanischen Konzerne kultiviert worden waren, und als Universitätsdozent auch mit dem akademischen Habitus vertraut, war Balke erheblich besser als ein konventioneller Berufspolitiker für die atompolitische Arbeit qualifiziert. Er fügte sich überaus kompatibel in die damalige Situation, in der weniger das Ministerium als eine,

---

[292] Vgl. Bayern, Konstantin Prinz v.: Atomenergie und Raumfahrt, in: Deutsche Zeitung, 25.07.1962; Henkels, Walter: Zivilcourage und Grütze im Kopf, in: Aachener Nachrichten, 10.08.1957; ders.: Ein Minister ohne Ellbogen, in: Frankfurter Allgemeine Zeitung, 19.03.1960; Iserlohe, Norbert: Ehrlich und ohne Pathos, in: Bonner Rundschau, 26.06.1964; Kilgus, Rudi: Atomminister Balke 60 Jahre, in: Mannheimer Morgen, 01.06.1962; Lauer, A.: Dr. Siegfried Balke Bundespostminister, in: Deutsche Apothekerzeitung, 24.12.1953.

[293] Vgl. Raegener, Karl Heinrich: Prof. Dr. Siegfried Balke – der Repräsentant der Arbeitgeber, S. 10 f., Textwiedergabe nach einer Tonbandaufnahme vom 31.10.1969, in: ACDP, NL Balke, I-175-001/2.

[294] Cords, Hans Friedrich: ‚Atomkern am Plärrer' und ‚Komplexe', in: Nürnberger Zeitung, 08.07.1957.

diesem extern angegliederte und mit Vertretern aus Wirtschaft und Wissenschaft bestückte Kommission die politischen Weichenstellungen vornahm.[295] Balke verkehrte unter seinesgleichen, gerade seine außerpolitische Herkunft gereichte ihm also unter den damaligen Bedingungen zum Vorteil.

Balkes beruflicher Hintergrund erleichterte ihm die öffentliche Vermittlung seiner politischen Tätigkeit. Mit ihm agierte seinerzeit ein Minister, der politische Informationen aus berufenem Mund verlautbarte. Als fachlich beschlagener „Techniker", der er schließlich sei, könne er mit Überzeugung versichern, die Kernenergierisiken seien kontrollierbar. Geduldig erklärte Balke im Rundfunk und in Presseinterviews in aller Ausführlichkeit und laiengerecht mit der via Doktortitel und Professorenstatus zertifizierten Autorität eines Sachverständigen, was sein eigenartiges Ministerium eigentlich mache und welche Ziele es verfolge.[296] Er beschränkte sich dabei auf das Notwendige, vermied unverständlichen Fachjargon und dokumentierte dennoch überzeugend den Sinn seines Amts. Das Ministerium für Atomfragen beschäftige sich „ausschließlich mit der wirtschaftlichen Verwertung der Atomenergie", schaffe die dafür notwendigen „gesetzlichen Grundlagen", so Balke weiter, errichte aber „keine Laboratorien für sich selbst"; das Mysterium der Reaktoranlage erklärte er als „komplizierte Fabrik"; den Nutzen verortete er in der Möglichkeit, „neue Arbeitsplätze, neue Arbeitsmöglichkeiten, neue Exportmöglichkeiten" zu schaffen; er widerlegte den Vorwurf, der Staat sei aufgrund seiner hohen Investitionstätigkeit eine Melkkuh, mit dem Hinweis, sich die gewährten Vorschüsse später über Steuereinnahmen von der Wirtschaft zurückzuholen; sämtliche technischen „Gefahrenpunkte" seien selbstverständlich „berücksichtigt", „Sicherheitsvorschriften" ordnungsgemäß „durch Gesetz festgelegt" worden. Balke erweckte den Eindruck, unter seiner Leitung habe im Atomministerium schon alles seine Richtigkeit – ein Anschein, der die Sicherheit goutierende Bevölkerungsmentalität vorzüglich bediente.

Und dies war wichtig: Der Zeitgeist der 1950er und 1960er Jahre dürstete nach der Erklärung des fulminanten Technologiefortschritts, verlangte nach Vertrauensbildung durch die Politik[297] und bot Balke damit eine besondere Chance, seine Politik durchzusetzen. Mit einer auf den Alltag fortwährend

---

[295] Vgl. Radkau 1983, S. 144-148.
[296] Siehe BBC-Interview von Albert Gaum mit Siegfried Balke vom 17.05.1958 (20.15 Uhr) und Interview des Hessischen Rundfunks auf der Deutschen Industriemesse in Hannover von H. P. Antes mit Siegfried Balke vom 06.05.1959 (18.45 Uhr).
[297] Vgl. hierfür Schildt 1995, S. 426-433.

III.III Vom Wert eines Seiteneinsteigers

übergreifenden Technik – und dies betraf nicht nur harmlose elektronische Gerätschaften wie Mixer, Toaster und Brotschneidemaschine, die ihren Weg in die bundesdeutschen Küchen fanden – kamen Ängste auf, die nach Beruhigung verlangten. Denn wer wusste schon, ob man die Atomkraft – die paradiesische Verheißung auf billigen Strom und unerschöpfliche Energie – angesichts ihrer furchteinflößenden Ambivalenz, die sich in Hiroshima und Nagasaki gezeigt hatte, lieber als Segen oder Fluch betrachten sollte? Ein Experte wie Balke kam da gerade recht. Obwohl er den Glauben an einen problemlosen Fortschritt der Technik und ein unablässiges Wohlstandswachstum anzweifelte, verfocht er dennoch vehement die Ausbeutung der Kraft des Atoms. Seine mutmaßlich wissensreich fundierten Aussagen konnten Geborgenheit und Zuversicht vermitteln. Ökonomischer Nutzen, Sicherheit und Zuverlässigkeit der Technologie sowie die glaubwürdige Sachkompetenz des zuständigen Experten sind wichtige Faktoren für den Vertrauensgewinn gegenüber technologischen Neuheiten wie der Kernenergie.[298] Balke schuf solches, indem er die technologischen Resultate der Nuklearenergie nicht als Gefahr, sondern als Entlastung präsentierte. In seinen Schilderungen boten die Atomanlagen neue Arbeitsplätze, statt sie wie im Falle industrieller Fabrikation zu bedrohen; die von ihnen erzeugte Energie verbesserte den Alltag der Menschen, statt deren Existenz zu gefährden. Zumal in Kombination mit der allgemeinen Begeisterung für fortschrittsträchtige Dinge, die in jener Zeit gesellschaftlich grassierte, steigerte diese Vertrauensvermittlung den öffentlichen Rückhalt für Balkes Politik. Nebenbei verstärkte er den Trend der Zeit, den optimistischen Glauben an die prinzipielle „Machbarkeit" aller erdenklichen Zivilisationsprojekte. Lauschte man Balkes Worten, so konnte man der Beherrschbarkeit technologischer Komplexität ruhigen Gewissens Glauben schenken.

Überdies profitierte Balke von den Gegebenheiten seines Umfelds, in dem er politisch führen musste. Als Atomminister amtierte er in einer Phase finanzieller Prosperität. Die vollen Kassen des Staates erlaubten ihm, vergleichsweise große Geldsummen zu verteilen und selten eine unpopuläre Kürzungspolitik praktizieren zu müssen. Über die Atom-, später auch die Weltraumforschungskommission befriedigte er das Partizipationsbedürfnis wissenschaftlicher Großorganisationen wie der „Max-Planck-Gesellschaft" (MPG)

---

[298] Vgl. Apel, Uwe: Vertrauen in Naturwissenschaft und Technik, in: Dernbach, Beatrice/Meyer, Michael (Hrsg.): Vertrauen und Glaubwürdigkeit. Interdisziplinäre Perspektiven, Wiesbaden 2005, S. 269-281.

oder der „Deutschen Forschungsgemeinschaft" (DFG), indem er deren Vertretern die Möglichkeit einräumte, sich an der Bewilligung von Forschungsanträgen für staatliche Mittel maßgeblich zu beteiligen und ihnen die Angst vor einem geschmälerten Einfluss nahm.[299] Unter Balkes Ägide flossen dreistellige Millionenbeträge in die Kassen von MPG und DFG. In diesen Institutionen war Balke jedenfalls eine Zeitlang ausgesprochen wohlgelitten. Er vermied einen staatlichen Eingriff in die Domäne der Wissenschaft, die stets empfindlich um die Bewahrung ihrer vielgerühmten „Freiheit" besorgt war. Unter einem Minister Balke hatten die Wissenschaftsorganisatoren in der DFG und MPG nichts zu befürchten. Balke beließ das Atomministerium in der diesem anfangs zugedachten Rolle eines öffentlichen Mäzens. Einfühlsamen Leitsätzen, wie zum Beispiel die Absicht, „Verwaltungstätigkeit auf das unbedingt notwendige zu beschränken", wie sie Balkes Staatssekretär Wolfgang Cartellieri formulierte, konnten daher mit großer Zustimmung rechnen.[300] Denn „Atome sollten nicht ‚verwaltet'" werden.

Letztlich kam Balke zugute, dass seinem Ressort Probleme und Missstände zur politischen Bearbeitung zufielen, die großes öffentliches Interesse auf sich zogen. Sei es die Postkrise, die entstehende Atomwirtschaft, das Problem der Wasserverschmutzung[301] oder die beginnende Weltraumforschung: In allen Fällen erhielt Balke akute Aufgaben von zeitgenössischer Aktualität, bei deren Bewältigung er potenziell Bedeutendes leisten konnte. Nicht umsonst hatte Adenauer in seiner Regierungserklärung des Jahres 1957 die „lebenswichtige Bedeutung"[302] der staatlichen Wasserwirtschaft hervorgehoben. Zur damaligen Zeit entwickelte sich die Wasserverschmutzung gerade zu einem brisanten Problem. Allerorten leiteten Großbetriebe ökologisch skrupellos ihre verseuchten Abwässer in deutsche Flüsse, die infolgedessen allmählich einen bedrohlichen Verschmutzungsgrad erreichten. Die Situation dramatisierte sich durch eine Dürreperiode, die akuten Wassermangel hervorrief: Im Ruhrgebiet sprachen die Behörden infolgedessen ein Verbot auf Autowaschen und Rasensprengen aus; mancherorts mussten sich die Einwohner mit kleinen Eimern zu

---

[299] Vgl. Balke, Siegfried: Förderung von Forschung und Nachwuchs, in: DUD, Nr. 2/03.01.1961; Radkau 1983, S. 202; siehe Stamm 1981, S. 191; Zierold, Kurt: Forschungsförderung in drei Epochen. Deutsche Forschungsgemeinschaft. Geschichte, Arbeitsweise, Kommentar, Wiesbaden 1968, S. 53.
[300] Hier und folgend zitiert nach Stucke 1993, S. 61; vgl. auch Stamm 1981, S. 225.
[301] Vgl. zum Problem der Wasserversorgung auch o.V.: Alarm in der Leitung, in: Der Spiegel, 18.11.1959.
[302] Zitiert nach Stamm 1981, S. 227.

einer öffentlichen Wasserzuteilung einfinden. Für Adenauer, der nichts mehr fürchtete, als die Unzufriedenheit potenzieller Wähler, war dies ein Problem. Denn den Bundesbürgern war nach einer unzweifelhaft entbehrungsreichen Zeit, die ihnen das nationalsozialistische Regime und der Zweite Weltkrieg beschert hatten, neben einem arbeitswütigen Leistungsstreben auch ein ebenso starkes Verlangen nach flüchtigem Amüsement zu eigen. Wie zu Zeiten der Postpleite sollte auch hier Balke für schnelle Abhilfe sorgen. Der Minister kämpfe „um das chemisch reine Wasser wie die Amerikaner um die sauberen Wasserstoffbomben"[303], wie es im militärisch gefärbten Duktus der Zeit hieß.

An der Bewältigung solch gleichermaßen schwieriger wie bedeutender Aufgaben können sich Politiker jedoch besonders gut politische Meriten erwerben. Als Atomminister wurde ihm außerdem das Glück zuteil, sich keines zivilgesellschaftlichen Protests gegen Kernkraftwerke erwehren zu müssen, wie er sich in den 1970er und 1980er Jahren erregte. Die zivilgesellschaftliche Harmlosigkeit des ausschließlich gegen Waffen gerichteten Atomprotests der 1950er und frühen 1960er Jahre, die Abwesenheit sozialer Bewegungen, erleichterte Balkes Amtszeit im Atomministerium. Im Vergleich zu späteren Jahrzehnten beschränkte sich die Atomopposition pazifistisch auf Atomwaffen. Kernkraftwerke rückten als Objekte des Argwohns erst viel später in den Fokus gesellschaftlicher Opposition, schon allein weil sie ja noch gar nicht existierten.[304] Der geradezu provozierenden Intransparenz des atompolitischen Gremiengewirrs, eines undurchsichtigen Geflechts aus privaten und öffentlichen Organisationen, begegnete die westdeutsche Zivilgesellschaft mit Desinteresse.

Denn der Habitus des Protests war ein ganz anderer. Sinnbildlich steht hierfür die „Göttinger Erklärung".[305] Nicht nur, dass sie die Atomtechnologie keineswegs universell hinterfragte. Sondern sie plädierte auch entschieden für die Kernkraftnutzung in Medizin und Wirtschaft. Sie war der friedfertige Widerstand von braven Universitätsgelehrten, das geschriebene Wort zur Waffe – ein papierener Protest. Ihm entsprachen in den Städten Massendemonstratio-

---

[303] O.V.: Balken im Wasser, in: SPD-Pressedienst, 12.11.1957.
[304] Vgl. Radkau 1983, S. 434 ff.
[305] Zum Folgenden vgl. Becker, Wolfgang: Macky, Mecky, Mucky und der Atom-Protest, in: Der Spiegel, 08.08.1977; Nehring, Holger: Die Anti-Atomwaffen-Proteste in der Bundesrepublik und in Großbritannien. Zur Entwicklung der Ostermarschbewegung 1957-1964, in: Vorgänge, Jg. 42 (2003) H. 4, S. 22-31, hier S. 25-28; Rucht, Dieter: Zum Wandel politischen Protests in der Bundesrepublik. Verbreiterung, Professionalisierung, Trivialisierung, in: ebd., S. 4-11, hier S. 8.

nen von gemeinen Bürgern, unter denen in Anzug und Krawatte gekleidete Herren dominierten, die allenfalls ihre Stimme erhoben, um eine Anti-Atomwaffenparole zu skandieren. Bis auf wenige lokalansässige Bevölkerungsgruppen, die sich in bestimmen naturbelassenen Gebieten vor allem aus Angst vor einer Beeinträchtigung ihrer touristischen Wirtschaftsinteressen zu Wort meldeten oder um die Qualität ihres Trinkwassers bangten und in den Augen des Kanzlers „hinterwäldlerische Querulanten"[306] waren, erhoben sich gegen die zivile, insofern als „friedlich" bezeichnete Kernenergienutzung keinerlei Proteste – und schon gar keine gewaltbereiter Demonstranten.[307] Niemand suchte die physische Konfrontation mit der staatlichen Exekutive, alles ereignete sich im behaglichen Einklang mit bürgerlichen Ordnungsvorstellungen. Keiner kettete sich damals an Eisenbahnschienen fest, auch campierte man nicht in improvisierten „Anti-Atom-Dörfern". Erst in den 1970er Jahren marschierten enragierte Gruppen, denen der Staat mit spektakulären Polizeieinsätzen Einhalt zu gebieten versuchte, in Whyl, Brokdorf und Kalkar paramilitärisch gegen die Errichtung von Atomkraftwerken; erst in den 1970er Jahren besann sich die bundesdeutsche Öffentlichkeit auf einen kontroversen Diskurs des „Atomstaats" und seiner atompolitischen Zielsetzung. Doch wie gesagt, all dies benötigte noch mehr als ein Jahrzehnt. Unter der Ministerschaft Balkes mussten keine Wasserwerfer in Stellung gebracht werden, um polizeilich scheinbar anarchischen Zuständen beizukommen, bedurfte der Bau von zivil genutzten Nuklearanlagen noch keiner öffentlichen Begründung.

Motorschaden und keine Raffinesse: Vergebene Chancen politischer Macht

Was den Umgang mit seiner körperlichen Konstitution und seiner Familie anbelangt, so war Balke zweifelsohne ein Vollblutpolitiker. Er widmete sich seiner Ministertätigkeit mit vollen Kräften und ohne Rücksicht auf das Private. Für Politiker in hohen Positionen ist Zeit eine wichtige, wenn nicht sogar alles entscheidende Arbeitsvoraussetzung und Erfolgsressource. Als Spitzenpolitiker ist man so gut wie nie außer Dienst, steht permanent unter Druck, eilt von einen zum nächsten Termin und muss mit wenig Schlaf auskommen.

Der Lebensstil Balkes war in dieser Hinsicht ideal, er selbst ein versessener Workaholic, der seine Physis rabiat ausbeutete und sein Privatleben rück-

---

[306] Radkau 1983, S. 441.
[307] Zu diesem Abschnitt vgl. Königsberger 2009, S. 285-290.

III.III Vom Wert eines Seiteneinsteigers

sichtslos in den Hintergrund treten ließ. Sein Arbeitspensum war ebenso legendär wie enorm: „Morgens der erste und abends der letzte", berichteten die stets um die Gesundheit ihres Chefs besorgten Mitarbeiter Balkes.[308] Sein Hauptquartier hatte er in München aufgeschlagen. Dort, in der Widenmayerstraße, versuchte sich seine Sekretärin über viele Jahre an der werktäglich wiederkehrenden Herausforderung, das heillose Durcheinander seiner zahllosen Ämter zu überblicken. Von einer Senatssitzung eilte Balke in den Vorstand eines Verbandes, hielt dann eine Vorlesung an der Universität, um sogleich in Richtung seines Ministeriums, des Bundestages oder irgendeiner weiteren Verbandszentrale aufzubrechen – dies freilich jeweils in unterschiedlichen Städten und Bundesländern. Der Tag konnte Balke dafür gar nicht genug Stunden zählen. Bis in die Nacht nahm er an Sitzungen und Besprechungen teil, absolvierte einen regelrechten Terminmarathon und erklärte jede Minute seiner kostbaren Ministerzeit für sakrosankt.[309] In seinem Büro stach den Besuchern daher eine Eieruhr ins Auge, die mit ihren Intervallen „Einleitung", „Zur Sache", „Bitte beeilen" und „Schluss" dem Besucher den Gesprächsablauf vorgab.[310] „Mit der 40-Stunden-Woche ist es also nichts!", teilte er verschmitzt mit, bezeichnete seinen Tagesablauf selbst als „strapaziöses Zigeunerleben"[311] und beantwortete die Frage, ob er verheiratet sei mit den sarkastischen Worten: „I'm not married, but my wife is"[312]. Seine Ehegattin Aenne dürfte ihren Mann selten zu Gesicht bekommen haben, wenn dieser von der einen in die nächste deutsche Großstadt, von einem ins andere Land jettete. Weilte er noch in Frankfurt, hätte er schon längst nach Köln aufgebrochen sein sollen. Auch am Wochenende befand er sich wie ganz selbstverständlich stets auf Reisen.

Balke, kinderlos, lebte einen protestantisches Leistungsethos in Vollendung. Aktennotizen, Besprechungen, Konferenzen, Reden und Telefonate waren ihm scheinbar ein Elixier. Die Zeitungen staunten damals über den „Mann ohne Privatleben", den „Fanatiker der Arbeit".[313] Aufstieg allein nach Leis-

---

[308] Vgl. o.V.: ...überdies Minister, in: Deutsches Monatsblatt, Mai 1959, S. 6.
[309] Siehe Brief Balke an Hans Limmer vom 25.06.1969, in: ACDP, NL Balke, I-175-045/2; vgl. auch o.V.: Zwischen Bundespost und Kernspaltung, in: BMD, Nr. 45/4. Jg., 06.11.1956, S. 4 ff.
[310] Vgl. o.V.: Personalien: Siegfried Balke, in: Der Spiegel, 26.12.1956.
[311] Brief Balke an Daue vom 16.03.1969, in: ACDP, NL Balke, I-175-043/1.
[312] Heinen, Hans-Günther: Herr Minister ließ bitten, in: Schwarz auf Weiß, H. 2/Juli 1956, S. 4, in: ebd., I-175-001/1.
[313] O.V.: Kurz vorgestellt, in: Die Welt, 10.12.1953.

tungsnachweis im Berufsleben war ja schließlich auch sein lebensbegleitendes Credo. Als Deutschland 1945 in Trümmern lag, erregte er sich über „Menschen in Deutschland, die sich eingebildet haben, nach Kriegsende [...] müsse eitel Wohlstand eintreten"[314]. Mit Elend und Entbehrungen, das hatte ihn seine eigene Jugend gelehrt, galt es alleine fertig zu werden, weshalb er weitere Ämter und Funktionen nie ablehnte, „weil gewisse Arbeiten eben geschehen müssen"[315]. Larmoyanz, Selbstzufriedenheit und Müßiggang stand er weitgehend verständnislos gegenüber. Seinem Körper verlangte Balke mit all den Jahren seines intensiven Berufslebens natürlich viel zu viel ab. Herzinfarkte Ende der 1960er Jahre waren die physischen Tributzölle, die er zu entrichten hatte.[316] Selbstverständlich nahm er solche körperlichen Niederlagen mit Humor hin, pflegte seine Infarkte als „Motorschaden" und „die nahezu unvermeidlich gewordene Prominentenkrankheit" herunterzuspielen.[317] Sein wiederholtes Überleben interpretierte Balke lediglich als schlagenden Beweis dafür, dass man nach „strenger Klinikhaft" „auch eine solche Attacke überwinden kann".[318]

War Balke damit also ein „erfolgreicher" Politiker? Wie so oft bei derlei Fragen, die eigentlich eine klare Aussage verlangen, wird der Befund enttäuschen, dass sich dies natürlich nicht pauschal beantworten lässt. Die erwähnten Leistungen seiner Ministerzeit sprechen sicherlich für einen Erfolg. Indes: Bedenkt man, wie außerordentlich stark Balke als universitär geschulter Experte mit dem geistigen Flair seiner Zeit korrespondierte, in der ein schier unumstößliches Zutrauen in die wissenschaftliche Leistungsfähigkeit vorherrschte und das Risikobewusstsein für die technologisch herbeigeführten Gefahren unterentwickelt war, so muss man allerdings einen besonders strengen Bewertungsmaßstab anlegen, um den Erfolg seiner politischen Karriere abschließend beurteilen zu können. Berücksichtigt man also das große Potenzial, das sich aus dem gesellschaftlichen Umfeld ergab, in dem sich Balkes politische Führungsleistung abspielte, fällt seine Bilanz dann doch etwas trüber aus. Externe Faktoren wie der Zeitgeist, die fiskalische Prosperität oder die zufällige Brisanz ihm überantworteter Problembereiche kaschierten seine Unzulänglichkeit bei der Aneignung politischer Praktiken. Denn in Wirklichkeit pulverisierte Balke ein enormes Potenzial an Möglichkeiten, die ein raffinierter Politiker

---

[314] Brief Balke an Petersen vom 11.05.1947, in: ACDP, NL Balke, I-175-045/2.
[315] Brief Balke an Petersen vom 14.09.1946, in: ebd.
[316] Vgl. Brief Daue an Balke vom 16.03.1969 sowie Balkes Antwort vom 31.05.1969, in: ebd.
[317] Brief Balke an Rudolf Groth vom 03.03.1969, in: ebd.
[318] Brief Balke an Elisabeth Daue vom 31.05.1969, in: ebd.

wohl weitaus kaltschnäuziger für seine politischen Vorhaben genutzt hätte. Balke hätte sich mit der Autorität des „Sachzwangs", der stets eine einzige Alternative als zwingend erachtet, einen politischen Machtzuwachs verschaffen, hätte sich mit seinen Erfolgen etwa als Retter der Bundespost oder als Begründer des Atomstroms Popularität bei den Bürgern erwirken können. Sachliche Probleme zu lösen – ein staatliches Unternehmen zu renovieren, den Aufbau einer Atomwirtschaft vorzubereiten – lag ihm deutlich mehr, als die politischen Verfahren zu praktizieren – Zustimmung demokratisch legitimierter Institutionen wie der Bundestagsfraktion zu erstreben oder seine Gegner auszumanövrieren. Wie die meisten Seiteneinsteiger charakterisiert Balkes Leistung als Politiker der Erfolg auf der Fach- und das Versagen auf der Machtebene.

III.IV Unabhängig und ohne Hausmacht:
Von der Autonomie eines Politikers wider Willen

Balke erlangte niemals politisches Bewusstsein. So weigerte er sich beispielsweise, für als rational erkannte Maßnahmen im informellen Vorfeld des offiziellen Entscheidungszeitpunkts demokratische Mehrheiten zu organisieren. Seine gesamte Energie und Zeit konzentrierte er auf den Inhalt seiner Politik, nicht aber dessen Absicherung durch Machterwerb. Er hing zudem völlig wirklichkeitsfernen Vorstellungen von Politik an. Als promovierter Chemiker war Balke aus der Wissenschaft eine Maxime vertraut, die in der Politik nichts galt: Mochte seine Einschätzung, in der Wissenschaft „gibt es keine angenehmen oder unangenehmen Ergebnisse, sondern nur falsche und richtige"[319] für das chemische Laboratorium zutreffen, so ging sie im Mikrokosmos der Politik völlig fehl. Denn Politik ist ein für Experten der Sache und Aposteln des Verstands unwegsamer Ort von „Unentscheidbarkeitskonstellationen"[320], in denen die korrekte Lösung nicht augenfällig ist. Das von Entscheidungsoffenheit charakterisierte politische Geschäft fordert die Bereitschaft, Positionen nach Maßgabe der gerade aktuellen Situation flink verlassen und möglicherweise einen zuvor noch vehement abgelehnten Standpunkt einnehmen zu können. Für einen Politiker kann zu viel Sachkompetenz eine ungesunde Dosis spezialisierten Wissens sein, weshalb Politik „geradezu notwendig dilettantisch und oberflächlich"[321] ist. Balkes Art, seine Arbeit zu verrichten, war von wissenschafts- und wirtschaftskompatiblen Mustern und vermeintlichen Wahrheiten durchdrungen, welche auf die Politik nicht übertragbar waren, die sich als unbrauchbar und falsch entpuppten. Balke blieb dies im Verlaufe seiner Ministerzeit sicherlich nicht verborgen; doch weigerte er sich standhaft, sich zu assimilieren, den Entscheidungsstil der Politik zu akzeptieren, deren spezifische Spielregeln zu lernen und neue Manieren einzuüben. Die Ausarbeitung gesetzlicher Vorschriften war für ihn nicht mehr als eine „zeitraubende Prozedur", die letztlich technologischen Fortschritt blockierte, schnellen Reaktionen im Wege stand – dort endlose Erstarrung bot, wo es zügiger Bewegung bedurfte.[322] Dass er zum

---

[319] O.V.: Nicht nur Fachminister, in: Die Zeit, 27.09.1956.
[320] Fangmann, Helmut: Beobachtungen über die Konstruktion von Politik. Warum Politik erfolgsorientiert kommunizieren, aber nicht problemorientiert handeln kann, in: Merkur, Jg. 63 (2009) H. 3, S. 191-201, hier S. 194.
[321] Ebd., S. 196.
[322] Siehe Tuchel, Klaus: Der Auftrag der Ingenieure, in: VDI nachrichten, 31.05.1967.

III.IV Von der Autonomie eines Politikers wider Willen

Beispiel geschlagene zwei Jahre warten musste, bis der Bundestag eine für grundlegende Gesetze und praktische Bestimmungen der Atompolitik benötigte Grundgesetzänderung beschloss,[323] schien ihm ein nutzlos langwieriger Vorgang zu sein. Es desillusionierte den an klare Hierarchien und eindeutige Weisungsbefugnisse gewöhnten Manager, dass sich in der Chefetage eines Bundesministeriums keineswegs sämtliche wichtigen Kompetenzen zentralistisch bündeln, sondern bisweilen chaotisch auf mehrere Institutionen, Akteure und Ebenen verteilen. Daher vertrat er aus voller Überzeugung die Ansicht, als Unternehmer den Gang in die Politik zu wagen, bedeute noch lange nicht, dass man „zum Politiker werden muss und von politischer Arbeit völlig oder überwiegend absorbiert wird"[324].

Balke verschrieb sich mental nie gänzlich der Politik; zu sehr identifizierte er sich mit seinem ursprünglichen Beruf des Chemikers, sah sich selbst als Bundesminister allerhöchstens in den „Grenzschichten von Politik und Wissenschaft"[325] operierend. Dies unterstrich er auch durch Taten: An der Universität München hielt er als Honorarprofessor gutbesuchte Vorlesungen und betätigte sich auch in seiner Ministerzeit als Herausgeber von Fachzeitschriften und einer Enzyklopädie. Gerne bezeichnete er sich daher Journalisten gegenüber als deren „Kollege". Vergnügt kokettierte er mit seiner außerpolitischen Berufsherkunft, gehöre doch Fachwissen offenbar nicht zur Normalität einer Ministertätigkeit.[326] Diese Distanz zur Politik pflegte er mitunter derart stark, dass es von ihm noch Jahre später hieß, Balke sei „trotz neunjähriger Tätigkeit als Bundesminister immer in erster Linie Wirtschaftler und Wissenschaftler geblieben"[327] und im Kabinett weniger als Politiker denn als Wissenschaftler aufgetreten.[328] Balke war „Praktiker und Philosoph", der sich gelegentlich fragte, ob er überhaupt in die Tagespolitik hineingehöre, und dem mancher Beobachter den Sinn für Politik absprach.[329] Für die Medien blieb er daher der Seiteneinsteiger und Fachminister, für den es nur falsche und richtige Ent-

---

[323] Vgl. Reiser, Hans: Bundesatomminister Balke: Jetzt mag ich nicht mehr, in: Die Welt, 21.03.1959.
[324] Balke 1962, S. 23 f.
[325] Balke, Siegfried: Grenzschichtprobleme in Wissenschaft und Politik, Essen 1958, S. 26; vgl. auch Heinen, Hans-Günther: Herr Minister ließ bitten, in: Schwarz auf Weiß, H. 2/Juli 1956, S. 4, in: ACDP, NL Balke, I-175-001/1; o.V.: Sehr unbekümmert, in: Frankfurter Allgemeine Zeitung, 30.01.1957.
[326] Siehe o.V.: o.T., in: Telegraf, 01.12.1960.
[327] O.V.: Siegfried Balke 65 Jahre alt, in: Westdeutsche Allgemeine Zeitung, 01.06.1967.
[328] Vgl. o.V.: Wissenschaftler im Bundeskabinett, in: Bremer Nachrichten, 02.06.1962.
[329] Siehe o.V.: Der Atom-Minister. Praktiker und Philosoph, in: Rheinische Post, 16.03.1957.

scheidungen gab und der das „Gesicht eines Mannes der Technik, nicht der Politik"[330] zeigte, ein „Mann der Sachkenntnis"[331], der „kein wortgewaltiger Parlamentarier [...] aber ein kühler, sachlicher Könner in den technischen und wissenschaftlichen Bereichen"[332], eben ein „Wissenschaftler im Bundeskabinett"[333] sei. Andererseits gereichte ihm diese zur Schau getragene Politikferne auch zum Vorteil. Zwar blieb seine Arbeit in den Hinterzimmern der Macht, in den verschlossenen Kommissionen und Beiräten der Öffentlichkeit verborgen; doch trauten die Medien dem ausgewiesenen Techniker und Wissenschaftler Balke eher als dem stereotypen Berufspolitiker zu, vernunftgemäße, insofern korrekte Entscheidungen zu treffen.[334] Der Bedarf an Kontrolle durch eine kritische Öffentlichkeit wurde hier geringer veranschlagt, als bei „gewöhnlichen" Politikern.

Ohne Ellbogen an der Seite von Löwinnen: Balke und die Medien

Überhaupt war Balke eine medial goutierte Persönlichkeit. Die untersetzte Statur seines Körpers mit dem schütteren Haar und den „klugen, lebhaften Augen, aus denen immer wieder der Schalk hervor blinzelt"[335], unterschied sich eben angenehm von der barocken Figur eines Franz Josef Strauß oder der asketischen Gestalt Konrad Adenauers. Zwar wirkte er schlicht, doch besaß er wie Ludwig Erhard einen feinen Sinn für luxuriöse Genüsse, eine gute Zigarre zum Beispiel. Man schätzte seine unaufdringliche Präsenz, seine Bescheidenheit, sich niemals unter Hinweis auf seine hohen Ämter in den Vordergrund zu drängeln. Den Journalisten gefiel es, dass da jemand seine Auskünfte in einer „ruhigen, abgewogenen Art"[336] formulierte. Übermäßige Hinweise auf seinen Status verbat er sich in Politik und Wirtschaft gleichermaßen; er ließ sich als „Dr.-Ing. S. Balke" bezeichnen, die „mit den von mir zeitweilig bekleideten Ehrenämtern verbundenen Prädikate betrachte ich nicht als zu meinem Namen

---

[330] O.V.: Nicht nur Fachminister, in: Die Zeit, 27.09.1956.
[331] O.V.: Ein Mann der Sachkenntnis, in: Stuttgarter Zeitung, 01.06.1967.
[332] Fried, Ferdinand: Fachmann ohne Furcht und Tadel, in: Die Welt, 31.05.1967.
[333] O.V.: Wissenschaftler im Bundeskabinett, in: Bremer Nachrichten, 02.06.1962.
[334] Siehe Kilgus, Rudi: Atomminister Balke 60 Jahre, in: Mannheimer Morgen, 01.06.1962.
[335] O.V.: Nicht nur Fachminister, in: Die Zeit, 27.09.1956; vgl. auch o.V.: Der Atom-Minister. Praktiker und Philosoph, in: Rheinische Post, 16.03.1957.
[336] Henkels, Walter: „...gar nicht so pingelig, meine Damen und Herren". Neue Adenauer-Anekdoten, Düsseldorf/Wien 1965, S. 75.

III.IV Von der Autonomie eines Politikers wider Willen 113

gehörig"[337]. Sein Geltungsdrang war gering – womöglich ein Grund, für seine historiographische Unscheinbarkeit. Walter Henkels, der große Porträtist der frühen Bundesrepublik, brachte es auf den Punkt: „Balke ist zu bescheiden; aber der scheinbar nüchterne, prosaische Mann ist eine Persönlichkeit."[338] Galt Balke einerseits als rhetorisch schlagfertig, wirkte er andererseits verwundbar und harmlos. Dem journalistischen Urteil jener Zeit zufolge fehlten ihm die sprichwörtlichen Ellenbogen, um sich in der schroffen Welt der Politik durchsetzen zu können.[339] Die ihm von Beobachtern unterstellte Schwäche ging so weit, dass sich seine Mitarbeiterinnen „wie Löwinnen" vor ihn stellten, „weil sie spüren, dass Männer wie er leichter verwundbar sind"[340]. Balke konnte noch so bescheiden sein – aber diese Feststellung aus dem Umfeld seiner Untergebenen strich er aus einem Manuskript einer Laudatio, die er für die Öffentlichkeit autorisieren sollte.

Balke faszinierte. Äußerlich ähnelte er dem Klischee eines ebenso bescheidenen wie unbedeutenden Kleinbürgers, der gelegentlich politische Stammtischphrasen drischt und sich um das wöchentlich pünktliche Rasenmähen sorgt. Doch Balke wurde als „ernsthafter Gelehrter" registriert, der „es versteht, auch über sich selbst zu witzeln und zu spötteln".[341] Derlei goutierten die Journalisten natürlich. So sind von ihm vor allem einige Anekdoten überliefert, die Balkes Zeitgenossen genüsslich notierten.[342] Gerade zum Minister ernannt, half er beim erstmaligen Betreten seines Ministeriums der dort wütenden Reinigungskraft beim Putzen, damit für die Ankunft des neuen, ihr offensichtlich äußerlich noch unbekannten Ministers auch alles im Reinen war. Einer Schalterdame der Post, die den Minister in augenfälliger Unkenntnis seines wahren Status besonders freundlich bedient hatte, machte er anschließend mit einer Bonbonniere seine verblüffende Aufwartung. Bei Walter Henkels, der ihn einst in einem seiner Porträts als „Minister ohne Ellbogen" etikettiert hatte,

---

[337] Brief Balke an Limmer vom 31.10.1951, in: ACDP, NL Balke, I-175-044/4.
[338] Henkels, Walter: Ein Minister ohne Ellbogen, in: Frankfurter Allgemeine Zeitung, 19.03.1960.
[339] Im Unterschied zu Balke bescheinigte man Strauß, „ein Genie der Ellbogen" zu sein; Henkels, Walter: Franz Josef Strauß: in: Frankfurter Allgemeine Zeitung, 12.11.1953.
[340] Siehe Korrekturabzug eines Lebenslaufs für den *Arbeitgeber*, in: ACDP, NL Balke, I-175-003/2, S. 5
[341] Koep, Werner: Kein Balke vor dem Kopf, in: Länder-Informations-Dienst, 24.05.1962.
[342] Vgl. o.V.: Personalien: Siegfried Balke, in: Der Spiegel, 26.10.1955; o.V.: Der Atom-Minister. Praktiker und Philosoph, in: Rheinische Post, 16.03.1957; o.V.: Personalien: Siegfried Balke, in: Der Spiegel, 18.02.1959; o.V. (Rubrik Personalien): Siegfried Balke, in: Der Spiegel, 14.04.1965.

revanchierte er sich via einer eigenen Charakterskizze über Henkels in der *FAZ* im Rahmen eines Leserbriefs.[343] Akribisch spürte er redaktionelle Missgeschicke auf und empörte sich schriftlich über Falschmeldungen und Darstellungsfehler über sich und seine Politik mit vergnüglicher Süffisanz. Als er nach 1962 nur noch einfacher Bundestagsabgeordneter war, mischte sich Balke mit seiner Kleinbildkamera unter die Meute von Pressefotografen, die anlässlich einer Bundestagssitzung in Berlin auf die Regierungsmitglieder warteten, und machte aus der Reporterperspektive schelmisch Schnappschüsse von seinen ehemaligen Kabinettskollegen.

Die Bonner Berichterstatter sympathisierten mit Balke. Dies war nicht immer so gewesen. Sein öffentliches Debüt hatte er nach Meinung zahlreicher Journalisten gehörig vermasselt. Auf den Kontakt mit der Presse war er unvorbereitet gewesen, wirkte im Vergleich mit seinen Kabinettskollegen im Umgang mit den Medien zunächst als Dilettant. Weil er die roten Zahlen der Postkasse nicht exakt beziffern konnte – jeder Profipolitiker hätte sie selbstredend noch schlafwandlerisch vorgetragen – und anschließend versicherte, dennoch „kein Trottel" zu sein, erntete er den Spott der Medien.[344] Allem Anschein nach konterkarierte Balke den Eindruck, den seine misslungene Premiere hinterlassen hatte. Das Bild eines medial tollpatschigen Politikamateurs dominierte jedenfalls nicht sehr lange.

Gleichwohl: Den Medien galt er als eine offenherzige „Persönlichkeit, in der sich gediegene Fachkenntnis, gezieltes Wollen und sachliche, ausgleichende Bemühung und eine kräftige Portion Humor in einer seltenen Harmonie vereinen"[345]. Auf der einen Seite war dies eine wertvolle Macht- und Statusressource, sind die Medien innerhalb des politischen Systems der Bundesrepublik schließlich ein meinungsbildendes Organ, dessen Urteil überaus großes Gewicht besitzt und von vielen Wählern, zum Teil über den Umweg von Multiplikatoren, übernommen wird. Auf der anderen Seite verstellt der journalistische Befund den Blick auf eigene Schwächen und nahende Gefahren. Medien verringern „mit ihrer Berichterstattung die Bereitschaft zum Lernen und zur

---

[343] Siehe Leserbrief Siegfried Balkes: Bonner Köpfe: Walter Henkels, in: Frankfurter Allgemeine Zeitung, 09.02.1959; im Folgenden vgl. beispielhaft das Schreiben Balkes an die *Deutsche Zeitung und Wirtschaftszeitung* vom 9. November 1954, in: ACDP, NL Balke, I-175-045/1.

[344] Siehe o.V.: Sehr unbekümmert, in: Frankfurter Allgemeine Zeitung, 30.01.1957; o.V.: SPD-Angriff gegen Balke, in: Die Welt, 01.02.1954; o.V.: Peinlich – Herr Postminister!, in: Fränkische Tagespost, 02.02.1954.

[345] Fried, Ferdinand: Fachmann ohne Furcht und Tadel, in: Die Welt, 31.05.1967.

III.IV Von der Autonomie eines Politikers wider Willen

Selbstkorrektur als elementarer Führungseigenschaft – die Mediengünstlinge können sich schließlich selbstzufrieden im Glanz ihrer Portraits sonnen"[346].

Der negativen Attribute, mit denen Politiker auch damals schon assoziiert wurden, konnte sich Balke mit seinem gepflegten Habitus des Nichtpolitikers erwehren. Auch einen öffentlichen Verstoß gegen die Regierungsräson werteten die Pressekommentatoren als überaus vorbildlichen Schritt eines „redlichen Mannes" gegen „die nackte Erfolgsgier" und die politische „Kunst des Kompromisses".[347] Balke schien sich eben durch sein undiszipliniertes Verhalten nicht anzubiedern. Dabei handelte es sich sogar um eine pikante Angelegenheit. Im April 1957 protestierten achtzehn renommierte Nuklearwissenschaftler mit einer „Göttinger Erklärung" gegen die Pläne der Bundesregierung, die gerade erst neuaufgestellte Armee durch die Aufrüstung mit atomarem Waffenarsenal auf den militärtechnologisch neuesten Stand zu hieven. Es handelte sich dabei um ein politisches Manifest, ein Pamphlet, das einen gegenwärtigen Zustand kritisierte und mit einer entschieden formulierten Alternative eine Forderung erhob. Unter allen Umständen sollte die Bundesrepublik von jeglicher Verwicklung mit Atomwaffen Abstand nehmen.[348] Adenauer und Strauß zürnten ob der zivilen Intervention von Wissenschaftlern in die Politik. So sprach Strauß von einem „leichtfertigen Experiment" und zieh die Professoren der „Dienstleistung für den Kommunismus"[349]. Die achtzehn Forscher, die da so öffentlichkeitswirksam gegen die Regierungspolitik Stellung bezogen, hätten schlechterdings die weltpolitische Lage verkannt und sich stattdessen Rat bei Adenauer einholen sollen, der als „verantwortlicher politischer Leiter" schließlich über neueste Erkenntnisse der Strahlenschutzentwicklung verfüge.[350] Die Atomwissenschaftler wurden einhellig der politischen Naivität bezichtigt, ihnen die Verantwortung in dieser genuin politischen Frage abgesprochen und sie selbst zu unfreiwilligen Handlangern der Sowjetregierung abge-

---

[346] Micus, Matthias: Tribunen, Solisten, Visionäre. Politische Führung in der Bundesrepublik, Göttingen 2010, S. 290 f.
[347] Zitate aus o.V.: Im Gewissenskonflikt, in: Die Welt, 06.05.1957.
[348] Die „Göttinger Erklärung" ist u.a. abgedruckt in: Hermann, Armin: Die Jahrhundertwissenschaft. Werner Heisenberg und die Geschichte der Atomphysik, Hamburg 1993, S. 261 f.
[349] Die beiden Zitate finden sich bei Rupp, Hans Karl: Außerparlamentarische Opposition in der Ära Adenauer. Der Kampf gegen die Atombewaffnung in den fünfziger Jahren. Eine Studie zur innenpolitischen Entwicklung in der BRD, Köln 1980, S. 78 f.
[350] Vgl. o.V.: Scharfe Spannung nach der Göttinger Erklärung, in: Frankfurter Allgemeine Zeitung, 15.04.1957; o.V.: Die Superbombe, in: Der Spiegel, 24.04.1957.

stempelt.³⁵¹ Doch was sollten ausgebuffte Profipolitiker vom Schlage Adenauers und Strauß' auch schon von dem Schritt der Professoren halten? Schließlich handelte es sich um einen Text, der die Aufrechterhaltung des Friedens bezweckte, ja an die rationale Einsicht der Politik appellierte – der Politik! Diese – das wussten Adenauer und Strauß natürlich – würde sich doch nicht ohne Weiteres von einem Papier beeindrucken lassen; jedenfalls nicht die Herren im Kreml und Weißen Haus. Verhält sich die Politik doch häufig genug irrational, zählen in ihr Machtkalküle und gilt es, Gesichter zu wahren. Während Adenauer und sein Verteidigungsminister Strauß versuchten, die Wissenschaftler als politische Dilettanten zu diskreditieren, erklärte sich Balke – ausgerechnet ein Regierungsangehöriger – mit den Wissenschaftlern – seinen Kollegen – solidarisch. Er räumte ihnen ein Interventionsrecht ein und gestand, dass über das Thema Atombewaffung bislang unzureichend diskutiert worden war.³⁵² Er stimmte somit in das Lamento ein, das sich über eine Moral beklagte, die das militärisch Mögliche bis ins Extrem auszuschöpfen bereit zu sein schien. Damit befand er sich im Einklang mit der öffentlichen Meinung. Denn nicht nur die sozialdemokratische Parteipresse lobte erwartungsgemäß den regierungskritischen Einwurf der politischen Manifestanten. Selbst die bürgerlich-konservative Presse verneigte sich mit pathetischen Worten vor den „Göttinger Achtzehn", „vor dem Mute dieser 18 Professoren, die es wagten, gegen eine Welt, in der sich die Staatsmänner und Strategen in der Logik des Schreckens bewegen und die Massen den Kopf in den Sand stecken, vom Gewissen her Stellung zu nehmen"³⁵³. Das Manifest wurde mit respektvollen Elogen als ein „ergreifendes Dokument" gewürdigt, man sei geradezu „von Dankbarkeit erfüllt, dass die auf diesem Gebiet erfahrensten Fachleute sich zutiefst der

---

[351] Vgl. Euchner, Walter: Strategisches Kalkül und politisches Denken. Lehren der „Göttinger Erklärung", in: Frankfurter Hefte/Neue Gesellschaft, Jg. 34 (1987) H. 11, S. 1012-1016, hier S. 1013; Görlich, Ina: Zum ethischen Problem der Atomdiskussion. Verlauf der Atomdiskussion in der Bundesrepublik Deutschland und Versuch einer Darstellung der durch sie aufbrechenden ethischen Probleme, Freiburg 1965, S. 33; Heisenberg, Werner: Der Teil und das Ganze. Gespräche im Umkreis der Atomphysik, München 1976, S. 266 ff.; o.V.: Adenauer: „Atomare Aufrüstung bedrückt mich", in: dpa, 13.04.1957; o.V.: Bitte um Vertrauen, in: dpa, 13.04.1957; Rese, Alexandra: Wirkung politischer Stellungnahmen von Wissenschaftlern am Beispiel der Göttinger Erklärung zur atomaren Bewaffnung, Frankfurt am Main u.a. 1999, S. 60 ff.; Rupp 1980, S. 78; Schwarz, Hans-Peter: Adenauer. Der Staatsmann: 1952-1967, Stuttgart 1991, S. 335 f.
[352] Vgl. o.V.: Balke nimmt Professoren in Schutz, in: Frankfurter Allgemeine Zeitung, 17.04.1957.
[353] Zehrer, Hans: Atomwaffen – ja oder nein?, in: Die Welt, 15.04.1957.

III.IV Von der Autonomie eines Politikers wider Willen 117

Verantwortung bewusst"[354] geworden seien. Derlei Kommentare konnte man in den Tagen nach der „Göttinger Erklärung" in der westdeutschen Medienlandschaft ganz oft antreffen. Und Balke hatte sich mit diesen „unsichtbaren Helden des Tages"[355], die da medial so euphorisch gefeiert wurden,[356] verbündet, hatte ihnen Berechtigung zugesprochen.

Ärger um das Dampfkesselministerium: Nachteile von Unbeugsamkeit

So positiv sich Balkes Verhalten auf seine Reputation auswirken mochte, so nachteilig erwies es sich im Hinblick auf die Stabilität seiner politischen Karriere. Dass er – gleich ob wissentlich oder unbedarft – die offizielle Linie des Kanzlers und dessen Kabinetts torpedierte, sich aus Sicht des Regierungschefs also illoyal verhielt, sollte Adenauer dem renitenten Atomminister niemals vergessen. Erstens missbilligte Adenauer derlei bei all seinen Ministern. Verstöße gegen die Regierungsräson waren für den „Alten" aus Rhöndorf keine Bagatelldelikte, über die er einfach hinwegzusehen bereit war. Ludwig Erhard zum Beispiel, der wie Balke als Seiteneinsteiger in die Politik gelangt war, erregte regelmäßig durch seine „mangelnde Kabinettsdisziplin und inakzeptable Eigenwilligkeiten"[357] den Zorn Adenauers. Die unverbrüchliche Geschlossenheit der Regierungsmannschaft war dem Kanzler ein überaus hoher Wert. „Wir müssen eine Gemeinschaft sein", kein „Haufen von einzelnen Ministern", predigte er, der nichts „Tadelnswerteres" mehr kannte, sobald ihm seine Ressortleiter wieder einmal allzu sehr von der Regierungslinie abwichen. Wie musste dann erst Balkes öffentlicher Verstoß gegen Adenauers offizielle Politik auf letzteren gewirkt haben?

Und zweitens verletzte Balkes die Kabinettsdisziplin zu einem außerordentlich ungelegenen Zeitpunkt. Denn Adenauers Wahlsieg – so spektakulär er mit der absoluten Stimmenmehrheit im Herbst 1957 auch ausgefallen sein mochte – war im Frühjahr noch alles andere als ausgemacht. Die Umfragewerte des Kanzlers und die der Union hatten bis zum Jahr 1957 noch nicht den Stand erreicht, der ihnen einen ungefährdeten Wahlsieg verhieß.[358] Der Regie-

---

[354] Beide Zitate aus: o.V.: Die Bombe, in: Die Welt, 13.04.1957.
[355] Friedmann, Werner: Das Risiko des Irrtums, in: Süddeutsche Zeitung, 11.05.1957.
[356] Siehe Beinhauer, E./Blank, W. (Hrsg.): Presse- und Funkbericht, 11.05.1957.
[357] Hier und folgend Löffler 2002, S. 301.
[358] Vgl. DIVO-Institut (Hrsg.): Umfragen 1957. Ereignisse und Probleme des Jahres im Urteil der Bevölkerung, Frankfurt am Main 1958, S. 69; Noelle, Elisabeth/Neumann, Erich Peter

rungschef stand schlecht da: Nur 34 Prozent wollten ihn im Herbst 1956 für weitere vier Jahre als Kanzler sehen. 1956 machte deshalb schon das Wort von der „Kanzlerdämmerung" die Runde; die FDP wurde vom Kanzler düpiert und trat aus der Koalition aus. Demoskopisch war Adenauer angezählt, politisch unterliefen ihm Fehler und er erschien infolgedessen nicht mehr als der Garant eines fulminanten Wahlsiegs der Unionsparteien.[359] Drohte sich nun in dem Verhalten Balkes auch noch der Eindruck einzustellen, der Kanzler habe sein Kabinett nicht mehr im Griff, wäre dies für Adenauer kurz vor dem Bundestagswahlkampf mit Sicherheit keine Erleichterung gewesen. Außerdem gab er Balke eine Mitschuld an der Entstehung der „Göttinger Erklärung". Adenauers Verständnis nach habe es Balke versäumt, die Atomforscher auf die Regierungsseite zu ziehen. Dass Balke zu einem Schlichtungsgespräch zwischen der Bundesregierung und einer Delegation der Verfasser des Manifests nicht eingeladen wurde, war ein deutliches Zeichen für den Bruch, der sich zwischen dem Kanzler und seinem Minister vollzogen hatte. Die politische Berichterstattung in Bonn munkelte von einer „Vereisung"[360] zwischen Atomministerium und Kanzleramt; auch, dass „Rache an Balke"[361] genommen werden sollte. Balke fühlte sich von Adenauer desavouiert und störte sich überdies seit einiger Zeit schon an dem Eindruck, die Bundesregierung treffe keine rationalen, sachgerechten Entscheidungen. Daraufhin entfachte er Spekulationen über seinen Rücktritt. Außerdem ließ er öffentlich die Einschätzung verlautbaren, das Atomministerium würde in Kürze überflüssig – schließlich gebe es ja auch kein „Dampfkesselministerium" mehr. Diese vermeintlich freimütige Ankündigung entlockte den Journalisten ebenso ein ehrfürchtiges Raunen, wie seine als nonkonformistisch gepriesene und mit entwaffnender Offenheit vorgetragene Absicht, den Ministerposten freiwillig wegen persönlichem Dissens mit dem politischen Kurs der Regierung zu räumen. Ein Minister, der im Interesse der Allgemeinheit seine politische Existenzberechtigung selbst in Zweifel zog – das wurde mancherorts sogar als einzigartiger Akt der Zivilcourage bewun-

---

(Hrsg.): Jahrbuch der öffentlichen Meinung 1957, Allensbach am Bodensee 1957, S. 183; Schwarz, Hans-Peter: Die Ära Adenauer 1949-1957, Stuttgart 1981, S. 312 ff.; Walter, Franz: Erich Ollenhauer. Lauterkeit und Phlegma, in: Forkmann, Daniela/Richter, Saskia (Hrsg.): Gescheiterte Kanzlerkandidaten, Wiesbaden 2007, S. 45-61, hier S. 49 f.

[359] Vgl. Kitzinger, Uwe W.: Wahlkampf in Westdeutschland. Eine Analyse der Bundestagswahl 1957, Göttingen 1960, S. 71.

[360] Siehe Telegraf vom 25.04.1957.

[361] Parlamentarisch-Politischer Pressedienst vom 24.05.1957.

dert.³⁶² Da schien ein Minister allein seinem Gewissen verpflichtet zu sein – einer, der „in einer Zeit, von der so oft behauptet wird, dass die nackte Erfolgsgier alle Ideale verdunkle", „einen Weg nicht mitgehen will, den er für gefährlich hält",³⁶³ der „die eigene Meinung dem Konformismus und dem unwiderstehlichen Drang, ein Amt zu haben"³⁶⁴, überordnet und dessen vorzeitiger Rücktritt die Ansprüche auf eine Ministerpension gekostet hätte. Derartige Züge konterkarierten das gängige Politikerbild von machtversessenen Privilegienbesitzern. Balke hingegen ließ verlautbaren, er räume bereits seine Godesberger Wohnung, um sich aus Protest gegen den Regierungskurs von der Politik wieder abzuwenden – was er freilich nicht tat. Balke blieb noch einige Jahre unter Adenauer Minister und schon im Wahlkampf ließ sich der Missgestimmte wieder mit seinem Kanzler unter der – wahlweise bigotten oder masochistischen – Parole: „Mit Balke, für Adenauer" plakatieren.

Geld für den „Ochsensepp": Beschränkte Professionalisierung

Im alleinigen Vertrauen auf seine Sachkompetenz und seine Beziehungen zu Industriemagnaten, so schreibt Joachim Radkau, habe Balke – der allenthalben mit Geringschätzung von „den" Politikern sprach – es nicht für nötig befunden, sich eine autonome politische Hausmacht aufzubauen.³⁶⁵ Balke lief dadurch Gefahr, seinen Ministerstatus auf mittlere Frist zu verlieren. Denn im Verlauf der 1950er Jahre prädestinierten immer stärker bestimmte Wirkungsräume wie der Fraktionsvorstand, dem Balke nicht angehörte, für einen Platz im Kabinett.³⁶⁶ Offenbar wog sich Balke in Sicherheit. Die Presse behandelte ihn für einen Politiker gnädig. Seine Politik zeitigte Erfolge, viele an ihn gerichtete Erwartungen waren bestätigt, Hoffnungen erfüllt worden. Außerdem vertraute er auf die finanzielle Abhängigkeit der CSU von den Wirtschaftsverbänden, deren Repräsentant er schließlich war. Auch als Minister fungierte Balke als eine Art Relais zwischen Partei und Interessenorganisationen. Wann immer sich die Verhältnisse zwischen den CSU-Granden und den Wirtschafts-

---

[362] Vgl. Henkels, Walter: Zivilcourage und Grütze im Kopf, in: Aachener Nachrichten, 10.08.1957; o.V.: Siegfried Balke: Mann mit Kopf und Herz, in: Chemische Industrie, Nr. 6/1967, S. 299; o.V.: Balke, in: Die Welt, 05.08.1957.
[363] O.V.: Im Gewissenskonflikt, in: Die Welt, 06.05.1957.
[364] O.V.: Balke, in: Die Welt, 05.08.1957.
[365] Vgl. Radkau 1983, S. 141.
[366] Vgl. Domes 1964, S. 81 f.

repräsentanten kritisch verschlechterten, bemühte man Balke als Kommunikator.[367] Auch weiterhin gebot Balke als Verbandschef und Vorsitzender der „Volkswirtschaftlichen Gesellschaft in Bayern" über den finanziellen Wahlkampfproviant der CSU.[368] Warum also sollte er sich darüber hinaus um Netzwerke bemühen; wozu brauchte es so etwas wie eine Hausmacht in Form der Loyalität einer mächtigen Parteigliederung? Balke hatte ja Strauß, dessen Konten er jahrelang gefüllt hatte. Und überhaupt: War seine Politik nicht passabel, machte er nicht einen guten Job?

Doch dies galt eben nur für den Bereich der CSU. Für die CDU-Strategen war dies kaum von Belang, Balke war im Gegensatz zu Strauß keine per se ernstzunehmende, weil durch Verankerung und Rückhalt schwer zu missachtende Größe. Weder gehörte er zu den CSU-Protagonisten, denen man bei Koalitionsgesprächen Gehör schenken musste, noch reichte seine öffentliche Beliebtheit an die des allzeit populären Wirtschaftsministers Ludwig Erhard heran. Ohne Förderer – politische Mentoren – und deren Kraft war seine Stellung immerwährend gefährdet. In diesem Punkt hätte sich Balke rechtzeitig Abhilfe verschaffen müssen. Jedenfalls hätte ihm dies wohl ein gleichermaßen berühmter wie inflationär zitierter Machtanalytiker geraten: Wer durch die Gunst eines Gebenden an die Macht gelangt, so Niccolò Machiavelli, müsse sich einer höchst instabilen Machtstellung bewusst sein, die auf „wechselhafte und unbeständige Dinge" gründe.[369] Wer diesen Weg zum Aufstieg zur Macht beschritten hat, solle sich schleunigst bereits in der Frühphase seiner Herrschaft ein stabiles Fundament gießen, eigene ergebene Truppen sammeln. Anderweitig befinde er sich in der bedauerlichen Lage, „von den Waffen und dem Glück anderer abhängig zu sein". In der präventiven Absicherung seiner politischen Positionen versagte Balke allerdings auf ganzer Linie. Die delegierte Autorität eines politischen Gönners, der technophile Zeitgeist, die Nachfrage eines askriptiven Merkmals: All diese Umstände, die Balkes politische Karriere – zumal gleichzeitig – begünstigten, drohten jederzeit spontan zu entfallen und verlangten eigentlich nach einem anderweitigen Schutz. „Normale" Politiker erreichen diesen üblicherweise mit dem Gewinn treuer Parteikader, die ih-

---

[367] Vgl. bspw. Protokoll der Sitzung des geschäftsführenden CSU-Landesvorstands vom 08.01.1955, abgedruckt als Dokument Nr. 68b in: Balcar/Schlemmer (Hrsg.) 2007, S. 481 f.
[368] Vgl. bspw. Protokoll der Besprechung des CSU-Landesvorsitzenden mit den Vorsitzenden der Bezirksverbände und den Bezirksgeschäftsführern vom 13.09.1954, abgedruckt als Dokument Nr. 64 in: ebd., S. 436 f.
[369] Vgl. hierzu Machiavelli, Niccolò: Il Principe. Der Fürst, Stuttgart 1986, S. 41-65.

nen in brenzliger Lage Rückhalt verschaffen, oder der Anhäufung von Ämtern und Positionen, auf die sie sich im Falle von Niederlagen zurückziehen können. Diese Kardinaltechniken professioneller Politik blieben Balke fremd. Vielleicht war dieser – letztlich fatale – Verzicht auf eigene Parteibataillone der Unabhängigkeit geschuldet, der sich Balke erfreute. Denn der Legende nach lagerte in seinem Ministerschreibtisch eine schriftlich dokumentierte Rückkehroption in die Wacker-Unternehmensleitung.[370] Die Eventualität, seine politische Elitenposition oder einen liebgewonnenen materiellen Komfort zu verlieren, brauchte Balke folglich nicht zu fürchten.

Trotzdem: Gänzlich unprofessionell agierte Balke dann doch nicht. Eilends trat er im Januar 1954 kurz nach seiner Berufung der CSU bei. Gleich 1957 besorgte er sich mit München-Nord einen eigenen Wahlkreis und erhielt hinter Fritz Schäffer und Franz Josef Strauß an dritter Stelle einen todsicheren Platz auf der CSU-Landesliste. Wie aber kam Balke an sein Mandat? Neben eigener Leistungen zeichneten günstige Bedingungen dafür verantwortlich. Wie schon bei seiner Ministerberufung dürfte dabei die starke Unterrepräsentierung evangelischer Bevölkerungsteile in der CSU-Landesgruppe[371] eine förderliche Rolle gespielt haben. Und je mehr Parlamentarier aus den Unionsparteien im Zuge der fulminanten Wahlsiege in den 1950er Jahren in den Bundestag strömten, desto geringer geriet der prozentuale Anteil von Protestanten auch an der gesamten CDU/CSU-Fraktion.[372] Evangelisch Getaufte wie Balke waren daher gefragte Abgeordnete. In der Honoratiorenpartei CSU, die in den 1950er Jahren nicht gerade ein basisdemokratischer Auswuchs an Mitgliederpartizipation kennzeichnete,[373] die sich erst gegen Ende des Jahrzehnts in Richtung einer Massen- und Apparat-Partei entwickelte, besaß Balke keine Mühen, sich eine Kandidatur zu beschaffen – solange er von Parteiautoritäten nur ausreichend protegiert wurde. Zumal in München, wo die Organisationsdichte der Partei nochmals geringer ausfiel und sich ihm in der Gestalt des dortigen Bezirksvorsitzenden Josef Müller ein wohlgesonnener Förderer anbot. Bezirks-

---

[370] Vgl. o.V.: Das marktwirtschaftliche Porto, in: Der Spiegel, 16.06.1954; o.V.: Alarm in der Leitung, in: Der Spiegel, 18.11.1959.
[371] Vgl. Weber 2004, S. 30.
[372] 1957 sackte der Anteil protestantischer Fraktionsmitglieder der Union von 42 auf rund 38 Prozent ab; vgl. Schiffers, Reinhard: Die CDU/CSU-Fraktion im Deutschen Bundestag 1957-1961. Einleitung, in: ders. (Bearb.): Die CDU/CSU-Fraktion im Deutschen Bundestag. Sitzungsprotokolle 1957-1961, Erster Halbband September 1957 - Juni 1959, Düsseldorf 2004, S. XI-LXXVII, hier S. XVI.
[373] Vgl. hier und folgend Mintzel 1975, S. 316; ders. 1977, S. 67-77, S. 119 und S. 125.

vorsitzende wie Müller waren in der damaligen CSU gleichsam königliche Machthaber, deren Wort bei der Vergabe von Kandidaturen für öffentliche Wahlämter innerhalb ihres Reviers faktisch Gesetz war. Balke indes war nicht nur fleißiger Geldakquisiteur der CSU im Allgemeinen. Gelegentlich ergingen aus seinem Ministerbüro Schreiben an Münchner Firmen mit der Bitte, den Münchner CSU-Kandidaten für das Oberbürgermeisteramt – keinen Geringeren als den „Ochsensepp" Müller – großzügig zu unterstützen.[374] Allein der MAN-Vorstand bewilligte auf Drängen Balkes eine Zuwendung in Höhe von 10.000 Mark. Obendrein förderte Balke als Bundesatomminister nach Kräften München als Standort zukunftsgerichteter Forschung, setzte sich beispielsweise für die Umsiedlung von renommierten „Max-Planck-Instituten" ein.[375] In Schwabing, seinem späteren Wahlkreis, erwarb sich Balke Sympathien, indem er der Strahlenabteilung des lokalen Krankenhauses wie auch der kernphysikalischen Ausbildung im „Oskar-von-Miller-Polytechnikum" Bundesgelder aus seinem Ministeriumsetat spendierte. Zusammengefasst: Balke nutzte zuerst seine Verbandspositionen und Wirtschaftskontakte, anschließend sein Ministeramt zur innerparteilichen Erschließung einer eigenen Wahlkreiskandidatur. Klassische Parteiarbeit leistete er hingegen kaum. Neben diesem „Parteidienst" dürfte sich Müllers Sympathie für Balke auch durch ähnliche Erfahrungen während der Hitler-Diktatur verstärkt haben. Wie Balke hatte auch Müller unter der NS-Herrschaft gelitten, sogar die Matern einer KZ-Haft ertragen müssen.[376] Jedenfalls hatte Müller genügend gute Gründe dafür, Balke zu einer Wahlkreiskandidatur zu verhelfen.

Das Mandat gewann Balke anschließend souverän gegen seine Kontrahenten Walter Seuffert (SPD) und Thomas Dehler (FDP). Mit stattlichen 49,9 Prozent der Erststimmen lag er ein knappes Prozent über dem Zweitstimmenergebnis der Münchner CSU und über elf Prozent vor seinem stärksten Konkurrenten. Gegenüber Parteigrößen wie Strauß, Dollinger und Niederalt, die in ihren Wahlkreisen jeweils weit über fünfzig Prozent einfuhren, nahm sich Balkes Ergebnis einerseits bescheiden aus, andererseits war es für die CSU inner-

---

[374] Vgl. o.V. (Rubrik Personalien): Siegfried Balke, in: Der Spiegel, 09.12.1959; Parlamentarisch-Politischer Pressedienst vom 25.11.1959; Brief MAN-Vorstand an Balke vom 06.09.1962, in: ACDP, NL Balke, I-175-042/2.
[375] Vgl. hier und folgend o.V.: o.T., in: Süddeutsche Zeitung, 07.09.1965.
[376] Siehe o.V.: Was ein Christ nicht kann, in: Der Spiegel, 10.09.1958.

III.IV Von der Autonomie eines Politikers wider Willen

halb der Stadtgrenzen Münchens elektoral das einträglichste gewesen.[377] 1961 wiederholte Balke den Gewinn eines Direktmandats, erst 1965, als die Sozialdemokraten ohnehin großflächig die urbanen Räume Bayerns eroberten, zog er nur noch über die Landesliste in den Bundestag ein.

Die Absicherung über die Liste war zunächst allerdings gar nicht nötig. Balke entpuppte sich als passabler Wahlkämpfer. Ungeachtet seiner kultivierten Distanz zum Berufspolitikertum, dem er trotz immer weiterer Amtsjahre nicht angehören wollte, verwehrte er sich in seinen Jahren als Politiker nicht den Pflichten eines anständigen Wahlkämpfers – somit den üblichen Obliegenheiten eines Parteimitglieds. Wahlkampf aber ist eine ganz elementare Disziplin eines Profi-Politikers. Im Abstand von zumeist wenigen Tagen absolvierte Balke innerhalb eines Monats mehr als zwanzig Veranstaltungen in Cafés, Brauereien und Gaststätten, oft an der Seite lokaler Parteigrößen.[378] Gelegentlich vertrat er sogar zusätzlich verhinderte Redner aus den Reihen der CSU. Auch der „koordinierten Zusammenarbeit", in deren Rahmen Adenauer seine Minister für einige Tage im Monat für Wahlkampfveranstaltungen einzusetzen pflegte, verschloss sich Balke nicht.[379] Er kümmerte sich selbst um einen Wählerbrief sowie eine Wahlzeitung und lieferte sich öffentliche Streitgespräche mit seinen Rivalen von der SPD und der FDP.[380] Um seine Wähleransprache individuell zu gestalten, ließ er Pamphlete drucken, in denen er mit einem eigenständig verfassten Text mitsamt Porträtbild für seine Wahl warb und darin die Vorbehalte seiner Herkunft aus der Wirtschaft zu seinem Vorteil wendete. So betonte er, „politischen Vorgängen besonders kritisch gegenüber"[381] zu stehen. Balke inszenierte sich als Mann, der jahrzehntelang im Beruf gestanden hatte, beizeiten selbst gegen seine politischen Freunde wetterte und daher besonders unabhängig sein musste. Der Status des Seiteneinsteigers wurde von ihm positiv unterstrichen, zu seinem Markenzeichen emporgehoben. „Wollen Sie es noch einmal mit mir versuchen?", war die ebenso zaghaft wie liebenswürdig vorgetragene Frage am Ende seines Textes. In München ließ

---

[377] Vgl. Daten in: Statistisches Bundesamt (Hrsg.): Die Wahl zum 3. Deutschen Bundestag am 15. September 1957, Heft 1, Allgemeine Wahlergebnisse nach Ländern und Wahlkreisen, Stuttgart 1957, S. 72-75.

[378] Vgl. Terminkalender. Endgültige Übersicht über die Versammlungen des Bundestagswahlkreises München-Nord vom 13.08.1957, in: ACDP, NL Balke, I-175-043/1.

[379] Brief Adenauers an die Bundesminister, Dok. Nr. 173, in: Mensing, Hans Peter (Bearb.): Adenauer. Briefe 1959-1961, Paderborn 2004, S. 202 ff.

[380] Vgl. zu all dem Brief Balke an Jaumann vom 17.08.1965, in: ACDP, NL Balke, I-175-043/1.

[381] Wahlkampfpamphlet vom September 1965, in: ebd.

er die Partei sein Konterfei plakatieren, das mit dem Slogan: „Wir kennen ihn. Wir vertrauen ihm. Wir wählen ihn" unterschrieben war. Wählerbrief, Kandidatenplakat und Versammlungsteilnahmen – dies sind klassische Elemente eines personalisierten Wahlkampfs, der im Trend der damaligen Zeit lag, der zum modernen Format der Unionskampagnen der 1950er Jahre gehörte. Bei all dem half ihm ein lokaler Parteifunktionär, den ihm die Münchner CSU als „Wahlkampfmanager" zur Seite gestellt hatte.[382]

---

[382] Siehe Niederschrift über die Sitzung zur Wahlkampfvorbereitung am 14.04.1965 des CSU-Bundeswahlkreises München-Nord, in: ebd., I-175-042/2.

III.V Fernab des französischen Zentralismus: Balkes Schwierigkeiten mit der Politik

Seiteneinsteiger fallen in der Politik nicht nur als Exoten auf, sie haben auch Schwierigkeiten, sich dort zu akklimatisieren. So erging es auch Balke. Der Enthusiasmus, mit dem er die ramponierte Bundespost auf Vordermann bringen wollte, stieß schnell an Grenzen. Denn dem Manager, der eindeutige Autorität und Handlungsbefugnis gewohnt war, fuhren die berühmten Vetospieler in die Parade – jene Akteure, die außerhalb ihres eigentlichen Wirkungsfeldes noch in das anderer eingreifen konnten. Dazu gehörte zunächst die Bundesregierung selbst. Als Postminister schalten Balke seine Kabinettskollegen für sein eigenmächtiges Vorgehen bei Tarifverhandlungen mit der Postgewerkschaft, weil er den Postarbeitern eine Rationalisierungszulage in Höhe von dreißig Mark gewährt und auf eine individuelle Behandlung der Postbeschäftigten gegenüber etwa der Bahn oder Verwaltung beharrt,[383] so aber den für die Bundesbahn zuständigen Ministerkollegen in Verlegenheit gebracht hatte. Nun forderten nämlich beispielsweise auch die Bahnarbeiter mehr Geld. Balke hatte lediglich die seiner Ansicht nach für seinen Zuständigkeitsbereich beste Entscheidung treffen wollen, war dabei allerdings mit den Eigenheiten des Politikbetriebs konfrontiert worden. Mit den mannigfaltigen Abstimmungszwängen, aufgesplitterten Zuständigkeiten und der begrenzten Handlungsfähigkeit haderte er von Beginn seiner politischen Karriere an. Auch Entscheidungen, welche die Bundespost betrafen, mussten eben zuvor im Kabinett abgestimmt und konnten nicht einfach einer Sachlage angemessen getroffen werden. Für Balke wurde dies schon bald zu einer lästigen Angelegenheit. Sein Vorschlag, die Ausgleichsforderungen der Bundespost in einen Plan des Finanzministeriums einzubeziehen, wurde prompt einstimmig abgelehnt.[384] Gleichfalls sah er sich in Sachen Wasserwirtschaftspolitik durch mangelnde Kompetenzen der Bundesebene und einem Sammelsurium an sich überschneidenden Gesetzestexten – durch typische Restriktionen des Föderalismus eben – seiner Handlungsfähigkeit beraubt und drohte, seine Zuständigkeit wieder abzugeben.[385]

---

[383] Vgl. Protokoll der 61. Kabinettssitzung am 01.12.1954, in: Hüllbüsch/Trumpp (Bearb.).
[384] Vgl. Protokoll der 83. Kabinettssitzung am 24.05.1955, in: Hollmann/v. Jena (Bearb.).
[385] Vgl. Parlamentarisch-Politischer Pressedienst vom 09.04.1958; Protokoll der 130. Kabinettssitzung am 23.11.1960, in: Behrendt/Seemann (Bearb.); o.V.: Alarm in der Leitung, in: Der Spiegel, 18.11.1959. Balke geriet nach seiner Ministerzeit allerdings zum Präsidenten der Vereinigung deutscher Gewässerschützer und übte als solcher Druck auf die Bundesregierung aus, endlich überall Kläranlagen durchzusetzen; vgl. Radkau 2006, S. 33 f.

Dass er, beschränkt auf ein Bundesrahmengesetz, den Ländern keine konkreten Vorschriften zum Wasserschutz machen konnte, die Auslegung bestimmter Begriffe wie „Gemeingebrauch" unteren Ebenen vorbehalten war, befand er lakonisch für „bedauerlich"[386]. Eine für das deutsche Regierungssystem charakteristische Restriktion – besagte föderale Beschaffenheit politischer Entscheidungswege – stand Balkes gewohntem Entscheidungsstil ganz und gar entgegen. Nicht zuletzt deshalb geriet er sogar in Konflikt mit seiner eigenen Partei, der in Bayern regierenden CSU.[387] Er beneidete daher zentralistische Systeme wie Frankreich.[388]

Außerdem nervte ihn das politische Säbelrasseln von ehrgeizigen und augenscheinlich unbelehrbaren Ministerialbürokraten, die gegen alle Vernunft ihre Aufgabengebiete zu verteidigen schienen. Im Bundeswirtschaftsministerium dachte nämlich niemand daran, sich in Sachen Wasserwirtschaft geschlagen zu geben und das Feld einem anderen Ressort zu überlassen. Balke hätte wohl das Urteil seines Seiteneinsteiger-Artgenossen Kurt Biedenkopf geteilt, der nach einigen Jahrzehnten in der Politik zu der Auffassung gelangte, „Versuche, bestehende Strukturen nachhaltig zu verändern und damit an veränderte Bedingungen anzupassen", würden durchweg am „Beharrungsvermögen der Organisationen und an politischen Widerständen", die „über die Parteien und deren Abgeordnete wirksam bis in die Parlamente hineingetragen werden", scheitern.[389] Unversehens fand sich Balke in einem Kompetenzwettstreit wieder. Das Wirtschaftsministerium unterhielt auch weiterhin ein gut budgetiertes Wasserwirtschaftsreferat, das sich in provozierender Weise mit den Problemen auseinandersetzte, die nunmehr eigentlich das Atomressort lösen sollte. Dass irgendwelche „unberechenbaren Herren Ministerialräte" in der politischen Verwaltungspraxis die von Adenauer getroffene Regelung „auf kaltem Wege wieder rückgängig" machten,[390] bestätigte das negative Bild, das Balke inzwischen von politischer Kompetenzordnung gewonnen hatte.

---

[386] O.V.: Alarm in der Leitung, in: Der Spiegel, 18.11.1959.
[387] Vgl. Weber 2001, S. 116.
[388] Vgl. hier und folgend Kurzprotokoll der 13. Sitzung der Deutschen Atomkommission vom 21.04.1961, in: ACDP, NL Balke, I-175-007/1, S. 8; Löffler 2002, S. 363 ff.
[389] Biedenkopf, Kurt: Lösungsorientiert handeln im Spannungsfeld von Wirtschaft und Politik, in: Dönhoff, Marion Gräfin/Markl, Hubert/Weizsäcker, Richard v. (Hrsg.): Eliten und Demokratie. Wirtschaft, Wissenschaft und Politik im Dialog – zu Ehren von Eberhard v. Kuehnheim, Berlin 1999, S. 267-281, hier S. 275.
[390] Balke zitiert nach Löffler 2002, S. 365.

Die für ungenügend befundene Kompetenzverteilung, auch im Hinblick auf andere Ministerien, verleitete ihn zu der Forderung nach einer geballten Entscheidungsbefugnis in dieser Angelegenheit. Dass Balke Bedarf nach einer zentralisierten Beschlussautorität anmeldete, entsprach dem Ansinnen vieler Seiteneinsteiger und war – wie so oft auch hier – illusorisch. Der Bundeskanzler konnte dem natürlich nicht nachkommen: Welche Durchsetzungskraft hätte Adenauer aufbieten müssen, um ungefähr fünf Bundesministerien gleichzeitig Zuständigkeiten zu entziehen? Mitfühlende Weggefährten aus der Wirtschaft bauten in ihre rückblickenden Lobreden auf Balkes Leben stellvertretend für dessen eigene Anschauung die Beobachtung ein, Balke habe sich während seiner Ministerzeit zu seinem Leidwesen „in ständigem Kampf gegen unsachliche Stimmungsmache und Vorurteile, im Streit zwischen Bundes- und Landeskompetenzen, zwischen nationalen und internationalen Interessen"[391] befunden. Auch bedauerte Balke, dass sich Politiker – denen er sich augenscheinlich nicht zurechnete – seiner Auffassung nach nicht für Probleme zu interessieren schienen, die über die aktuelle Legislaturperiode hinausreichten.[392] Horst Ehmke, ein anderer Seiteneinsteiger, würde Balke wohl leidgenossenschaftlich beipflichten, monierte er doch aus eigener Erfahrung die Tendenz einer kurzsichtigen Berufspolitik, die „eher Tagesopportunismus als zukunftsorientiertes Handeln prämiert"[393]. Effiziente Strukturen, rasche Entscheidungsfindung, präzise Vorgaben und Ziele sowie eindeutige Kompetenzen: All diese aus seiner vorpolitischen Tätigkeit bekannten und liebgewonnenen Merkmale des Willensbildungsprozesses in Wirtschaftsunternehmen, das musste Balke nun erkennen, sind in der Politik, der parlamentarisch-demokratischen noch dazu, ganz anders ausgeprägt.[394]

Damit nicht genug, eröffneten ihm seine Beamten, dass die Bundespost zu allem Überdruss auch noch Zahlungen an den Bundeshaushalt leisten musste. Die Gelder, die Balke entrichten sollte, verstanden sich als Ausgleich für die dem Fiskus entgangenen Einnahmen aus der Umsatzsteuer, die der Staatsbetrieb nicht zu zahlen hatte. Natürlich waren auch diese „Ablieferungen" für

---

[391] Zitiert nach o.V.: Siegfried Balke: Mann mit Kopf und Herz, in: Chemische Industrie, Nr. 6/1967, S. 299.
[392] Siehe Kurzprotokoll der 14. Sitzung der Deutschen Atomkommission vom 11.07.1962, in: ACDP, NL Balke, I-175-007/1, S. 9.
[393] Zitiert nach Seifert 2010, S. 128.
[394] Vgl. Schüler, Manfred: Führung in Politik und Wirtschaft, in: Lahnstein, Manfred/Matthöfer, Hans (Hrsg.): Leidenschaft zur praktischen Vernunft. Helmut Schmidt zum Siebzigsten, Berlin 1989, S. 421-434, hier S. 421-426.

Balke ein betriebswirtschaftlicher Graus, machten sie doch eine Eigenfinanzierung von zukünftigen Investitionen nahezu unmöglich.[395] Zumal die Preise postalischer Dienstleistungen sich weniger aus ökonomischen als aus politischen Erwägungen berechneten. Die Bundespost musste nämlich ohnedies ihre Aufgaben in aller Regel unabhängig von Rentabilitätsüberlegungen – dadurch freilich selten kostengerecht – erfüllen. Überdies handelte es sich bei der Bundespost um ein Großunternehmen mit 360.000 Mitarbeitern und vier Milliarden Mark Umsatz.[396]

Wut gegen kurzsichtige Ignoranten: Die Unzufriedenheit des Quereinsteigers

Die Handhabe politischer, von derjenigen der freien Wirtschaft abweichender Führung, spezifische Mechanismen und Maßstäbe der Politik also, missfielen Balke. Darüber hinaus echauffierte er sich über den Egoismus seiner Kollegen. Eine Hauptschwierigkeit beispielsweise in der Atompolitik glaubte er in der „mangelnden Bereitschaft" unter „den" Politikern zu erkennen, „sich über die Legislaturperioden hinaus für eine langfristige Forschungspolitik zu interessieren"[397]. In diesem Zusammenhang geriet Balke auch in Konflikt mit seiner eigenen Partei. Deren stellvertretender Vorsitzender, der Bundestagsabgeordnete Richard Stücklen, hatte 1956 unabhängig von Balke dem Kanzler den Vorschlag unterbreitet, das spezielle Atom- zu einem generellen Energieministerium zu erweitern.[398] In der Hand von CSU-Politikern, ließe sich der industriell rückständige Freistaat Bayern über ein solches Ministerium schließlich hervorragend mit Bundesmitteln subventionieren. Balke aber sprach sich nach seinem Amtsantritt als Atomminister – seinerseits unabhängig von Stücklen – aus sachlichen Erwägungen und einer persönlichen Vorliebe für ein Forschungs- bzw. Wissenschaftsministerium öffentlich gegen das Energieressort aus. Zum einen durchkreuzte er damit die Pläne seiner Parteifreunde, zum anderen erweckte dieser parteiinterne Widerspruch beim Kanzler den Eindruck, die CSU habe kein klares Konzept und sei innerlich zerstritten. Balke verletzte damit die hohe Geschlossenheitsnorm, die nicht zuletzt Strauß seiner Partei und noch mehr der Bonner Landesgruppe auferlegt hatte.

---

[395] Hier und folgend vgl. Rittershofer 1974, S. 417, S. 420 ff. und S. 425 f.
[396] Vgl. o.V.: Nicht nur Fachminister, in: Die Zeit, 27.09.1956.
[397] Kurzprotokoll der 14. Sitzung der Deutschen Atomkommission vom 11.07.1962, in: ACDP, NL Balke, I-175-007/1, S. 9.
[398] Vgl. hierfür Stamm 1981, S. 226 f.

III.V Balkes Schwierigkeiten mit der Politik

Schließlich Konrad Adenauer: Der Bundeskanzler zeigte sich an Balkes ambitionierten Atompolitikplänen chronisch desinteressiert. Für Adenauer war das Atomministerium bloß „Sammelstelle für Restkompetenzen, die innerhalb anderer Ressorts administrativ nicht zu integrieren waren"[399], die Atompolitik stets Mittel zum Zweck; er interessierte sich für Angelegenheiten der Kernenergieentwicklung erst und nur so lange, wie sie ihm konkret von militärischem oder außenpolitischem Nutzen zu sein schienen. Etwa, wenn er durch eine deutsche Atomwaffenproduktion für die Bundesrepublik Ranggleichheit mit Frankreich beanspruchen oder über Nationen übergreifende Organisationen wie der EURATOM europapolitische Strategien verfolgen konnte.[400] Für Balke war er ein Ignorant, der die Potenziale neuer Technologien nicht erkennen wollte. Adenauers Geringschätzung der zivilen Kernkraftnutzung beschied er 1968 zynisch: Die „nationale Begeisterung" für die Nuklearenergie, welche der Atomwaffensperrvertrag ausgelöst hatte, hätte er zehn Jahre zuvor besser gebrauchen können.[401] Genauso wenig begeisterte sich Adenauer für Balkes Pläne zu einer Wissenschaftsförderung, die dieser hingegen als unumgänglich zur Wahrung der internationalen Konkurrenzfähigkeit Westdeutschlands ansah.[402] Im Sommer 1957 scheiterte dann im Bundestag auch noch das Atomgesetz ausgerechnet an dem Widerstand der eigenen Fraktion – Balkes wichtigstes Prestigeprojekt, mit dem er einen weltweiten Präzedenzfall geschaffen hätte.[403] Zwei Jahre musste der so brüskierte Minister fürderhin der erfolgreichen Umsetzung harren, während die anderen Staaten ihren Vorsprung auf dem Gebiet der Kernenergieverwendung vergrößerten. Für einen an schnelle und frühzeitige Entscheidungen gewöhnten Mann aus der Wirtschaft mussten diese langsamen, oft irrationalen Mechanismen des Politikbetriebs schlechterdings wie eine Drangsal wirken. Auf dem CSU-Wahlparteitag in Nürnberg machte Balke seinem wachsenden Ärger in einer wütenden Rede Luft und sprach sein Bedauern über die Bonner Verhältnisse aus, dabei den Vorfall im Parlament als symptomatisch für seine Arbeitsbedingungen bezeichnend.[404] Im Übrigen gab er Adenauer und Teilen der Unionsfraktion die Schuld, die sich nicht an vorherigen Absprachen gehalten hätten.

---

[399] Stucke 1993, S. 62.
[400] Vgl. Radkau 1983, S. 187 ff.
[401] Vgl. ebd., S. 331.
[402] Vgl. o.V.: Bayrisches Befremden, in: Der Spiegel, 26.12.1962.
[403] Siehe hierzu Radkau 1983, S. 188.
[404] Vgl. o.V.: Balke macht seinem Ärger Luft, in: Die Welt, 08.07.1957; Brief Balke an Georg Heindl vom 17.07.1957, in: ACDP, NL Balke, I-175-043/1.

In Bonn munkelte man alsbald, Balke sei mit der Politik der Bundesregierung unzufrieden. Schon Adenauers polittaktisches Paktieren mit dem DGB hatte er zu Beginn der 1950er Jahre, damals noch aus dem Sessel eines Industriemanagers, missbilligt.[405] Es war der ständige Vorrang genuin politischer Maßstäbe gegenüber rationalen Erfordernissen, der ihn störte.[406] Im April 1957 kursierte dann erstmals das Gerücht einer freiwilligen Demission Balkes, der vor der Presse verkündete, sobald wie möglich in seinen Chemikerberuf zurückzukehren,[407] sollte es nicht schleunigst zu einer „grundlegenden Änderung der Finanz- und Steuerpolitik"[408] kommen. Seine Androhung freilich, „unter keinen Umständen wieder ein Ministeramt übernehmen"[409] zu wollen, machte er dann doch nicht war. Damit beging er einen politisch fatalen Fehler: Er tilgte sein Drohpotenzial, damit aber ein Machtinstrument, das zum Standardrepertoire eines Berufspolitikers zählt.[410] Doch deutete sich zu diesem Zeitpunkt ohnehin ein Bruch mit der Adenauer-Regierung an, der in nicht allzu ferner Zeit zu liegen schien. Im Rückblick bemerkte Balke Ende der 1960er Jahre, der Abschied von Bonn sei ihm nicht schwer gefallen, sein Mitleid mit den Unionsparteien nehme sich angesichts deren politisch unklarer Linie begrenzt aus.[411] Was auch immer Balke zu einem Fortgang seiner politischen Karriere motivierte – schon in deren Anfangszeit störte sich Balke an den Gepflogenheiten des politischen Betriebs.

---

[405] Vgl. Aktennotiz Balkes vom 04.09.1951, in: ACDP, NL Balke, I-175-044/4.
[406] Vgl. Parlamentarisch-Politischer Pressedienst, Informationsbrief vom 24.04.1957.
[407] Vgl. o.V.: Balke will nicht mehr, in: Telegraf, 05.05.1957; o.V.: Balke will nicht mehr Minister werden, in: Die Welt, 06.05.1957.
[408] Zitiert nach Domes 1964, S. 68.
[409] Henkels, Walter: Zivilcourage und Grütze im Kopf, in: Aachener Nachrichten, 10.08.1957.
[410] Vgl. Paris 2005, 39 f.
[411] Vgl. Brief Balke an Carstens vom 24.11.1969, in: ACDP, NL Balke, I-175-045/2.

III.VI Vom überlegenen Wissen eines Pförtners: Szene eines Scheiterns

Dies sollte jedoch noch lange nicht alles sein. Die Politik verhielt sich im Falle Balkes besonders zynisch. Obwohl sie ihn enervierte und über einen Rückzug sinnieren ließ, war es am Ende doch die Politik, die Balke den Laufpass gab – zumindest die Entscheidung über das Ende seiner Ministerzeit war dem Politikverdrossenen nicht einmal selbst vergönnt. Was genau allerdings zu Balkes unfreiwilligem Ausscheiden aus der Regierung führte, bedarf einer genaueren Untersuchung. Denn die Umstände seiner Entlassung waren reichlich kurios, ja skurril. Als Balke am 11. Dezember 1962, ziemlich genau neun Jahre nach seiner Berufung in das Bundeskabinett, am frühen Morgen wie gewohnt sein Ministerium betrat, teilte ihm der Pförtner seine abrupte Entlassung mit.[412] Der wiederum hatte diese für Balke immerhin schicksalhafte, karriereentscheidende Information im Rundfunk gehört. Einen würdeloseren Vorgang, eine größere Erniedrigung hätte man sich für einen verdienten Minister wohl kaum vorstellen können. Dies verlieh dem in den Medien ohnedies als skandalös dargestellten Vorfall eine noch viel größere Drastik.[413] Als der Kanzler die Entscheidung dann – später– auf der CDU/CSU-Fraktionssitzung offiziell verkündete, brach starke Unruhe aus. Der Fauxpas, nicht verhindert zu haben, dass die neue Ministerliste vorab an die Öffentlichkeit gelangte, versetzte die Unionsabgeordneten und Betroffenen in eine gehörige Missstimmung Adenauer gegenüber, der menschlich versagt habe.[414] Dieser freilich beteuerte seine Unschuld, die beabsichtigte Geheimhaltung der Ministerliste sei durch „eine Schweinerei vereitelt worden"[415]. Ganz besonders Balke zeigte sich über das Verhalten des Bundeskanzlers reichlich erzürnt. Kein Wunder, konnte der geschasste Minister in den Zeitungen doch nachlesen, der Kanzler glaube im Hinblick auf das neue Kabinett, „dass wir Aussicht haben, besser zu arbeiten als bisher"[416]. Dem Abschiedsempfang und dem anberaumten Abschiedsdiner blieb Balke ostentativ fern.[417] Dass Balke seine Entlassung vom Ministeriums-

---

[412] Vgl. Henkels 1963, S. 29 f.; Kempski, Hans Ulrich: Adenauer stellt sich nicht auf Abschied ein, in: Süddeutsche Zeitung, 15./16.12.1962.
[413] Vgl. o.V.: Siegfried Balke 65 Jahre alt, in: Westdeutsche Allgemeine Zeitung, 01.06.1967.
[414] Vgl. Protokoll der CDU/CSU-Fraktionssitzung vom 11.12.1962, abgedruckt in: Franz (Bearb.), Zweiter Teilband 2004, S. 489 f.
[415] Protokoll der CDU/CSU-Fraktionssitzung vom 11.12.1962, abgedruckt in: ebd., S. 494.
[416] O.V.: Minister machen beim Kanzler Abschiedsbesuche, in: Frankfurter Allgemeine Zeitung, 18.12.1962.
[417] Dies ließ Balke der Öffentlichkeit nicht über sein Abgeordnetenbüro, sondern über die Informationsstelle der bayerischen Wirtschaft mitteilen; vgl. o.V.: Balke nicht zu Adenauers

pförtner erfahren hatte, war eine in den Schreibstuben der Gazetten denkbar willkommene Anekdote, die er fortan überall lancierte, wo es ihm möglich war.

Doch eine spontane Laune Adenauers war ganz sicher nicht der ausschlaggebende Grund für Balkes erzwungenen Abgang. Zwar war der Kanzler mit Sicherheit kein Sympathisant des Seiteneinsteigers, der sich gelegentlich als unangenehmer Querkopf erwies. Einige Beispiele: Als eine Strahlenschutzverordnung beschlossen werden sollte, war es Balke, der sich weigerte, seiner Ansicht nach unzulängliche Regelungen zu treffen, nur weil sie der Regierung gerade zupass kamen. Im April 1957 fraternisierte er, wie gezeigt, mit den aufmüpfigen Atomphysikern, den „Göttinger Achtzehn", die mit ihrer berühmten „Göttinger Erklärung" öffentlich gegen die militärische Ausrichtung des atompolitischen Kurses der Bundesregierung protestierten.[418] Balke machte nie einen Hehl daraus, dass er eine ausschließlich friedliche Atomwirtschaft, nicht aber eine militärische Atomwaffenindustrie wollte.[419] Und er tat gut daran, denn dies entsprach auch der vorherrschenden Meinung in Wissenschafts- und Industriekreisen.[420] Damit allerdings positionierte er sich quer zur Atompolitik des Bundeskanzlers und vermittelte das Bild einer in sich zerstrittenen Bundesregierung. Ein Jahr später verärgerte Balke erneut den Kanzler. Weil er den Eindruck gewonnen hatte, die EURATOM unterstütze die USA in deren Bestrebung, eine monopolhafte Marktführerschaft für Reaktoranlagen im europäischen Raum zu erlangen, fiel er bei Adenauer neuerlich wegen „mangelnder Europafeindlichkeit in Misskredit"[421]. Allgemein gerieten Balke und Adenauer immer dann miteinander in Konflikt, sobald sich ein Gegensatz zwischen sachlich und politisch angemessenen Entscheidungsalternativen auftat, sich die Doktrin der Wirtschaftlichkeit gegenüber dem politischen Kalkül behaupten musste. Beispielsweise sträubte sich Balke als Atomminister gegen eine allzu enge Zusammenarbeit mit den Franzosen im Bereich der Nukleartechnik, da er

---

Empfang, in: Frankfurter Allgemeine Zeitung, 20.12.1962; vgl. auch o.V.: Balke meidet Adenauer, in: Telegraf, 20.12.1962; o.V.: Balke meidet den Bundeskanzler, in: Frankfurter Rundschau, 20.12.1962; Krones Tagebucheintrag vom 20.12.1962, in: Krone, Heinrich: Tagebücher. Zweiter Band: 1961-1966, Düsseldorf 2003, S. 133.

[418] Vgl. o.V.: Balke nimmt die Professoren in Schutz, in: Frankfurter Allgemeine Zeitung, 17.04.1957; dies wurde als Affront Adenauer gegenüber gewertet: Rupp 1980, S. 78; Weber 2004, S. 46.

[419] Vgl. Reiser, Hans: Bundesatomminister Balke: Jetzt mag ich nicht mehr, in: Die Welt, 21.03.1959.

[420] Vgl. Radkau 1983, S. 189 f.

[421] Ebd., S. 181.

III.VI Szene eines Scheiterns

befürchtete, die Bundesrepublik würde auf unfaire Weise finanziell ausgenutzt werden.[422] Adenauer freilich ging es nicht um vernachlässigbare Kosten, sondern um die Chance, an Atomwaffen zu gelangen. Hier widersprachen sich also die rationalen wirtschaftlichen Erwägungen des Seiteneinsteigers mit der außen- und verteidigungspolitischen Strategie des Regierungschefs.

Ferner war Adenauers Betragen Balke gegenüber im Übrigen gar nicht sonderlich einzigartig. Schon Balkes Vorgänger im Postministerium, Schuberth, hatte seine von Adenauer angeordnete Entlassung Tränen in die Augen getrieben.[423] Und auch sonst war der Kanzler zu rüden und unsentimentalen Brüchen in der Lage. Es gehörte zu seiner politischen Führung, in der Politik weder persönliche Feindschaften noch Freundschaften zu pflegen. In dieser Angelegenheit war Adenauer frigide, ließ so gut wie keine Duz-Bekanntschaften zu und konnte folglich umso freier von moralischen Skrupeln und sozialen Hemmungen Personen ihrer Ämter entheben, sobald sie seiner Ansicht nach ihren politischen Wert verloren hatten.[424] Der „Alte" konnte im Umgang mit unliebsam gewordenen Ministern eiskalt sein. Ludwig Erhard fasste einmal den Mut und schrieb dem Regierungschef, dass er sich den persönlichen Umgang mit seinen engsten Mitarbeitern „niemals in einer so unpersönlichen Atmosphäre"[425] vorstellen könne, wie sie zwischen Adenauer und seinen Ministern herrsche.

Dennoch: Erstens war Adenauers Einstellung gegenüber Balke womöglich gar nicht so außergewöhnlich negativ, wie dies vielfach angenommen wurde. Schließlich respektierte er dessen Sachverstand und im Grunde genommen begegnete er Namen auf der Ministerliste mit einer erstaunlichen Gleichgültigkeit, solange nur alle Konfessionen, Landsmannschaften und Parteigliederungen „versorgt" waren. Dass Adenauer dann mit indifferenten Aussprüchen à la: „Der Lemmer muss dann eben wieder rein!"[426] schnell resignierte, war keine Seltenheit. Zweitens hatte die CSU vermittels ihrer politischen Stärke innerhalb des Unionsbündnisses auch schon weit weniger wohlgelittene Minister gegen den – im Vergleich zu 1962 noch weitaus mächtigeren – Kanz-

---

[422] Vgl. ebd., S. 62.
[423] Vgl. o.V.: Die Post funktionierte nicht, in: Der Spiegel, 14.10.1953.
[424] Vgl. hierzu Bösch, Frank/Brandes, Ina: Die Vorsitzenden der CDU. Sozialisation und Führungsstil, in: Forkmann/Schlieben (Hrsg.) 2005, S. 23-63, hier S. 25.
[425] Zitiert nach Löffler 2002, S. 298.
[426] Zitiert nach Dexheimer, Wolfgang F.: Koalitionsverhandlungen in Bonn 1961, 1965, 1969. Zur Willensbildung in Parteien und Fraktionen, Bonn 1973, S. 37.

lerwillen durchsetzen können.[427] 1957 wäre Adenauer den widerspenstigen Finanzminister Fritz Schäffer, der eine strenge Hand auf die Staatskasse legte, wohl am liebsten losgeworden. Doch die CSU agierte von einer starken Position aus und der Finanzminister gehörte zu ihren Vorzeigepolitikern – Schäffer blieb und wurde eben kompromisshalber Justizminister. Hätte also in der CSU Balke irgendjemand Ende 1962 unbedingt halten wollen, so hätte Adenauer ganz gewiss keine unüberwindbare Barriere dargestellt.

Im Grunde genommen befand sich die Kanzlerschaft Adenauers sogar im Verfall, der Regierungschef war eine „lame duck", der seinen Verbleib mit Zugeständnissen an seine Kritiker und Rivalen erkaufen musste. Längst begann sich die Fraktion vom Dauerkanzler zu emanzipieren,[428] war ihm nicht mehr folgsam und nahm insbesondere – und aus Balkes Sicht ausgerechnet – bei der Kabinettsumbildung 1962 erstmals ernstzunehmenden Einfluss auf die Zusammenstellung des Ministertableaus. Ganz offen diskutierte man nun über eine „Nach-Adenauer-Zeit", an die kurz zuvor noch nicht einmal hatte gedacht werden dürfen. In den 1950er Jahren waren dem Bundeskanzler noch in majestätischer Ehrfurcht die Personalwünsche notfalls sogar an dessen Urlaubsort im Schwarzwald vorgetragen worden.[429] 1962 war daran nicht mehr zu denken. Die Verhandlungskommission war nunmehr stärker den Interessen der Fraktion als denen des Kanzlers verpflichtet. Adenauer mag in den 1950er Jahren das Kabinett personell im Alleingang bestimmt haben; 1962 war diese „Unmöglichkeit", gegen Adenauers Willen einen Minister an den Regierungstisch zu setzen, nicht mehr gegeben.[430]

Wie Augstein Balke stürzte: Amtsverlust unter gewandelten Bedingungen

Die Bedingungen, unter denen sich Balke bislang im Amt hatte halten können, hatten sich 1962 grundlegend gewandelt. Ein politisches Großereignis gab schließlich den entscheidenden Ausschlag: die „*Spiegel*"-Affäre. Sie führte im Herbst 1962 eine kritische Situation herbei, in der Balkes prekäre Machtres-

---

[427] Vgl. Mintzel 1977, S. 367 f. Zu Gesprächen zwischen Krone und Strauß sowie Adenauers Ablehnung von Schäffer vgl. die Tagebucheinträge Krones, in: Krone 1995, S. 267-271.
[428] Vgl. Dexheimer 1973, S. 28 ff.; Franz, Corinna: Die CDU/CSU-Fraktion des Deutschen Bundestages 1961-1966. Einleitung, in: dies. (Bearb.): Die CDU/CSU-Fraktion im Deutschen Bundestag. Sitzungsprotokolle 1961-1966, Erster Teilband September 1961 - Juli 1963, Düsseldorf 2004, S. XI-XCIV, hier S. LXXII u. S. LXXVII.
[429] Siehe Domes 1964, S. 54 ff.
[430] Vgl. ebd. sowie S. 89 ff.

III.VI Szene eines Scheiterns

sourcen schlagartig aufgezehrt wurden und ihre Wirkungskraft verloren. Was geschah? Alles nahm seinen Ausgang von den politischen Ambitionen eines späteren Quereinsteigers, Rudolf Augstein. Der Verleger und Journalist, der 1972 für ein kurzes Intermezzo in den Bundestag einziehen sollte, war seit Langem der leidenschaftliche Kopf einer Anti-Strauß-Presse. Obzwar ihm die politische Begabung des „FJS" imponiert haben dürfte, setzte Augstein als Gegner von Strauß' Wehrpolitik und Zweifler an dessen charakterlicher Eignung alles daran, eine Kanzlerschaft des Bajuwaren zu vereiteln. Und diese drohte umso mehr, je stärker die Erosion von Adenauers Machtposition seit dem letzten Drittel der 1950er Jahre voranschritt. Mit der Meinungs- und Informationsmacht, über die Augstein gebot, hoffte er, den Kanzler Strauß zu verhindern, versuchte er, Politik zu machen. Hierfür mobilisierte Augstein seine Hamburger *Spiegel*-Redaktion. Und Strauß – allein der Umstand seiner Bekanntschaft mit Balke zeigt dies – bot mit seinen grauzonalen Machenschaften in der Parteienfinanzierung und seiner dubiosen Patronagekultur einer spezialisierten Schar von investigativen Journalisten mehr als genug Stoff, um die Legalität vieler seiner Handlungen in Zweifel zu ziehen. Augstein, seit 1957 selbst Parteimitglied der Freidemokraten, suchte überdies die Zusammenarbeit mit der FDP, deren Spitzen mit Strauß und dessen übermütiger CSU notorisch verfeindet waren.

Und so kam es, dass der *Spiegel* den jungen Verteidigungsminister Strauß „in einer unablässigen Folge von Artikeln als Gefährdung der Demokratie und als Friedensrisiko"[431] porträtierte. Diese Medienkampagne, die Strauß öffentlich zu demontieren beabsichtigte, erreichte am 10. Oktober 1962 ihren Kulminationspunkt. In der Titelgeschichte „Bedingt abwehrbereit", in welcher der *Spiegel* am Beispiel des NATO-Manövers „Fallex 62" – die Bundeswehr hatte in dem Planspiel peinlich schlecht abgeschnitten – das politische Versagen von Strauß nachzuweisen suchte, verriet der Öffentlichkeit intime Informationen aus streng geheimen Dokumenten der Bundeswehr. Sofort ergriff Strauß, der sich von einseitig berichterstattenden Medien verfolgt sah, die Gelegenheit hinreichender Verdachtsmomente zu einer Gegenattacke.

Was folgte, war eine öffentliche Demonstration von Strauß' berüchtigter Impulsivität. Mit übertriebener Härte missbrauchte er seine staatliche Amtsmacht und veranlasste repressive Maßnahmen. Polizisten besetzten mit eilig

---

[431] Görtemaker, Manfred: Geschichte der Bundesrepublik Deutschland. Von der Gründung bis zur Gegenwart, München 1999, S. 381; vgl. ebd. allgemein S. 381-386.

herbeigeholten Durchsuchungsbefehlen die *Spiegel*-Redaktion und einige Filialbüros; der verantwortliche Redakteur Conrad Ahlers wurde in Spanien verhaftet; auch Augstein und sein Verlagsdirektor Detlev Becker wanderten ins Gefängnis. All dies hatte den beklemmenden Anschein einer unterdrückerischen Verhaftungsaktion des wilhelminischen Kaiserreichs gegen prominente Führer der Sozialdemokratie. In der Tat stammten die brisanten Materialien, die Augstein in einem Safe verwahrte, von einem Bundeswehroffizier, der sich für eine ausgebliebene Beförderung hatte revanchieren wollen. Die Preisgabe delikaten Wissens aus dem Arkanbereich der Bundeswehr bot im Schlagabtausch zwischen Strauß und Augstein ein geeignetes Ventil für die erlittene Karrierefrustration des Offiziers. Wie sich noch zeigen wird, stürzte Oberst Alfred Martin damit auch den Atomminister Balke. Denn Strauß ging aus dem Konflikt als Verlierer hervor. Er hatte mit seinen Entscheidungen eine Eskalation zu einem symbolischen Stellvertreterkonflikt zwischen Presse(-Freiheit) und Staat bewirkt. Seine Anordnungen gerieten zu einem historisch markanten Präzedenzfall eines energischen Vorgehens der staatlichen Exekutive gegen die Medien. Monatelang brandeten aus den westdeutschen Zeitungen und auch der Bevölkerung Wellen der Empörung. Zeitgenossen konnten Zeugen eines beachtlichen Verteidigungsreflexes der öffentlichen Meinung werden. Und in den *Spiegel*-Büros frohlockten die Redakteure. Denn Strauß „Berserkerwut" trieb die Auflagen in ungekannte Höhen und war „unbezahlbar für das Blatt".[432] Juristisch wandte sich Strauß aus der heiklen Angelegenheit heraus. Doch die FDP ergriff nun vor dem Hintergrund einer entsetzten Öffentlichkeit ihrerseits die Gelegenheit, das für überfällig befundene Ende von Adenauers Kanzlerschaft endlich herbeizuführen und Bonn in eine Regierungskrise zu stürzen. Mit Pauken und Trompeten zog sie ihre Minister aus dem Kabinett ab; der freidemokratische Parteichef Erich Mende verlautbarte den sofortigen Rücktritt von Strauß als Junktim für eine Fortsetzung der Koalition. Adenauer, der „Alte", ließ sich jedoch nicht von dem Putschversuch der Liberalen irritieren. Ein letztes Mal spielte er sie aus. Mit einem Grad an Geheimhaltung, der im Falle des Auffliegens für die Öffentlichkeit gerade noch glaubhaft genug sein würde, entsandte er Unterhändler – den Wohnungsbauminister Paul Lücke und den CSU-Abgeordneten Baron Karl Theodor Freiherr v. u. z. Guttenberg – in die Fraktionsgemächer der SPD, zu Herbert Wehner. Dort sondierten sie, einige Jahre vor der ersten „Großen Koalition", ein Bündnis zwischen

---

[432] Gaus, Günter: Widersprüche. Erinnerungen eines linken Konservativen, Berlin 2005, S. 286.

III.VI Szene eines Scheiterns 137

„Schwarzen" und „Roten". Die FDP musste kleinbeigeben, drohte ein solcher Zusammenschluss von Union und SPD doch ultimativ, die kleinen Parteien mit der Einführung eines Mehrheitswahlrechts zu erledigen.

Auf die Macht der CSU wirkte sich die „*Spiegel*"-Affäre unterschiedlich aus. Obwohl sie im Anschluss an den Skandal aus der Landtagswahl in Bayern gestärkt hervorgegangen war, befand sie sich auf der Bundesebene in einer Position der Schwäche.[433] Weder war die Partei in der Lage, den überführten Delinquenten Strauß im Amt, noch das Verteidigungs- und Atomressort zu halten. Nun gab die FDP, die inzwischen zu einem gefragten Koalitionspartner emporgestiegen war, den Ton an. Sie nutzte ihre neu erlangte Stellung konsequent, um sich an den Bayern für die ungezählten Demütigungen zu revanchieren, die sie in der Vergangenheit erlitten hatte. Die CSU musste teuer bezahlen, für die beiden verlorenen Ressorts erhielt sie im Ausgleich lediglich das Schatz- und Bundesratsministerium. Hinsichtlich Durchsetzungskraft und Drohpotenzial war die Stellung der CSU in der Verhandlungskommission, welche zur Bildung einer Koalition mit den Liberalen formiert worden war, mit jener früherer Zeiten, jeweils in den Tagen und Wochen nach den Bundestagswahlen 1953, 1957 und 1961, nun nicht mehr zu vergleichen. Noch im September 1961 hatte Strauß in der Verhandlungsdelegation der Unionsparteien ohne Probleme einen Platz neben Adenauer beanspruchen können und war als einer der schlagkräftigsten Unionsemissäre in den Vorstandsdebatten zu Wort gekommen.[434] Ganz zu schweigen davon, dass die CSU als Hauptverursacherin der „*Spiegel*"-Affäre schon rein prinzipiell in die Defensive gedrängt worden war. Dieser Effekt wurde durch die außergewöhnliche Stärke der FDP intensiviert. Analog zur darniederliegenden CSU befanden sich die Freidemokraten im Aufwind. Die Liberalen hatten 1961 mit 12,8 Prozent ihr historisch bestes Ergebnis bei einer Bundestagswahl errungen – erst 2009 konnte sie mit 14,6 Prozent diesen Rekord einstellen. Das freidemokratische Selbstvertrauen schien hernach – ebenfalls wie nach dem Wahlerfolg 2009 – keine Grenzen mehr zu kennen. In den Koalitionsverhandlungen forderte sie prompt fünf Mi-

---

[433] Vgl. Schröder, Dieter: Der Kulissenkampf um Franz Josef Strauß, in: Süddeutsche Zeitung, 16.11.1962. Zur „Spiegel"-Affäre und der damit verbundenen Neubildung des Kabinetts vgl. Köhler 1994, S. 1157-1183; Merseburger, Peter: Rudolf Augstein. Biographie, München 2007, S. 224-289.

[434] Vgl. CDU/CSU-Fraktionsvorstandssitzung vom 27.10.1961, abgedruckt in: Franz, Zweiter Teilband 2004, S. 69; Tagebucheinträge vom 19. und 21.09.1961, abgedruckt in: Krone 1995, S. 531 f. sowie vom 05.10.1961, S. 538.

nisterien.[435] Kein Wunder daher, dass die CSU-Landesgruppe die 1962er Kabinettsformierung als „den ersten Rückschlag"[436] seit 1949 empfand.

Kampf den mediterranen Pipelines in Bayern: Übermächtige Gegner

Es ist außerdem wahrscheinlich, dass die CSU-Repräsentanten in der Verhandlungskommission am Ende doch Balke den Gegebenheiten opferten – nicht zuletzt aus egoistischen Motiven. Was der Unionsabgeordnete Heinrich Aigner als „Schönheitsfehler" herunterspielte, war jedenfalls auffällig: Fast alle Mitglieder der Verhandlungskommission ergatterten sich am Ende einen Platz im neuen Kabinett.[437] Schon der dereinst geschasste Schuberth hatte geklagt, in seinem Fall sei der Widerstand an der schwächsten Stelle gesucht worden, da zunächst alle anderen, für die Zukunft bedeutungsvolleren Kandidaten – vor allem Schäffer und Strauß – mit Kabinettsplätzen hätten versorgt werden müssen.[438] Einer der neuen Profiteure, Werner Dollinger, war dafür bekannt, „forsch und rücksichtslos insbesondere mit älteren Landesgruppenmitgliedern"[439] – zu denen Balke mittlerweile zählte – umzuspringen. Die Verhandlungskommission stand ganz allgemein im Dienst der Fraktion und bedachte daher zuallererst jüngere, aufstrebende, innerhalb der Fraktion vernetzte Personen mit den begehrten Kabinettsposten.

Und da es sich ferner erstmals in der Geschichte der Bundesrepublik um ein Kabinettsrevirement handelte, das innerhalb der laufenden Legislaturperiode vorgenommen werden musste, galt es, die Angelegenheit möglichst zügig, also unter erheblichem öffentlichen Zeitdruck zu bewältigen.[440] Die Unionisten gestanden den Freidemokraten viel zu, um der Öffentlichkeit schleunigst wieder eine intakte Regierung präsentieren zu können. Höchstwahrscheinlich entstand das Bundesforschungsministerium, das trotz Balkes intensiver Bemühungen nur ein Jahr zuvor schließlich noch nicht in das Kabinettsrepertoire

---

[435] Vgl. Tagebucheintrag vom 21.10.1961, abgedruckt in: Krone 1995, S. 546 f.
[436] Zitiert nach Franz 2004, S. XXIX.
[437] Vgl. CDU/CSU-Fraktionssitzung vom 11.12.1962, abgedruckt in: Franz, Zweiter Teilband 2004, S. 465.
[438] Vgl. o.V.: „Ehlers forderte meinen Kopf", in: Frankfurter Allgemeine Zeitung, 01.12.1953.
[439] Weber 2004, S. 37.
[440] Vgl. Adenauer, der um das Kapital der Zuverlässigkeit und Kontinuität von Bonner Regierungen bangte, in: o.V.: Wer geht ins Kabinett?, in: Frankfurter Allgemeine Zeitung, 11.12.1962. Auch Krone notierte, die Kabinettsbildung müsse unbedingt vor der Weihnachtszeit zum Abschluss gebracht sein, vgl. Krones Tagebucheintrag vom 07.12.1962, in: Krone 2003, S. 129.

III.VI Szene eines Scheiterns

aufgenommen worden war, aus einer Kurzschlussreaktion – einem „Entschluss in letzter Minute"[441], der selbst für Parteigrößen der CDU überraschend erfolgte. Man erkaufte sich kurzfristig mit einem attraktiven Ressort die Gunst der FDP; die langfristig weitaus wichtigere Variable, das Ministerium mit einer fähigen Person zu besetzen, interessierte dabei weniger.

Des Weiteren versuchten Adenauer und dessen engster Berater Heinrich Krone, das neue Kabinett mit ihrer Meinung nach zuverlässigen Charakteren zu bestücken, sodass es für die Kanzlerschaft Erhards, die nunmehr durch Adenauers verbindliche Rücktrittsbereitschaft ultimativ drohte, gewappnet sein würde.[442] Denn Adenauer und Krone trauten dem beliebten Volkshelden und beleibten Bonvivant Erhard nichts zu, weswegen sie personalpolitische Schadensbegrenzung betrieben. Hierunter fielen Namen wie Heck, Barzel, Dollinger oder Lücke – nicht aber Balke, der den beiden als unsicherer Kantonist und schlechter Politiker galt. Der Kanzler verdeutlichte diesen Standpunkt auf einer Fraktionssitzung unmissverständlich: Mitglieder der Bundesregierung müssten sich eben nicht nur „für dieses Ministerium eignen, sie müssen auch politisch denken und fühlen"[443] können. Kurzum: Die Konstellation, in der die Kabinettsliste verhandelt wurde, fiel in fast allen Belangen zu Balkes Nachteil aus.

Erschwerend kam hinzu, dass sich Balke mächtigen Gegnern gegenüber sah, die das Ende seiner Ministerschaft herbeisehnten. Da war zum Beispiel die zuletzt erstarkte nordrhein-westfälische CDU. Sie plante schon seit Längerem, das Gewicht der CSU zu ihren Gunsten zu dezimieren.[444] Übrigens war es die NRW-CDU, deren Mandanten die Ruhrkohlefirmen waren, die sich in Bonn gegen die bayerische Wirtschaftspolitik und deren energiepolitisch nach Autarkie strebenden Chemieunternehmen stellte,[445] damit aber auch den Atomminister Balke ins Visier genommen hatte. Ihm haftete der Ruf an, mit dem forcierten Aufbau einer Atomwirtschaft vornehmlich bayerische Strukturpolitik betrieben zu haben. In der Tat hatten Balke und Strauß dem bayerischen Land mit staatlichen Aufträgen und Bundesmitteln zu einer Hightech-

---

[441] Stamm 1981, S. 246.
[442] Vgl. hierzu CDU/CSU-Fraktionssitzung vom 07.12.1962, abgedruckt in: Franz, Zweiter Teilband 2004, S. 483; Krones Tagebucheintrag vom 09.12.1962, in: Krone 2003, S. 130.
[443] Protokoll der CDU/CSU-Fraktionssitzung vom 11.12.1962, abgedruckt in: Franz, Zweiter Teilband 2004, S. 490 f.; Krone vermerkte trocken, „Balke fehlt der politische Sinn"; Krone 1995, S. 525.
[444] Vgl. Information Nr. 138, Exclusiv-Informationen aus Politik-Wirtschaft-Kultur, 7. Jg. o.D.
[445] Vgl. für diesen Aspekt Mintzel 1977, S. 257 ff.; Weber 2001, S. 110-113.

Infrastruktur verholfen. Die „Starfighter" und anderes Gerät der Bundeswehr montierten bayerische Firmen; wichtige Forschungsstätten kamen nach Bayern. Balke empfanden die außerhalb Bayerns tätigen Unionspolitiker als Störenfried, der sich in einen schwelenden Konflikt einmischte und dessen Ministerium unter der Führung eines CSU-Politikers als Bedrohung angesehen wurde. Denn während die CSU-geführte Landesregierung des Freistaats den Bau von Pipelines zum Mittelmeer vorantrieb, um große Raffinerien anzusiedeln, unterstützte die Bundesregierung die abstiegsbedrohten Kohleregionen Nordrhein-Westfalens. Vor allem die nordrhein-westfälischen Energieversorger machten ihren Einfluss im Kanzleramt geltend und versuchten, Balke der träumerischen Atom-Utopie zu überführen, ihn bei Adenauer als irrsinnigen Fantasten zu diskreditieren.[446] In den späten 1950er Jahren hatte Balke sich einen weiteren Feind gemacht, der über großen Einfluss verfügte. Der Atomminister Balke hatte den sozialdemokratischen Staatssekretär im nordrhein-westfälischen Wirtschafts- und Verkehrsministerium, Leo Brandt, der zugleich sein Stellvertreter im Vorsitz der Atomkommission war, gegen Attacken aus rheinischen Wirtschaftskreisen in Schutz genommen.[447] Diese standen allerdings unter der Führung des Kölner CDU-Oberstadtdirektors Max Adenauer – dem Sohn des Bundeskanzlers. Außerdem nahm in der Unions-Verhandlungskommission der Westfale Josef Hermann Dufhues eine zentrale Position ein und war von dort aus imstande, die Wiederernennung Balkes zu verhindern.[448] Insgesamt wünschten sich die Christdemokraten, dem wachsenden Selbstvertrauen ihrer kleinen Schwester Einhalt zu gebieten. Balke aber galt als schwächster Punkt der CSU, ihn würde man am leichtesten loswerden.[449]

Der Proporz gab, der Proporz nahm: Opfergabe für die Koalition

Was man gemeinhin als Ironie der Geschichte zu bezeichnen pflegt, widerfuhr Balke. Denn erneut war es der Proporz, der den entscheidenden Impuls gab, der über Balkes politische Karriere richtete. Nach Strauß' Abgang hätte die CSU-Ministergruppe konfessionell zur einen Hälfte aus Katholiken, zur ande-

---

[446] Vgl. Radkau 1983, S. 121 ff.
[447] Vgl. hierzu den Parlamentarisch-Politischen Pressedienst vom 25.07.1958.
[448] Siehe o.V.: Das neue Kabinett gewinnt Gestalt, in: Süddeutsche Zeitung, 10.12.1962.
[449] Vgl. Parlamentarisch-Politischer Pressedienst, Informationsbrief vom 31.08.1960.

ren aus Protestanten bestanden, wodurch die Unter- in eine eklatante Überrepräsentanz der evangelischen Bevölkerungsteile umgeschlagen wäre. Die alte Relation von einem Protestanten und drei Katholiken galt es aber unter allen Umständen zu bewahren – immer noch befand man sich parteienhistorisch im Zeitalter der Proporze. Deshalb rückte der katholisch getaufte Alois Niederalt für Balke in das christlich-soziale Ministerkontingent nach,[450] weshalb Balke in den Medien auch folgerichtig als Opfer eines „parteiinternen Koalitionsproporz[es]"[451] ausgemacht wurde. Fachliche Gründe spielten dagegen keinerlei Rolle. Niederalt besaß keine sonderlich herausragende Kompetenz, die ihn für ein Ministeramt qualifiziert hätte. Der „Loisl" war lediglich ein aufgrund seiner Konfession gerade zufällig passender Reservist aus dem CSU-Führungskader gewesen, der wie Balke der CSU sehr spät (1953) beigetreten war und von seiner Berufung erst in letzter Sekunde erfahren hatte.[452] Der direkte Amtsnachfolger Balkes hingegen, Hans Lenz, war studierter Philologe, der einst einen Verlag für wissenschaftliche Publikationen gegründet hatte.[453] In der FDP-Fraktion war er ebenso wie in der Partei zum Vize aufgestiegen und galt unter den Abgeordneten wegen seiner Vermittlerrolle als „Klimaanlage". Dies genügte als Qualifikation, um für das soeben in den Koalitionsverhandlungen erworbene, vom Atom- zum Wissenschaftsministerium aufgewertete Ressort in Frage zu kommen. Zumal sich die Aufgabenstellung des Ministers kaum veränderte und somit ebenfalls keinen Personalwechsel rechtfertigte: Eine umfassende Kompetenzerweiterung des Ressorts scheiterte nämlich an diversen Widerständen. Sofort zeigten sich in den Staatskanzleien der Länder föderalistische Reflexe, die sich gegen eine vermeintliche Okkupation von kultusministeriellen Zuständigkeiten durch die Bundesregierung, eine Domänenverletzung, wehrten. Auch der Bundesinnenminister Hermann Höcherl verweigerte kategorisch die Abtretung von Teilen seines Ressorts für das neue Ministerium.[454] All dies hätte Balke im Übrigen auch nur frustriert; fast schon konnte er über seinen vorzeitigen Abtritt froh sein. Denn das neue Ministerium gebot nicht über die nötigen „Handlungsinstrumente", um „erfolgreiche politi-

---

[450] Vgl. o.V.: Minister Lenz will die Arbeit von Balke fortsetzen, in: Frankfurter Allgemeine Zeitung, 20.12.1962; Reiser, Hans: Zwei weißblaue Bundesminister, in: Süddeutsche Zeitung, 13.12.1962.
[451] Thilenius, Richard: Regierung im Übergang, in: Süddeutsche Zeitung, 13.12.1962.
[452] Vgl. Henkels 1963, S. 229 f.
[453] Zu Lenz vgl. ebd., S. 191 ff.
[454] Vgl. Leonhardt, Rudolf Walter: Was erwarten wir vom neuen Wissenschaftsminister?, in: Die Zeit, 21.12.1962.

sche Steuerung zu betreiben"[455] und die Vorgänge in der Wissenschaft abzustimmen, wie es Balke vorgeschwebt hatte. Wie das Atom- kam auch das Wissenschaftsministerium nicht weit über die Funktion eines passiven Mäzens hinaus, der pünktlich den Empfänger verzückende Geldbeträge überwies.

In dieser Querele schimmert im Übrigen der Vorzug von Balkes politischem Scheitern durch. Durch seine Entlassung entging er etlichen Problemen, die seinen Ruf als insgesamt tadellosen Minister aller Wahrscheinlichkeit nach gehörig ramponiert hätten. Als das Atom- zu einem Forschungsministerium erweitert wurde, mochte dies Balke aufgrund seines persönlichen Verlangens zutiefst deprimieren, doch hatte sich das politische Klima inzwischen längst gewandelt. Die Industrie drängte auf handfeste Entwicklungsmaßnahmen, um endlich „industriell relevante Erfahrungen zu sammeln"[456]. Man befürchtete „Bildung zu Lasten von Forschung"[457]. Im Grunde widersprach Lenz' Ministerium somit den Interessen der Wirtschaft, zum Teil auch der Kernforschung, die nun kein eigenes Regierungsressort mehr wert zu sein schien. Zudem hatten sich Balke in den letzten Monaten seiner Ministerschaft Widerstände gerade aus den großen Wissenschaftsorganisationen offenbart, die insbesondere für einen Forschungsminister eine konfliktreiche Zukunft verhießen. DFG und MPG widersetzten sich schon 1961 Balkes Absicht, das Atom- zu einem Forschungsministerium auszuweiten. Auch die Kompetenzzuweisung für die Raumfahrtforschung zog die Opposition von DFG und Westdeutscher Rektorenkonferenz nach sich, die „eine innere Zerstörung der garantierten Hochschul-Einheit präformieren"[458] würde. Die Wissenschaft wollte eben passiv alimentiert und nicht von einem Ministerium angeleitet und in Konkurrenz herausgefordert werden. Es waren nicht zuletzt resolute Wissenschaftsorganisatoren – politische Wissenschaftler mithin –, die alles dafür taten, ihre Autonomie gegenüber dem Staat zu behaupten. Der Ausbau des beschränkten Atom- zu einem umfassenden Forschungsministerium bedeutete folglich eben auch einen erheblich vergrößerten Kreis seiner Gegner.

---

[455] Stucke 1993, S. 259.
[456] Radkau 1983, S. 203.
[457] Zitiert nach ebd.
[458] Zitiert nach ebd., S. 206; vgl. auch Stucke 1993, S. 60.

III.VI Szene eines Scheiterns

Die Vertreibung Wilhelm v. Humboldts aus der Politik: Politische Ratio

Sachliche Gründe, das wurde insbesondere in der Öffentlichkeit vermerkt, hatten augenscheinlich nicht den Sturz des Ministers herbeigeführt. Gerade im Vergleich zu seinen Kabinettskollegen hatte Balke sogar in seinen letzten Amtsjahren den Eindruck anstandsloser Leistung hinterlassen.[459] Es waren andere gewesen, die in der Kritik gestanden hatten. So der in der Bevölkerung beliebte Wirtschaftsminister Ludwig Erhard, dessen Ministerium Entscheidungen mit Vorliebe ohne Rücksprache mit der Fraktion traf und der zu den daraus erwachsenden Kontroversen gerne einfach schwieg; oder der Außenminister Heinrich v. Brentano, der wichtige personelle Umstellungspläne seines Ministeriums nicht mit der Fraktion besprach; alsdann der Justizminister Fritz Schäffer, der eigenmächtig mit DDR-Emissären Gespräche führte; und am stärksten der Familienminister Franz-Josef Wuermeling, der sich in der Kindergeldfrage für Kompromisse unzugänglich zeigte. All diese gestandenen Politiker und mehrjährigen Kabinettsmitglieder zogen den Zorn der Fraktionsmitglieder beziehungsweise der Fraktionsführung auf sich, isolierten sich kurzzeitig oder gerieten in starken programmatischen Gegensatz zur offiziellen Fraktionslinie. Weniger jedoch Balke. Auch ernste Zwistigkeiten mit Ministerkollegen, wie sie sich etwa regelmäßig und erbittert zwischen Erhard und Lübke, Wuermeling und Etzel oder Schröder und Lemmer ereigneten, sind von Balke nicht bekannt geworden. Jedenfalls: Was die Legislaturperiode 1957 bis 1961 anbelangt, blieben Balke Rügen des Bundeskanzlers oder der Fraktionsführung weitgehend erspart. Des Weiteren überwogen in der Presseberichterstattung jene Artikel, die Balkes politische Arbeit lobten. Im Vorfeld der Kabinettsbildung rechneten die politischen Auguren in Bonn fest mit dem Ausscheiden diverser Minister, unter ihnen Strauß, Wuermeling, Starke oder v. Merkatz – nie aber Balke.[460]

So aber wurde Balkes Abschied aus der Regierung nicht als Scheitern interpretiert, sondern als Fehlleistung der Politik, einen geeigneten Kandidaten für die Ausübung von Regierungsämtern aus sachlich unerfindlichen Gründen

---

[459] Zum Folgenden siehe Schiffers 2004, S. LX-LXIV.
[460] Siehe o.V.: Adenauer wird im Herbst 1963 zurücktreten. Wieder Koalition mit den Freien Demokraten, in: Süddeutsche Zeitung, 08./09.12.1962; o.V.: Das neue Kabinett gewinnt Gestalt, in: Süddeutsche Zeitung, 10.12.1962.

– aus rein politischem Kalkül – leichtfertig fallengelassen zu haben.[461] Stets war er in der Retrospektive das Opfer unerklärlicher Politikspleens wie dem „Konfessionshandel"[462], würdigten die Kommentatoren seine politischen Entscheidungen als zukunftsweisend und ersprießlich, erschien sein plötzliches Ausscheiden aus dem Kabinett in eklatantem Widerspruch zu seiner politischen Leistung als Bundesminister. Das Ende von Balkes Ministerschaft war weniger sein eigenes Scheitern als vielmehr das Adenauers, der sich in den Augen der medialen Kommentatoren wahlweise „beschämend"[463] oder „wenig taktvoll"[464] betragen hatte.

Der Umgang mit Balke zeichnet daher kein besonders angenehmes Bild von der Realität professioneller Politik und ihrer Praktiken. Das Beispiel Balkes taugte vielmehr zur Bestätigung der klischeehaften Vorstellungen von Politik – aufgefasst als eine unsachgemäße, primär an eigentümlichen Prioritäten wie der Proporzbalance und egoistischen Machtmotiven einzelner Akteure orientierte, dem situativen Gebot taktischer Kalküle statt sachlicher Erfordernis folgende Tätigkeit. Bedauernd klang die Folgerung, Balke sei eben zu sehr als Fachmann und zu wenig in der Parteipolitik engagiert gewesen, um sich dauerhaft einen Kabinettsplatz sichern zu können.[465] Überdies wurde in der Presse Adenauers ebenso unbarmherziger wie lakonisch vorgetragener Kommentar bekannt, dass Koalitionsverhandlungen eben „stets Kompromisse, die nicht nach allen Seiten hin voll befriedigen könnten"[466], erforderten.

Schon Balkes – primär konfessionsbedingte – Berufung hatte allerdings Skepsis wachgerufen, sodass zu beiden Zeitpunkten, dem Ein- und Austritt Balkes im Kabinett, der Eindruck von den politischen Rekrutierungsmustern negativ war. Mal diente Balke der CSU als Statussymbol ihrer Autonomie, mal war seine Personalie Instrument des Proporzes. Nie aber schien er eigenständig über seine Position, den Verlauf seiner politischen Karriere bestimmen zu können.

---

[461] Siehe hierfür exemplarisch Laupsien, Hermann: Eine Persönlichkeit – stets dem Gemeinwohl verpflichtet, in: Handelsblatt, 11.12.1969. Balkes Entlassung wurde zumeist auf die Konflikte zwischen ihm und Adenauer zurückgeführt, nicht aber auf seine mangelnde Eignung.
[462] O.V.: Minister Lenz will die Arbeit von Balke fortsetzen, in: Frankfurter Allgemeine Zeitung, 20.12.1962.
[463] O.V.: Im Dienste technischen und sozialen Fortschritts, in: Handelsblatt, 31.05.1967.
[464] Raegener, Karl Heinrich: Prof. Dr. Siegfried Balke – der Repräsentant der Arbeitgeber, S. 4, Textwiedergabe nach einer Tonbandaufnahme vom 31.10.1969, in: ACDP, NL Balke, I-175-001/2.
[465] Vgl. ebd.
[466] O.V.: Balke meidet den Bundeskanzler, in: Frankfurter Rundschau, 20.12.1962.

III.VI Szene eines Scheiterns

Dennoch: Die Presse feierte ihn als aufrichtigen Märtyrer und empörte sich über den scheinbar unanständigen „Bonner Stil".[467] Gar zum „Humboldt unserer Zeit" empor gehoben, beweinte mancher Journalist Balkes Rausschmiss verständnislos wie die fahrlässige Vertreibung eines segensreichen Heilands – „Warum musste Balke gehen? Weil der Koalitionsproporz verlangte, dass sein Ministerium mit einem FDP-Mann besetzt wird!".[468] Dabei war es immerzu Balke gewesen, sobald über den Kandidaten eines eventuellen Wissenschaftsministerium spekuliert wurde.[469] Öffentlich stellte sich die Frage, ob Parteien überhaupt Sachverstand schätzten und weshalb sie dann Balke „wie einen lästigen Außenseiter" davongejagt hätten.[470] In den Schreibstuben der Politikressorts wertete man den Fall Balke als einen schlagenden Beweis für die Unzugänglichkeit der politischen Kaste für Experten aus Wirtschaft und Wissenschaft. Denn Balke schien für das neue Ministerium aufgrund seiner beruflichen Herkunft wie kein Anderer qualifiziert zu sein. Seine Reden und Texte bezeugten seine geistige Eignung für die Leitung eines Wissenschafts- bzw. Forschungsministeriums. So problematisierte er das Verhältnis von technischer Automatisierung und menschlicher Arbeit, indem er über die Verantwortung des Ingenieurs philosophierte, der „Europas Zukunft" nicht an „die brutale Gewalt seelenloser Roboter ausliefern" solle.[471] Er empfahl sich mit seiner Reife, wusste er doch tiefsinnig über die Zwiespältigkeit der Technik, das Problem einer „industrialisierten Welt, die durch den Missbrauch der Technik in akute Lebensgefahr gebracht" würde, zu räsonieren und stellte die „Frage nach dem sittlich verantwortlichen Handeln des Menschen".[472]

Es gibt nicht viele Seiteneinsteiger, die im Moment ihres Scheiterns von den Medien derart verteidigt wurden. Für gewöhnlich sind es sogar journalistische Kommentare, die den Sturz von Quereinsteigern gehörig beschleunigen, indem sie akribisch deren Mängel und Fehltritte dokumentieren und sie als politische Versager stigmatisieren. Nicht so im Fall Siegfried Balkes. Er genoss eine anhaltend hohe Wertschätzung seitens der politischen Beobachter, der

---

[467] Vgl. Henkels 1963, S. 29 f.; Korrekturabzug eines Lebenslaufs für den *Arbeitgeber*, in: ACDP, NL Balke, I-175-003/2, S. 2.
[468] Leonhardt, Rudolf Walter: Was erwarten wir vom neuen Wissenschaftsminister?, in: Die Zeit, 21.12.1962.
[469] Siehe o.V.: Bundesregierung (Rubrik Bonn), in: Der Spiegel, 24.08.1960.
[470] Siehe o.V.: Lehren aus dem Fall Balke, in: Frankfurter Allgemeine Zeitung, 04.01.1963.
[471] Raegener, Karl Heinrich: Prof. Dr. Siegfried Balke – der Repräsentant der Arbeitgeber, S. 6, Textwiedergabe nach einer Tonbandaufnahme vom 31.10.1969, in: ACDP, NL Balke, I-175-001/2.
[472] Balke 1958, S. 8.

wichtigsten Juroren der Öffentlichkeit. Hier erregte sich die Journalistenzunft über das Auswahlverfahren der politischen Elite, über den erschreckenden Primat des Proporzdenkens. Doch was Außenstehenden unvernünftig, mitunter gar verrückt erscheint, kann in der Politik ungleich rationaler sein. Für Adenauer zählte am Ende einzig und allein eine in den Kategorien Konfession, Landesverbands- und Parteizugehörigkeit ausgewogene Ministerliste. In dieser gewiss eigenwilligen, aber politiktypischen Ratio waren Aspekte wie die fachliche Eignung oder die politische Leistungsfähigkeit nun einmal zweitrangige Kriterien.

Sicher, all das war bitter. Doch kannte damals – und hat auch noch heute – die Politik eben ihre eigenen Werte und Normen, Regularien, Verhaltenskodizes, Erfolgsraster und insbesondere eine individuelle Vernunftmäßigkeit. Positionserwerb und Leistungsprämie sind für politische Laien schwer durchschaubar, muten ihnen unvernünftig, wenn nicht sogar verrückt an und geraten dadurch auch ein Stück weit autistisch. Dennoch gewährleisten sie – verblüffender Weise – bis zu einem bestimmten Grad einen funktionierenden Ablauf von Politik. Politik auszuüben und zu verstehen, erfordert deshalb Toleranz, Verständnisbereitschaft und Expertise. Doch ist die Kenntnis ihrer Entscheidungs- und Prozesskultur in der Bevölkerung nicht sonderlich weit verbreitet, herrschen realitätsferne Vorstellungen in den Köpfen der Bürger, der Wähler mithin, die der Politik einen negativen Leumund, ja bisweilen Spott und Verachtung eintragen. Der Eklat um Balkes Sturz ist in einem solchen Zusammenhang zu sehen.

Der ausgebootete Held im Bundestag: Ausklang einer politischen Karriere

Allerdings ging die Demission als Bundesminister nicht mit einem völligen Polit-Exitus Balkes einher und geriet auch keinesfalls fundamental. Die offene Desavouierung ließ Balke sogar fast schon wieder gestärkt aus der Situation hervortreten. Erstens wurde seine Entlassung von verschiedenen Seiten negativ aufgefasst. In seinem Büro türmten sich rund 2.000 Sympathie bekundende Zuschriften. Der Presse war er ein von skrupellosen Politikern misshandelter Held. Und auch die Münchner Parteibasis stellte sich solidarisch hinter den so unwürdig Geschiedenen.[473] Als lokaler CSU-Vorsitzender verlangte Bürgermeister Georg Brauchle von Adenauer per Telegramm eine schriftliche Stellungnahme. Sogar in der Bundestagsfraktion wurden Stimmen laut, die den Abgang eines ob seiner Expertise allseits geachteten Sachverständigen beklagten. Die Abgeordnete Geisendörfer sprach ihr Bedauern aus, dass die beispiellose Fachkenntnis Balkes und dessen ausgesprochen hohes Ansehen im Ausland der Fraktion wohl offenbar zu wenig bekannt gewesen seien. Carlo Schmid – als Seiteneinsteiger, obgleich in den Diensten des politischen Gegners SPD stehend, zu besonderem Mitgefühl befähigt – beanstandete das Verhalten Adenauers, echauffierte sich, Balke sei von diesem „ausgebootet"[474] worden.

Zweitens schien man einen verdienten Politiker, der sich alles in allem tadellos bewährt hatte und dennoch stillos entlassen worden war, irgendwie besänftigen zu müssen. Daher blieb Balke für die CSU auch weiterhin Abgeordneter des Deutschen Bundestages, bis er 1969 auf eine erneute Kandidatur freiwillig verzichtete.[475] Daneben machte die CSU-Landesgruppe von ihrem „besonderen Vorschlagsrecht"[476] innerhalb der gemeinsamen Unionsfraktion Gebrauch und verschaffte Balke Zugang zu diesem Führungsgremium.[477] Strauß-Gegner brachten Balke 1963 sogar als CSU-Vorsitzenden ins Gespräch.[478]

---

[473] Siehe o.V.: CSU protestiert bei Adenauer wegen Entlassung Balkes, in: Deutsche Zeitung, 11.12.1962; Protokoll der CDU/CSU-Fraktionssitzung vom 11.12.1962, abgedruckt in: Franz, Zweiter Teilband 2004, S. 494.
[474] Zitiert nach o.V.: „An einem Kanzleramt soll man nicht deuteln", in: Frankfurter Allgemeine Zeitung, 19.12.1962.
[475] Vgl. o.V.: Balke will nicht mehr kandidieren, in: Süddeutsche Zeitung, 18.09.1967.
[476] Vgl. Dexheimer 1972, S. 308.
[477] Auffällig ist, dass Balke dabei anscheinend im Gefolge Strauß' blieb, da dieser zur selben Zeit stellvertretender Fraktionsvorsitzender wurde und beide auch 1965 aus dem Fraktionsvorstand gleichzeitig wieder ausschieden; vgl. Franz 2004, S. XXXVI ff.
[478] Vgl. o.V. Strauß-Nachfolge, in: Der Spiegel, 06.03.1963.

IV. Seiteneinsteiger in der Politik

IV.1 Ein verfahrenes Verfahren: Gesteigerte statt gelinderte Politikverdrossenheit

Politikverdrossenheit ist regelmäßig in aller Munde und war zum Teil schon etliche Jahrhunderte vor Christi Geburt unter Gelehrten Thema leidenschaftlicher Diskussionen. Eine oft genannte Ursache für die Unzufriedenheit der Bürger ist deren mangelndes Verständnis für die tatsächliche Funktionsweise von demokratischer Politik.[479] In extremen Fällen verleitet das „Schaugepränge der Macht" dazu, „deren Inhaber mit übermenschlichen Qualitäten auszustatten".[480] Das gängigste Beispiel hierfür ist wohl das des Bundeskanzlers, der entgegen zunächst plausibler Vorstellungen nicht nach eigenem Gusto regieren kann, dessen mutmaßliche Machtvollkommenheit Ergebnis überschätzter Autorität ist. Er mag zwar an der Spitze des Kabinetts stehen, auch über eine verfassungsmäßig garantierte Richtlinienkompetenz verfügen, doch ist er durch etliche Restriktionen in seinem Handlungs-, präziser: Herrschaftsspielraum stark eingeschränkt. Es sind die berüchtigten „Vetospieler", die einem deutschen Kanzler in der Bundesrepublik das politische Leben schwer machen. Bundesverfassungsgericht, Partei, Fraktion, Koalitionspartner etc.: Im Grunde ließe sich eher fragen, wie überhaupt politische Führung in einem solchermaßen eingekreisten Raum stattfinden soll? Jedenfalls: Vieles deutet darauf hin, dass das Urteil wahlberechtigter Bürger in der Mehrheit falschen Vorstellungen von den Möglichkeiten politischer Führung und den Abläufen von Politik unterliegt, infolgedessen aber auch falsche Erwartungen gehegt werden, die angesichts der wirklichen Verhältnisse fast nur enttäuscht werden können.

Siegfried Balke ist dafür ein beredtes Beispiel – für die Gefahr steigender Politikverdrossenheit aufgrund unverstandener Politikmechanismen und über-

---

[479] Vgl. beispielsweise Bartels, Hans-Peter: Wider die Politikverachtung, in: Spiegel Online, 09.12.2006, online einsehbar unter: http://www.spiegel.de/politik/deutschland/0,1518,452552,00.html [eingesehen am 08.12.2008]; Mishra, Robin: Das falsche Helfersyndrom, in: Berliner Republik, H. 4/2009, S. 16 ff.; Patzelt, Werner J.: Verdrossen sind die Ahnungslosen, in: Die Zeit, 22.02.2001.

[480] Tuchman, Barbara: Die Torheit der Regierenden. Von Troja bis Vietnam, Frankfurt am Main 2006, S. 36.

höhter Maßstäbe. Denn: Augenscheinlich hatte er als Bundesminister alles richtig gemacht, hatte sich – zumindest im Vergleich mit seinen Kabinettskollegen – nichts zuschulden kommen lassen, im Gegenteil sogar eine passable Bilanz abgeliefert. Und dennoch musste er unfreiwillig aus dem Amt scheiden, wurde er von Adenauer entlassen und durch einen Mann ersetzt, der keinerlei Eignung für seine neue Funktion vorzuweisen schien. In den Medien war Balkes Protest vernehmbar; ostentativ blieb er anschließend jeden Treffen mit Adenauer fern – sein Zorn war offenkundig. In rückblickenden Bemerkungen zu seiner Zeit als Minister kam er zu dem Schluss, dass man „die gesamte Verfahrenstechnik von Regierung und Parlament einmal prüfen" sollte, denn wenn „ein Verfahren dann auch noch verfahren wird, dann ist da meistens irgendjemand schuld daran, der es nicht beherrscht".[481] Auch so mancher politischer Kommentator besang entrüstet und traurig die Demission Balkes. Und zumindest aus der journalistischen Berichterstattung ging, wie gezeigt, eindeutig hervor, dass Balkes Rausschmiss nichts, aber auch rein gar nichts mit seiner Leistung als Minister zu tun hatte. Zumal Politikerleistungen mitunter anhand der Erfüllung bürgerlicher Verantwortungswerte beurteilt werden und sich an sie häufig die Erwartung extraordinärer Leistungen richtet.[482] In der Tendenz konnte Balke gerade innerhalb dieser Kategorien passable Resultate vorzeigen und damit seine Position als Angehöriger der politischen Elite plausibel begründen. Proporze mussten eingehalten, Machtansprüchen Mächtiger Genüge getan werden. Dies musste freilich bei Außenstehenden unvermeidlich auf Unverständnis stoßen, lieferte neuen Stoff für Stammtischtiraden gegen „die" Politiker und deren Machenschaften. An Siegfried Balkes politischer Karriere als Seiteneinsteiger lässt sich beispielhaft eine Variante zeigen, wie sich die Politik bei ihren Adressaten, den Bürgern, selbstverschuldet diskreditieren, wie sich eine Abwertung professioneller Politik und ihrer typischen Akteure einstellen kann.

Und dennoch scheiterte Balke doch auch wegen seiner politischen Leistung. Zwar ist damit nicht seine inhaltliche, amtsführende gemeint, jedoch seine genuin politische. Denn Balke sicherte seine politische Karriere unzureichend ab. Er verließ sich auf die Unterstützung seines Mentors – Strauß –, statt sich um anderweitigen Schutz zu kümmern; er bemühte sich zum Beispiel

---

[481] Zitiert nach Wessel, Kurt/Brüggemann, Felix (Interview mit Siegfried Balke): Die Wirtschaft von heute bedarf der Technik von übermorgen, in: Münchner Merkur, 24./25.09.1966.
[482] Vgl. Hacke, Jens: Die Bundesrepublik als Idee. Zur Legitimationsbedürftigkeit politischer Ordnung, Hamburg 2009, S. 110.

nicht ausreichend um neue Agenten seiner Interessen oder um parallele Positionen und Funktionen. Er hebelte keine potenziellen Konkurrenten im Vorfeld der Postenvergabe aus; er schuf sich keine Loyalität unter seinen Fraktionskollegen. Dieses politische Handwerk beherrschte Balke ganz und gar nicht – wollte dies auch überhaupt nicht. So jemand aber ließ sich im rechten Moment schnell beiseiteschieben. Unversehens hatten andere CSU-Politiker Balkes Platz eingenommen, war er von unsichtbaren Rivalen ausgebootet worden. Die Ressourcen, die ihn einst ins Amt gebracht hatten – seine Stellung als Spendenportier, seine Konfession oder sein Status als gleichsam charismatischer Exot –, waren zwischenzeitlich wertlos geworden. Und neue hatte er bis dahin nicht erschlossen. Wie Personen, die außerhalb der gesetzlichen Sozialversicherung stehen oder deren Statuswunsch von den Versicherungsleistungen nicht erfüllt werden kann, müssen Berufspolitiker eigeninitiativ private Vorsorge treffen.

Vom Zorn Napoleons auf die Politik: Der Fall Werner Marnette

An dieser Stelle bietet sich ein Exkurs mit einem relativ aktuellen Fall an. Werner Marnette, der in dreizehnjähriger Tätigkeit als Vorstandschef der „Norddeutschen Affinierie AG" der Wirtschaftselite angehört hatte, wechselte im Sommer 2008 als Wirtschafts-, Wissenschafts- und Verkehrsminister in die schleswig-holsteinische Regierung des CDU-Ministerpräsidenten Peter Harry Carstensen. Dort hielt er es allerdings weniger als ein Jahr aus, ehe er der Politik spektakulär wieder den Rücken kehrte. Was war geschehen? Die „HSH Nordbank" war pleite; doch statt das Institut nach betriebswirtschaftlicher Vernunft zu schließen, setzte der Ministerpräsident auf die Sanierung. Offiziell begründete Marnette seine Demission mit den eklatanten Fehlern, welche die Landesregierung in dieser Angelegenheit seiner Auffassung nach begangen habe. Sein Abtritt geriet dabei weniger zu seinem eigenen Imageschaden als zu dem der Politik. In Talkshows empörte sich Marnette über eine verantwortungslose „Vertuschungspolitik des Ministerpräsidenten"[483]. Nachrichtenagenturen diktierte er verdrossen, seine „Warnungen und Handlungsempfehlungen"

---

[483] Zitiert nach Buß, Christian: Politiker, wie hältst du's mit der Wahrheit?, in: Spiegel Online, 07.08.2009, online einsehbar unter: http://www.spiegel.de/kultur/tv/0,1518,641022,00.html [eingesehen am 15.01.2010].

seien „zu keinem Zeitpunkt berücksichtigt worden";[484] er wolle nicht an dem „schlechten und unprofessionellen"[485] Krisenmanagement teilhaben, mit dem sich die Regierung blamiere. Damit aber redete er der Öffentlichkeit ein, aus Protest gegen eine rationalen Argumenten unzugängliche Kaste die Konsequenz gezogen zu haben.

Marnette scheiterte als Politiker, weil er im Vergleich zu den Polithaudegen aus dem Kabinett eine andere Rationalität auf das Problem anwendete, nicht akzeptierte, dass ein Minister innerhalb einer Regierung nur über eingeschränkte Entscheidungsbefugnisse gebietet und sich der Kabinettsräson zu beugen hat. Als ein Mann, der mehrere Jahrzehnte lang Führungspositionen in der freien Wirtschaft eingenommen hatte, verinnerlichte er nicht mehr die gänzlich andere Logik der politischen Sphäre. Als „Napoleon von der Veddel", der in der Wahrnehmung der Öffentlichkeit aus einem regionalen Unternehmen „Europas größte Kupferhütte" gemacht hatte, besaß er ein zu großes Selbstvertrauen und war ein Maß an Autorität gewöhnt, das zu seinem Rang in der Politik ungleichwertig war.[486] Die übermächtige Prägung seiner Ausgangsdisziplin, der Wirtschaft, verhinderte seine Assimilation als Politiker. Auch nach seinem Ausflug in die Politik hatte Marnette deren Funktionsmechanismen nicht recht begriffen: Weiterhin vertrat er die Ansicht, mit wachsender Anzahl von politisch tätigen Experten, letztlich dem Impuls unbestechlichen Wissens also, ginge automatisch eine Kompetenzsteigerung der Politik einher. Mit dieser Sichtweise verkannte Marnette, dass in der Politik Dinge nicht zwangsläufig durch die sachlich korrekte Argumentation, sondern durch demokratische Verfahren – die Beschaffung von Stimmmehrheiten – entschieden werden. Er war gleichermaßen bestürzt wie naiv: Hatte der Manager doch allen Ernstes geglaubt, dass „die beiden Landesregierungen rational an die Sache herangegangen wären"[487]. Man konnte ihn geradezu die Hände über dem Kopf zusammenschlagen hören, ob der Verzweiflung, dass niemand zu merken schien, wie Carstensen zum Zwecke seines Wahlsiegs über das wahre Ausmaß

---

[484] Zitiert nach o.V.: Kieler Wirtschaftsminister Marnette zurückgetreten, in: Berliner Zeitung, 30.03.2009.
[485] Zitiert nach o.V.: „Ein Starrkopf bleibt sich treu". Werner Marnette wirft in Kiel hin, in: Börsen-Zeitung, 31.03.2009; zum Folgenden siehe auch Knödler, Gernot: Marnette platzt der Kragen, in: die tageszeitung, 31.03.2009.
[486] Christen, Ulf/Schade, Oliver: Marnette soll Wirtschaftsminister werden, in: Hamburger Abendblatt, 28.06.2008.
[487] Zitiert nach Balzli, Beat/Hammerstein, Konstantin v./Latsch, Gunther: „Das ist ein Wahnsystem", in: Der Spiegel, 06.04.2009.

der Tragödie um die bankrotte „Nordbank" hinwegtäuschte. So nahm der Quereinstieg des politischen Amateurs Werner Marnette sein Ende: Die Öffentlichkeit musste das Bild eines redlich regierenden Ministers gewinnen, dessen überlegene Expertise Entscheidungen nahelegte, derer sich ignorante Berufspolitiker wechselweise arrogant und wider das Kollektivwohl der Bürger in beinahe krimineller Pflichtvergessenheit verschlossen, und der ungeachtet seines politischen Karriereendes aus moralisch vorbildlichem Verantwortungsbewusstsein sein Amt niederlegte. Marnette inszenierte sich als ein Mann, der als „kantig und konsequent" aus dem trüben Einerlei der Politikermasse heraussticht, der jedoch erleben musste, dass in der Politik „klare Worte aber oft zu Zündstoff"[488] werden, wie etliche Wirtschaftsgazetten bedauerten. Am Ende war – wie im Falle Balkes – der Politik-diskreditierende Eindruck erweckt worden, Politiker hätten sich gegen unübertroffenen Sachverstand auf Kosten der Entscheidungsqualität unbelehrbar abgeschottet.

High Potentials auf Abwegen: Das besondere Leistungssystem der Politik

In der Sichtweise Außenstehender verloren hier Männer ihr politisches Amt, obwohl sie darin Tüchtigkeit bewiesen oder Geradlinigkeit demonstriert hatten. Natürlich: In einem System, das Leistung und nicht Herkunft honoriert, wirkt dies absurd, politikverdrießlich. Zumal Seiteneinsteiger Personen sind, die ja in einem anderen Tätigkeitsbereich ihr elitewürdiges Leistungsvermögen bereits bewiesen haben. Wie gesagt: Diese Perspektive ignoriert, dass in der Politik zwei Kanäle individueller Leistung existieren, durch die sich der Status eines Politikers legitimiert: Politiker müssen sich sowohl mit inhaltlichen Resultaten in der „policy" bewähren – mit tauglichen Konzepten, Zuversicht stiftenden Visionen oder vortrefflichen Ideen –, als auch in den „politics", dem politischen Prozess etwa der Mehrheitsorganisation für eigene Anliegen – dem verschlagenen Doppelspiel, der bedenkenlosen Kabale, der taktischen Lüge –, auszeichnen. Einem Politiker wird abverlangt, seine Qualitäten gleichermaßen inhaltlich wie prozedural zur Geltung zu bringen. Damit nicht genug, entscheiden manchmal auch Faktoren über den Fortgang einer politischen Karriere, die von der Person kaum oder nur schwerlich beeinflussbar sind, die man in soziologischer Terminologie als „askriptiv" bezeichnen würde: Alter, Geschlecht

---

[488] O.V.: Gewinner / Verlierer, in: Börse Online, 02.04.2009.

oder Herkunft zum Beispiel. In Balkes Fall waren dies die Parteizugehörigkeit und die Konfession. Was ganz normal ist und zum Wesenskern der parlamentarischen Demokratie der Bundesrepublik gehört, folglich eine genuine Rationalität darstellt, wirkt auf den verständnislosen Betrachter freilich befremdlich und irrational, glaubt dieser doch an einen direkten Zusammenhang zwischen fachlicher Leistung und Amtsverbleib.

Die Vorstellung, es müsse in der Politik einen zwingenden Zusammenhang zwischen Leistung und Erfolg geben, ist uralt. In der Gesellschaft des antiken Griechenlands unterschied den Menschen ein „leidenschaftliches Verlangen nach Ehre und Lob" von anderen Lebewesen. Darauf gründete sich das „Aristie" genannte Ideal einer sozialen Positionsvergabe nach den Resultaten ständigen Leistungsbeweises, dem sich die rechtlich vollwertigen Angehörigen der griechischen „polis"-Staaten verpflichtet betrachteten.[489] Rang und Status innerhalb einer aristokratischen Gemeinschaft, die zu verbessern ein normatives Richtmaß war, ergaben sich aus dem Resultat der persönlichen Anstrengung für das Gemeinwesen. Den nachweislich Besten sollten auch die höchsten Hierarchieplätze vergönnt sein, ein andauernder Trieb nach Ehrgewinn war die Konsequenz.

In der Menschheitsgeschichte strebten politische Systeme immer wieder nach geeigneten Methoden, das nachweislich beste Personal für die Elitepositionen zu rekrutieren.[490] Das politische System der Bundesrepublik hingegen erweckt lediglich den Eindruck, als könnten sich prinzipiell die „Besten" durchsetzen, als würde der tatkräftigste Minister, der die sinnvollsten Entscheidungen trifft und Maßnahmen anweist, seine Position auch fürderhin behalten können. Doch so ist es nicht. Im politischen Wettbewerb setzen sich – zumindest *auch* – die Hinterlistigsten, Intrigenbewandertsten und Skrupellosesten durch, deren Erfolg allerdings zunächst nur deren Karriere, nicht aber automatisch auch der Gesellschaft zugutekommt. Gesellschaftsdienliche Entscheidungen gehen in der allgemeinwohlorientierten Politik allerdings keineswegs mit Amts- und Statusstabilität einher.

---

[489] Vgl. Stahl, Michael: Gesellschaft und Staat bei den Griechen: Archaische Zeit, Paderborn u.a. 2003, S. 45-48.

[490] Vgl. Patzelt, Werner J.: Parlamentarische Rekrutierung und Sozialisation. Normative Erwägungen, empirische Befunde und praktische Empfehlungen – aus deutscher Sicht, in: Burkert-Dottolo, Günther R./Moser, Bernhard (Hrsg.): Professionsnormen für Politiker, Wien 1998, S. 47-92, hier S. 48 ff.

Das Schicksal, das Balke so tragikomisch widerfuhr, musste Personen, die außerhalb der Politik standen, abschreckend erscheinen und die Politik als wenig erstrebenswerte Karriereoption diskreditieren. Der Verlauf politischer Karrieren wie die Balkes muss die von Parteien begehrten „High Potentials" – talentierte und ambitionierte Nachwuchskräfte für die Regeneration des politischen Elitepersonals – geradewegs verschrecken und der freien Wirtschaft oder dem öffentlichen Dienst zutreiben.[491]

Seiteneinsteiger in der Politik: Was Balke mit Pompeius gemeinsam hatte

Balke scheiterte. Marnette scheiterte. Eigentlich scheiterten unzählige Quereinsteiger. Gewiss muss man für diese Feststellung kein fleißiger Statistiker sein. Erstaunlich ist, wie regelmäßig und schnell doch immer wieder außerpolitische Sieger zu innerpolitischen Verlierern werden. Schon seit jeher sahen sich Quereinsteiger mit der Schwierigkeit konfrontiert, den in ihrem Herkunftsbereich erworbenen Rangplatz in der Politik zu konservieren und zu behaupten. Dies lässt sich schon in der Antike beobachten: Persönlichkeiten, die außerhalb der Politik extraordinäre Leistungen gezeigt hatten, dabei zu öffentlichem Heldentum gelangt waren, versagten in der Politik. Ihnen misslang der Transfer ihrer Macht und ihres Prestiges, sie zerbrachen an der Statusdiskrepanz zwischen der Autorität, die sie in ihrem Herkunftsfeld – damals meist dem Militär – ausgeübt hatten, und derjenigen, über die sie nunmehr in der Politik geboten. Die ruhmreichen und schier unbesiegbaren, jeder noch so unüberwindlich anmutenden Herausforderung trotzenden Armeeführer taugten lediglich zu drittklassigen Politikern. Dies zeigt das Beispiel des Marius, einem siebenmaligen Konsul, der „Sieger im Jugurthinischen Krieg, der Retter des Vaterlandes vor den nordischen Barbaren"[492] war. Diesem lebenden Mythos widerfuhr durch den Gang in die Politik, die eine senatorische Elite zu einer eigenständigen Profession gemacht hatte, der Verlust seiner militärisch errungenen Ressourcen. Man kann sich vorstellen, mit welchen Frustrationen dies für einen solch prominenten und erfolgsverwöhnten Mann verbunden gewesen sein muss. Der unübertroffene General Marius erlebte, wie „seine gegen

---

[491] Vgl. auch Schmergal, Cornelia: Ist "Politiker" noch ein Traumberuf für Eliten? Die mühsame Suche der Parteien nach geeignetem Nachwuchs, in: Rotary Magazin, Jg. 59 (2009) H. 9, S. 39 ff., hier S. 41.
[492] Vogt 1926, S. 19.

die Numider und die Kimbern und Teutonen errungenen Siegeslorbeeren in dem rauhen Klima der stadtrömischen Politik verwelkt[en]"[493]. Pompeius, ein anderer Feldherr, der mit einer außergewöhnlichen Organisations- und Strategiegabe gleichfalls eine unablässige Serie von unheilvollen Bedrohungen abwendete – er vernichtete abtrünnige Armeen, beseitigte eine Seeräuberplage, unterband Expansionsgelüste fremder Herrscher und kümmerte sich sogar um die städtische Nahrungsmittelversorgung – und der wie kaum ein Anderer die ihm zugefallene Macht durch Leistung rechtfertigte, versagte als Politiker kläglich – an der „Unkenntnis der innenpolitischen und sozialen Strukturen im Senat selbst, der ‚parlamentarischen' Realität"[494]. Pompeius' Fall ist quereinsteigertypisch: Es handelte sich bei ihm um einen Mann, der „viele Jahre hindurch als Oberbefehlshaber allein entschieden hatte, dessen Willen und Entscheidungen sofort vollstreckt worden waren", dem im „senatorischen Mikrokosmos" jedoch „Regeln und Finessen, das Spiel der Faktionen, ihre Intrigen, Fallen, Falschheit und Médisance nicht vertraut waren".[495] In der römischen Republik war der militärische Ruhm, den man sich über Kriegszüge erwarb und mit dem man sich als Mehrer und Beschützer des Reichs auswies, ein Elixier für die politische Karriere. Pompeius, der glänzende Siege errungen, aufständische Klientelfürsten gebeugt, ganze Völker niedergezwungen und neue Provinzen gewonnen hatte, besaß allem Anschein nach beste Voraussetzungen, ja er war sogar konkurrenzlos, um für lange Zeit zu einer großen politischen Führungsfigur des römischen Imperiums aufzusteigen. Aber nichts dergleichen geschah. Siegfried Balke war promovierter Naturwissenschaftler im Professorenstand, intimer Kenner der chemischen Industrie und begeisterter Anhänger neuer Technologien. Damit erfüllte er alle erdenklichen Kriterien, die man bei einem erfolgreichen Minister für Atomfragen ansetzen würde. Doch auch in seinem Fall standen die späteren Ergebnisse in keinem angemessenen Verhältnis zu seinem anfänglichen Potenzial.

Politische Quereinsteiger – ob Pompeius oder Balke – scheitern an der Beschränktheit der Bereichselite: Was sie in Militär oder Wirtschaft zuwege gebracht hatten, blieben sie in der Politik schuldig. Es erweist sich allzu häufig als eine Illusion, zu glauben, politikextern einberufene Persönlichkeiten könnten innerhalb der Politik gleichwertige Leistungen vollbringen und damit dem

---

[493] Jehne, Martin: Caesar, München 2008, S. 10.
[494] Christ, Karl: Pompeius. Der Feldherr Roms. Eine Biographie, München 2004, S. 216.
[495] Ebd., S. 101.

herkömmlichen politischen Personal einen Qualitätsschub verabreichen. Ihre politische Rangstufe leitete sich von ihren Leistungen in nichtpolitischen Sektoren ab; mit den dort gezeigten Fähigkeiten und angewendeten Praktiken allein wären sie in der Politik allerdings nicht weit gekommen, hätten es nicht auf die Ebene ihres Seiteneinstiegs geschafft.

IV.II Der Exot und das Enigma:
Politische Kompetenzen am Beispiel Balkes

Politiker zu sein, ist keineswegs einfach. Es ist eine anspruchsvolle Berufstätigkeit, der man nicht mit beliebigen Qualifikationen genügen kann. Vielmehr erfordert sie essenzielle Fertigkeiten. So die Kommunikationskompetenz, die hier allerdings nur eingeschränkt betrachtet werden soll, da weitläufige Abwesenheit von Fernsehgeräten in den Wohnzimmern der Deutschen zu Balkes Zeit noch keine Telegenität erforderte; Balke bewies seine Fähigkeit in der Bewältigung der Standardprozedur eines Wahlkampfs, wie sie sich im Grunde auch heute noch abspielt. Die Medien goutierten seine persönliche Art, die Liebenswürdigkeit seines Charakters und den unaufdringlichen Nachweis seines Sachverstands. Es gab fast niemanden, der über Balke abwertende Sätze verfasste, gar seine Befähigung für die politische Führung seiner Ministerien in Zweifel zog. Sein Status als Seiteneinsteiger wirkte fortwährend positiv: Einerseits leitete man aus seinem vorpolitisch erworbenen Wissen eine angemessene Befähigung für die Ausübung seiner Funktionen ab; andererseits schrieb man ihm vorschneller als professionellen Politikern, die sogar als Kontrastfolie dienten, moralisch bewundernswerte Eigenschaften wie edelmütige Zivilcourage und fachmännische Sachorientierung zu. Balke wurde attestiert, sich nicht egoistisch um seine Karriere zu scheren, sondern altruistisch dem Gemeinwohl zu dienen.

Balkes Kooperations- Integrations- und Machtkompetenzen hingegen waren ungenügend. Statt die Mechanismen der Politik zu lernen und sich zweckmäßige Fertigkeiten anzueignen, verwarf er solche als Pathologien einer irregeleiteten Zunft, denen er sich keinesfalls fügen wollte. Für die mühevolle und langwierige Aushandlung seiner politischen Ziele und Maßnahmen in einem „interministeriellen Ausschuss" brachte er kein Verständnis auf, fehlte ihm ein elefantöses Beharrungsvermögen. Auch wollte er sich partout nicht mit dem Aufbau einer Hausmacht oder der Pflege eines Netzwerks beschäftigen. In der Politik wiegt derlei allerdings mindestens genauso viel wie die penible Aneignung von Fachwissen und die sorgfältige Konzeption eines Maßnahmenkatalogs. „Netzwerke, eine Hausmacht und loyale Vertraute aber waren in der deutschen Parteiendemokratie konstant wichtig […]", nichts Geringeres als eine „allfällige Schlüsselfähigkeit gleichermaßen von emporstrebenden Aufstei-

IV.II Politische Kompetenzen am Beispiel Balkes

gern wie bereits etablierten politischen Anführern".[496] Im Kanzleramt beargwöhnten Adenauer und Krone den merkwürdigen Seiteneinsteiger Balke, weil dieser sich ausdrücklich in Abgrenzung zu „den" Politikern gerierte, störrisch die Akzeptanz politischer Denkweise verweigerte und sich auch keiner Kabinettsdisziplin beugen wollte. Auf sie wirkte er wie ein Querulant, Idealist und Naivling – ein Wissenschaftler und Manager eben, aber kein Politiker.

Dass in der Politik stärker als irgendwo sonst formal geklärte Hierarchien und Entscheidungsbefugnisse informell missbilligt und herausgefordert, dadurch aber verteidigt werden mussten; dass vernunftgemäße, allem Anschein nach funktionstaugliche Maßnahmen in der Politik auch einmal nicht getroffen werden, weil sie situativen Machtkalkülen, ureigenen politischen Strategien geopfert werden; dass man nicht mit offen ausgetragenen Argumenten, sondern mit heimlich geschmiedeten Allianzen Mehrheiten gewinnt; dass man seine Zeit nicht vollständig der bestmöglichen Verrichtung seiner Pflichten als Minister widmen kann, sondern sie auf davon gelöste Aufgaben wie Mehrheitsgewinn, Bündnisschluss oder Rivalitätsaustragung, allgemein: auf Machtkämpfe verwenden muss – dies alles war Balke unverständlich, erschien ihm töricht und erregte seinen Zorn über die politische Verfahrensweise. Warum auch sollte man ein als richtig erkanntes Konzept verändern, nur weil es einen Kabinettskollegen in Verlegenheit bringt oder den Interessen einer scheinbar vernachlässigbaren Minderheit zuwiderläuft? Innerhalb der politischen Kultur blieb Balke ein integrationsunwilliger Exot, auf den die dort üblichen Verfahren wechselweise enigmatisch, autistisch und korrekturbedürftig wirkten. Das Versagen in diesem Kompetenzbereich führte zum politischen Scheitern Siegfried Balkes. Indem er das Training genuin politischer Fertigkeiten vernachlässigte, blieb ihm der Zugang zu karrieresichernden Räumen verschlossen, endete seine Ministerschaft durch den Willen von Hausmächtigen und Netzwerkern.

Darüber hinaus sind die Anforderungen an politische Führung oftmals widersprüchlich. Zum einen wird von einem Politiker eine hohe Qualität seiner Entscheidungen auf Basis von solidem Fachwissen verlangt. Zum anderen bedarf erfolgreiche politische Führung in der Demokratie der Mehrheitsgewinnung – sowohl für Machterwerb und Karrieresicherung als auch zur Durchsetzung von Entscheidungen. Die wenigsten Politiker wissen beides zu verbinden: den Erwerb stupender Expertenkenntnis und die Meisterschaft im politi-

---
[496] Micus 2010, S. 287.

schen Macht- und Ränkespiel. Seiteneinsteiger, dies zeigt auch das Beispiel Balkes, neigen eher der ersteren denn der letzteren Variante zu. Es ist ein typisches Muster politischer Quereinsteiger, den Schwerpunkt auf den Sachverstand zu setzen, sich auch fürderhin auf die Bewahrung ihrer vorpolitisch gewonnenen Qualitäten zu konzentrieren, dadurch aber ihre politischen Karrieren einer größeren Instabilität als die professioneller Politiker auszusetzen.

Ein Ohr für die Intrige: Die Kraft politischer Methodenkompetenz

Seiteneinsteiger verlassen sich auf vergängliche Ressourcen wie Beliebtheit in den Medien oder Protektion durch einen Mentor. Neben medial vermittelter Popularität in der Öffentlichkeit und von einem Förderer delegierter Autorität ist im Übrigen auch der Sachverstand nicht davor gefeit, in der Situation einer gewandelten Umwelt mit veränderter Nachfrage seine vormalige Bedeutungsschwere und Wirkungskraft einzubüßen. Der Leser ahnt es an dieser Stelle wohl bereits: Es sind die politischen Seiteneinsteiger, deren zumeist statische Qualität irgendwann nicht mehr mit veränderlichen Koordinaten der politischen Kultur – der Stimmungslage unter den Wählern, dem Gemütszustand der Parteitagsdelegierten oder dem Geist der Zeit – konvergiert und die sich weniger gut gegen den Verfall bestimmter Eigenschaften imprägnieren. Sie sind „krisenanfälliger und absturzgefährdeter als Berufspolitiker"[497]. Dadurch unterliegen Seiteneinsteiger natürlich in Machtkämpfen, sind bevorzugtes Opfer von Intrigen und meistens der schwächere Rivale – mit anderen Worten: über kurz oder lang im Vergleich mit professionellen Politikern die notorischen Verlierer. Balkes Schicksal bestätigt diesen pessimistischen Befund. Sobald die politische Konjunktur umschlug – als sein Protektor Franz Josef Strauß seinerseits in eine geschwächte Position geraten war, die CSU im Allgemeinen an Stärke verloren und sich die Konkurrenz um die verknappten Posten verdichtet hatten –, war der Seiteneinsteiger Balke der erste, dessen man sich entledigte. Für eine beständigere Kabinettskarriere hatte er sich im Sinne Dietrich Herzogs unzureichend professionalisiert: einen kontinuierlichen Lernprozess inklusive eines Erkenntnisgewinns über das Innenleben von Parteien und Par-

---

[497] Ebd., S. 293.

lamenten zu vollziehen sowie sich mit Regeln und Normen des Politikbetriebs zu identifizieren.[498]

Balke beging zwei entscheidende Fehler: Erstens überschätzte er die Gültigkeit seiner konstanten Ressource, des Sachverstands; und zweitens unterschätzte er den Bedarf an weiteren statussichernden Mitteln. Er verwandte kaum Zeit auf Erwerb, Ausbau und Sicherung von Macht. Machtkompetenz ist in der Politik jedoch unverzichtbar, mindestens so wichtig wie die fachliche Eignung für ein Spezialressort wie das Atomministerium. „Die Hauptlast auch von Spitzenpolitikern", so resümierte der ehemalige Leiter des Bundeskanzleramts, Manfred Schüler, bestehe im Gegensatz zur wirtschaftlichen Führung „in den Mühen um die Herstellung von Konsens"[499]. Es ist nicht untypisch, dass in der Politik eine Aufgabe eher beiläufig im Zuge von Machterhalt erledigt wird. Wie hätte Balke auch jemals erkennen können, dass sich die Tilgung seines Namens von der Ministerliste des neuen Kabinetts bereits abzeichnet, wenn er sich kaum für die Vorgänge innerhalb der Fraktion interessierte, wenn er keine Ohren in den Abgeordnetenfluren und den Besprechungsräumen hatte, auch keine wachsamen Agenten unterhielt? Doch die Fortdauer seiner Ministerschaft entschied sich nun einmal weniger an seinen Leistungen im Bad Godesberger Atomministerium als in der Fraktions- und Parteiführung.

Balke beherrschte entscheidende Techniken der Statuseroberung und Machtsicherung nicht: Weder hatte er die Orte, an denen sich Art und Weise des Fortgangs seiner Karriere entscheiden konnten, mit Getreuen infiltriert. Noch zeigte er dort persönliche Präsenz. So etwas ist jedoch kaum zu überschätzen: Die Stärke großer Politiker bestand stets in der wachen Tatenlust, sich eiligst an Entscheidungsorte zu begeben und immer einen Blick für statussichernde Maßnahmen zu haben. Eine solche Prävention ist in der konkurrenzintensiven Politik unverzichtbar, um ein vorzeitiges Karriereaus abwenden zu können. Denn eine elementare Besonderheit der Politik gegenüber zum Beispiel der Wirtschaft besteht in der permanenten und von der Qualität getroffener Entscheidungen entkoppelten Unsicherheit des gegenwärtigen Status. Minister, die nach dem Maßstab der Güte ihrer gewählten Lösungen für Ressortaufgaben exzellent gehandelt haben, sind manchmal nicht weniger vor dem Verlust ihrer Stellung gefeit, als offensichtliche Versager, die sich für nach-

---

[498] Vgl. Herzog, Dietrich: Karrieren und politische Professionalisierung bei CDU/CSU, SPD und FDP, in: Dittberner/Ebbighausen (Hrsg.) 1973, S. 109-131, hier S. 110 f.
[499] Schüler 1989, S. 424.

weislich schlechte Alternativen entschieden haben. Wie an kaum einem anderen Ort kann man in der Politik tadelnswerte Amtsleistungen erbringen – kann man verfehlte Konzepte absegnen, sinnlose Maßnahmen anordnen oder akute Probleme ignorieren –, solange man dies nur durch Statussicherung kompensiert. Eine stattliche Anzahl loyaler Gefolgsleute, eine im richtigen Moment gehaltene Rede, die obendrein mit den geeigneten Sentenzen und Vokabeln garniert ist, eine wohl kalkulierte Attacke auf einen eigentlich unschuldigen Parteifreund – all das kann eine miserable Entscheidungsqualität in der Amtsführung aufwiegen. Statuserfolge in der Politik sind in den seltensten Fällen für Außenstehende nachvollziehbar. Zumeist gewinnt nicht das beste Konzept, sondern die beste Methode, es im politischen Entscheidungsprozess durchzusetzen – es zählt die „Methodenkompetenz"[500]. Dieser Unterschied einer zwischen Politik und anderen Gesellschaftsbereichen jeweils verschiedenartigen Rationalität und Normalität wird von Quereinsteigern wie Balke in aller Regel verkannt, eine Statusvorsorge infolgedessen unterlassen. Darin besteht ihre politische Amateurhaftigkeit.

---

[500] Wiesendahl, Elmar: Zum Tätigkeits- und Anforderungsprofil von Politikern, in: Brink, Stefan/Wolff, Heinrich Amadeus (Hrsg.): Gemeinwohl und Verantwortung, Berlin 2004, S. 167-188, hier S. 183.

V. Rückkehr in die Wirtschaft

V.1 „Cross-over" unterwegs in Politik und Wirtschaft: Eine seltene Version von Elitentransfer

Als Politiker fiel Balkes Karrierebilanz ambivalent aus. Zwar wurde er aus der Elite der staatlichen Exekutive verstoßen, behielt mit seinem Bundestagsmandat aber immerhin seinen Status als Angehöriger der Legislativelite. Seine politische Laufbahn endete erst einige Jahre nach seinem Scheitern als Minister. Zudem hatte sich Balke eine Rückkehr in seinen Herkunftsbereich nicht verbaut, hatte kein karrieristisches Vabanquespiel gewagt, in dem er die bisherigen Errungenschaften seiner beruflichen Vita sämtlich riskiert hätte. Die Existenz einer vorpolitischen Karriere entschärfte das manchmal niederschmetternde Moment des politischen Karriereaus und ersparte Balke das Schicksal eines „aus dem politischen Arbeitsmarkt ausgesiebten und für andere private Berufe verwendungsuntauglichen Erwerbslosen"[501], das manchem „Laufbahnpolitiker" droht, dessen berufliche Bindung an Wahlämter einen prekären Beruf zur Bedingung hat. Balke profitierte sogar von seinem Ausflug in die Politik. Seine politische Tätigkeit hatte sein Renommee gesteigert, sein Prestige gemehrt. Als ehemaliger Bundesminister und Universitätsprofessor war er zu einer hochangesehenen Persönlichkeit gereift, sein Wort hatte an Gewicht gewonnen, zumal er als Abgeordneter des höchsten westdeutschen Parlaments noch immer der politischen Elite der Bundesrepublik angehörte. Als Atomminister hatte er sich gegenüber Institutionen wie dem Deutschen Museum in München, das auch eine kernphysikalische Abteilung unterhielt, äußerst großzügig verhalten.[502] Solange Balke Minister war, flossen der Einrichtung einige hunderttausend Mark aus dem Ministeriumsetat zu. Auf den alljährlich stattfindenden Versammlungen war Balke jedenfalls ein willkommener Gast, der sogar Festvorträge halten durfte.[503] Mehr noch: Die Museumsleitung erkor ihn unmittelbar nach seiner Entlassung als Minister zum Nachfolger des greisen Vorsit-

---

[501] Wiesendahl, Elmar: Die Parteien auf dem Weg zu Kartellparteien?, in: Arnim, Hans-Herbert v. (Hrsg.): Adäquate Institutionen: Voraussetzungen für „gute" und bürgerliche Politik?, Berlin 1999, S. 49-73, hier S. 67.
[502] Vgl. Königsberger 2009, S. 269-273.
[503] Vgl. hier und folgend ebd., S. 54 f.

zenden Otto Meyer. Der Grund für diese Entscheidung steht beispielhaft für den überlegenen Vorzug Siegfried Balkes: Er war ein Mann, der in Wirtschaft und Politik Elitepositionen besaß und dem Anschein nach über etliche Kontakte und Beziehungen gebot. So jemand eignete sich trefflich, um für die Finanzierung des Museums Sorge zu tragen. Kurzum: Die doppelte Verankerung steigerte Balkes Attraktivität, sie verschaffte ihm in beiden Welten Vorteile.

Balkes Biographie erweckte überdies den Eindruck, als könne er, ausgestattet mit einem kombinierten Wissen beider Welten, zwischen den einander fremden Sphären Politik und Wirtschaft vermitteln.[504] Von sogenannten „Cross-over-Karrieren" verspricht sich die Politikwissenschaft sehr viel. Importierter Sachverstand, etwa aus der Wirtschaft, könne die politische Urteilskraft in dem betreffenden Bereich stärken; umgekehrt fordern beispielsweise Spitzenmanager „Einsicht in die Gesetzmäßigkeiten der Wirtschaft" als „Schlüssel auch für realistische Politik".[505] Durch die geringe Elitenrotation blieben „Innovations- und Erfahrungspotentiale" ungenutzt, die Gesellschaft wäre „schon seit langem auf eine fruchtbare Vernetzung der Disziplinen, Denkansätze und Eliten angewiesen".[506] Die Umstände, unter denen Balke scheiterte, erlauben nicht so recht, dem Urteil Peter Glotz' zu widersprechen, die deutschen Eliten kooperierten nicht miteinander, weil sie unter einem „Versäulungssyndrom" litten.[507] Gleichfalls scheint Manfred Schüler mit seiner Feststellung Recht zu behalten, dass sich in der Wirtschaft sozialisierte Führungspersonen „im politischen und administrativen Dickicht" wegen der übermächtigen „Strukturunterschiede" letztlich „verheddern".[508] Der in anderen Ländern und politischen Kulturen selbstverständliche Wechsel zwischen unterschiedlichen Elitenbereichen funktioniere im politischen System der Bundesrepublik auf Kosten der Qualität politischer Entscheidungen so gut wie gar nicht. Balkes regelrechter Rausschmiss aus dem Kabinett unterstreicht die

---

[504] Siehe Witt, Otto: Ein Wissenschaftler und Politiker, in: Stuttgarter Zeitung, 25.06.1964.
[505] Kuehnheim, Eberhard v.: Der Unternehmer im Dialog. Auszüge aus Reden, in: Dönhoff/Markl/v. Weizsäcker (Hrsg.) 1999, S. 331-404, hier S. 366.
[506] Oberreuter, Heinrich: Wie viel Elite verträgt und benötigt die Demokratie?, in: Kodalle, Klaus-M. (Hrsg.): Der Ruf nach Eliten, Würzburg 2000, S. 53-64, hier S. 58 f.
[507] Glotz, Peter: Wieviel Elite verträgt und benötigt die Demokratie? Kritische Erwägungen zur Lage der Republik, in: Kodalle, Klaus-M. (Hrsg.): Der Ruf nach Eliten, Würzburg 2000, S. 41-52.
[508] Schüler 1989, S. 433.

Abschottungstendenzen – „Mobilitäts- und Rekrutierungsbarrieren"[509] –, welche professioneller Politik innewohnen.

---

[509] Patzelt 1998, S. 77.

V.II Quereinstieg im Rückwärtssalto: An der Spitze der BDA

Nach dem Abschied aus dem Ministerium gelang Balke als Mitglied der Geschäftsführung der Meitinger „SIGRI Kohlefabrikate GmbH" der nahtlose Wiedereinstieg in die Wirtschaftselite. Doch für Balke blieb es nicht nur bei einer annehmlich lukrativen Managementposition. Im Frühjahr 1963 wählte ihn die „Bundesvereinigung der Deutschen Arbeitgeberverbände" (BDA) zu ihrem Vizepräsidenten, ein Jahr später avancierte Balke als deren Präsident gar unversehens zum Spitzenrepräsentanten der deutschen Unternehmerschaft. Balke präsidierte in einer mächtigen Organisation, die in dreizehn Landesverbänden organisiert war und der über 90.000 westdeutsche Industriebetriebe als Mitglieder angehörten.[510] Balkes direkter Amtsvorgänger, Hans-Constantin Paulssen, hatte dem BDA-Präsidentenamt zu großem Renommee verholfen, es wurde zur „sozialpolitischen Spitzengarnitur"[511] gezählt. Es war allerdings eine Ironie, dass Balke auch hier, wie einst in der Bundesregierung, bloß als Notkandidat eine „Lücke" füllte. Der Wunschkandidat seines Vorgängers Paulssen war ein anderer gewesen – der Generaldirektor der Hamburger Gummiwerke, Otto A. Friedrich –, doch hatte dieser keine Freigabe seines Arbeitgebers erhalten. Aus der Elite des Arbeitgeberlagers schien niemand Paulssens Nachfolge antreten zu wollen, neben Friedrich sagten vier weitere Manager ab.[512]

Trotzdem war Balke auch in diesem Fall nicht nur eine Verlegenheitslösung. Erstens machte ihn seine politische Karriere attraktiv. Balke verfügte über Erfahrung, Reputation und Kontakte, auch im internationalen Kontext. Er hatte in der OECD und im Ministerrat der EWG mitgearbeitet, kannte sich im europäischen Einigungsgeflecht aus, was für die exportorientierten westdeutschen Unternehmen nicht unerheblich gewesen sein dürfte. Vor allem aber besaß er qua Amt und Mandat Zugang zu politischen Entscheidungsräumen wie dem Bundestag oder dem Fraktionsvorstand der maßgeblichen Regierungsparteien. Die BDA war indes eine Organisation, die sich ständig mit wirtschafts- und sozialpolitischen Eingaben an Legislative und Exekutive wandte. Ausgerechnet in Balke sah man einen Mann, der „in der Politik zu Hause" ist, die „parteipolitische Wirklichkeit" kennt, die „Verbindung der Verbände zum

---

[510] Vgl. hier und im Folgenden o.V.: Präsident von Flick, in: Der Spiegel, 08.09.1969; Witt, Otto: Ein Wissenschaftler und Politiker, in: Stuttgarter Zeitung, 25.06.1964.
[511] Krüger, Wolfgang: Ein Mann tritt ab, in: Die Zeit, 19.06.1964.
[512] Vgl. o.V.: Chef gesucht, in: Der Spiegel, 30.01.1963.

Staat verstärkt".[513] Fritz Berg, der den zweiten großen Unternehmerverband – den BDI – führte, war zwar für seine ungehobelten Manieren und als Mann mit cholerischen Temperament berüchtigt, zugleich aber unter Adenauer ein „Stammgast im Kanzleramt" gewesen, für den der Regierungschef „immer Zeit und ein offenes Ohr" besessen hatte.[514] So jemanden begehrte man in der BDA auch. Wie bereits zu seiner Zeit als Minister verhielt sich Balke dann auch tatsächlich als Interessenpolitiker. So stimmte er gegen ein von seiner Fraktion „mit großer Einmütigkeit"[515] unterstütztes Gesetz, das abhängig Beschäftigten die Bildung privater Vermögen erleichtern sollte, weil es seiner Auffassung nach die Eigentumsbildung der Arbeitgeberseite aufhalste. Von Balke ließen sich überdies exklusive Informationen beziehen. So war er populärer Gast in den Chefetagen diverser Großunternehmen, denen er über aktuelle Entwicklungen und neueste Diskussionsstände Bericht erstatten konnte. Dass er sein Abgeordnetenbüro der Fraktion überließ und stattdessen seine Parlamentsarbeit von seinem Kölner BDA-Büro aus vorbereitete und koordinierte, sich ferner mit dem dortigen Apparat gegenüber anderen Mandatsträgern Vorteile verschaffte,[516] unterstrich Balkes persönliches Rollenverständnis als parlamentarischer Arbeitgebervertreter.

Zweitens eignete er sich aufgrund seines Sachverstands für die Führung der BDA. Denn Balke war aufgrund seines persönlichen Interesses Experte für die Technisierung des Arbeitslebens, hatte sich im privaten Studium ausgiebig mit der Gestaltung von Lebens- und Arbeitsbedingungen von Arbeitnehmern im Zeitalter der Automation auseinandergesetzt.[517] Die BDA erkor mit Balke einen Mann zu ihrem Präsidenten, der sich mit diesem erstrangigen Gesellschaftsthema vorzüglich auskannte. Schon seit Längerem, den 1950er Jahren, sah man einem „neu heraufkommende[n] Menschentyp", dem „Arbeiteringenieur" entgegen.[518] Mensch und Technik schienen – „kybernetisch", wie man nun sagte – in eine qualitativ völlig neue Beziehung zu treten. Visionäre sahen

---

[513] Witt, Otto: Ein Wissenschaftler und Politiker, in: Stuttgarter Zeitung, 25.06.1964.
[514] Grunenberg, Nina: Die Wundertäter. Netzwerke der deutschen Wirtschaft 1942 bis 1966, München 2007, S. 124.
[515] Protokoll der CDU/CSU-Fraktionssitzung vom 04.05.1965, abgedruckt in: Franz, Zweiter Teilband 2004, S. 1453.
[516] Siehe Raegener, Karl Heinrich: Prof. Dr. Siegfried Balke – der Repräsentant der Arbeitgeber, S. 3, Textwiedergabe nach einer Tonbandaufnahme vom 31.10.1969, in: ACDP, NL Balke, I-175-001/2.
[517] Siehe Angaben über die sozialpolitische Tätigkeit von Siegfried Balke vom 07.01.1974, in: ebd., I-175-001/1, S. 1 f.
[518] Zitiert nach Schildt 1995, S. 428.

vor ihrem geistige Auge die langersehnte Befreiung des proletarischen Fabrikarbeiters durch die segensreiche Kraft des Roboters – die später tatsächlich für reichlich Arbeitslosigkeit sorgte.

Drittens versprach er vieles fortzusetzen, was den populären Paulssen ausgezeichnet hatte.[519] Balke zeigte Bereitschaft zum sachdienlichen Kompromiss, besaß grundsätzlichen Willen zur Zusammenarbeit mit den Gewerkschaften, die er im Übrigen als gesellschaftlich wichtige Mittler akzeptierte. Denn obwohl auch Balke als Lobbyist stets bestrebt war, den politischen Einfluss der Gewerkschaften so gering wie irgend möglich zu halten, respektierte er jedoch deren Nützlichkeit. Balke anerkannte den gewerkschaftlichen Beitrag zur Herstellung und Erhaltung des sozialen Friedens; mit ihnen ließen sich die Forderungen der Arbeitnehmer zentral verhandeln und verlässliche Vereinbarungen treffen. Balke selbst war als „Mann des fairen Interessenausgleichs"[520] bekannt. Mit seinem Präsidium wollte er „Schutträumung" betreiben, den Tarifverhandlungen ihre ideologische Schärfe nehmen, da weltanschauliche Verbohrtheit seiner Auffassung nach niemandem etwas nützte, sachliche Verständigung hingegen schon. Balke passte in das technokratische Klima seiner Zeit sehr gut. Auf sozialdemokratischer Seite – dort also, wo etliche Planungseuphoriker anzutreffen waren – versprach man sich von ihm einen sachlich-wissenschaftlichen Stil, fernab jeglicher klassenkämpferischer Polemik, eine „Versachlichung der sozialpolitischen Diskussion"[521]. Balkes Amtsantritt wurde somit von Kräften begrüßt, deren politischer Einfluss gerade im Wachstum begriffen war. Die Politik schenkte gewerkschaftlichen Befindlichkeiten immer häufiger Gehör; und die Sozialdemokraten traten 1966 unter dem neuen Bundeskanzler Kurt Georg Kiesinger sensationell in eine Regierungskoalition mit der Union ein.

Die BDA trachtete keineswegs nach einer fundamentalen Schwächung gewerkschaftlicher Organisation; dies galt eher schon als vorsintflutlich. Paulssens Interpretation der Rolle des Arbeitgeberpräsidenten war die eines Repräsentanten, der sich mit seinem Kontrahenten, den Gewerkschaften, zwar im sozialpolitischen Konflikt befindet, ihm aber nicht mit einer unversöhnli-

---

[519] Vgl hierfür Krüger, Wolfgang: Die Waffe in der Hand der Gewerkschaften, in: Die Zeit, 08.12.1961; ders.: Ein Mann tritt ab, in: Die Zeit, 19.06.1964; o.V.: Im Dienste technischen und sozialen Fortschritts, in: Handelsblatt, 31.05.1967.

[520] O.V.: Mann des Ausgleichs, in: Unternehmerbrief des Deutschen Industrieinstituts, 01.06.1967.

[521] Siehe Goße, Heinz-Peter: Balkes große Chance, in: Vorwärts, 01.07.1964.

chen Haltung entgegentritt. Obzwar er die BDA-Mitglieder gelegentlich zu einer härteren Verhandlungspraxis gegenüber den Gewerkschaftern gemahnte, Listen mit Forderungen herumschickte, die in jedem Fall abzulehnen seien, störten sich die Hardliner unter den Arbeitgebern an seiner prinzipiellen Kooperations- und Kompromissbereitschaft. Es gab sogar Zirkel, die den weitaus gewerkschaftsskeptischeren Fritz Berg in Personalunion von BDI- und BDA-Chef sehen wollten.[522] Diejenigen, die schon Paulssens Kurs nicht goutiert hatten, die sich einen Mann wie Hanns Martin Schleyer wünschten – einen streitseligen Zampano, der auch mal, ohne mit der Wimper zu zucken, streikende Arbeitnehmer kurzerhand von der Arbeit aussperrt –, würden Balke ebenfalls nicht mögen. Paulssen indes hatte sich als Protagonist sozialpartnerschaftlicher Aushandlung und versachlichter Diskussion profiliert. Insoweit passte Balke zwar auf die tarifpolitische Situation, in der Gewerkschaften ein mächtiger Faktor waren, musste jedoch ein Bedürfnis nach drakonischerer Härte gewärtigen.

Balke als Arbeitgeberpräsident: Mit Plisch und Plum inmitten der Mifrifi

Mit der Personalie Balke modernisierte sich die Repräsentanz des Arbeitgeberlagers in dreierlei Hinsicht. Paulssen hatte zwar einer zeitgemäßen, gewerkschaftsfreundlichen Einstellung zum Durchbruch verholfen, doch gehörte er aus Sicht eines neuentstandenen politischen Systems biographisch und mental der Vergangenheit an – ganz abgesehen davon, dass er sich bereits in seinem 73. Lebensjahr befand, Balke hingegen eine ganze Dekade jünger war. Paulssen war noch im 19. Jahrhundert zur Welt gekommen, hatte seine Sozialisation im wilhelminischen Kaiserreich erfahren, hatte im Ersten Weltkrieg als nationalistisch begeisterter Freiwilliger patriotische Opferbereitschaft gezeigt und als Träger des Eisernen Kreuzes Erster Klasse militärische Tapferkeit bewiesen, war in den Wirren der Nachkriegszeit als Führer eines Freikorps in Breslau eingerückt und hatte unter der Herrschaft der Nationalsozialisten als „Wehrwirtschaftsführer" das Prinzip von „Führer" und „Gefolgschaft" praktiziert.[523] Später als „Mitläufer" eingestuft, hatte Paulssen nach dem Zusammen-

---

[522] Vgl. o.V.: Härte erwünscht, in: Der Spiegel, 08.05.1963.
[523] Vgl. Heymann, Egon: Hans Constantin Paulssen, in: Die Zeit, 03.05.1956; o.V.: Hans-Constantin Paulssen, in: Der Spiegel, 21.11.1962; Rauh-Kühne, Cornelia: Hans Constantin Paulssen: Sozialpartnerschaft aus dem Geiste der Kriegskameradschaft, in: Erker, Paul/Pierenkemper, Toni (Hrsg.): Deutsche Unternehmer zwischen Kriegswirtschaft und

bruch des „Dritten Reichs" unter dem Verdacht gestanden, allzu stark in das verbrecherische System des nationalsozialistischen Regimes verwickelt gewesen zu sein. Insofern fand sich mit Balke ein Mann, dessen Vita keine dunklen Flecken aufwies, der sich insbesondere im Hinblick auf sein Leben in der Diktatur Adolf Hitlers moralisch makellos verhalten hatte, der sich in der Vergangenheit zweifelsfrei nichts hatte zuschulden kommen lassen. Balke war kein Frontoffizier oder Freikorpsführer gewesen, der stets pflichtbewusst einer anonymen Allgemeinheit gedient und Befehle gleich welcher Art gehorsamst befolgt hatte. Diese lupenreine Weste wertete letztlich auch das öffentliche Image der BDA auf.

In den 1960er Jahren, ziemlich parallel zu Balkes Präsidium, entzündete sich inmitten eines aufklärerischen Klimas ein fundamentaler Protest jugendlicher Menschen, insbesondere im studentischen Milieu.[524] Manche brachen radikal mit Verhaltenskonventionen, vor allem indem sie sexuelle Freiheitsgelüste verströmten. Andere wiederum protestierten gegen alles politisch Herrschende. Viele junge Bürger erlagen dem Eros eines Revolutionsmythos, glaubten, mehr oder minder militant einen gesellschaftlichen Wandel herbeiführen zu müssen. Mit Rudi Dutschke avancierte passenderweise ein Soziologiestudent zu einem ihrer leidenschaftlich agitierenden Anführer. So schallten „Ho-Ho-Ho-Chi-Minh"-Rufe durch die Straßen, in denen sich auch die plakatierten Konterfeis der Revolutionsikonen Rosa Luxemburg und Che Guevara erhoben. Ausgerechnet in der Hochphase sozialpartnerschaftlicher Zusammenarbeit radikalisierte sich die politische Lage. Enragierte Demonstranten lieferten sich gewaltsame Straßenschlachten mit den staatlichen Ordnungskräften; es gab Tote, man befand sich am Vorabend der terrorostischen Drangsal durch die RAF. Insbesondere begannen die nachkriegssozialisierten Kohorten aber, die ehedem tabuisierte Vergangenheit ihrer Elterngeneration im Hinblick auf die NS-Diktatur zu hinterfragen und zu beleuchten. Die jungen Altersjahrgänge zwangen die älteren zur unangenehmen Aufarbeitung der Geschehnisse zwischen 1933 und 1945. Das NS-Opfer Balke wirkte in dieser Situation wie ein Schutzschild für seine Organisation.

Mit einem von Balkes Nachfolgern, Hanns Martin Schleyer, traten in derlei Hinsicht viel größere Probleme auf. Die BDA geriet öffentlich unter Recht-

---

Wiederaufbau. Studien zur Erfahrungsbildung von Industrie-Eliten, München 1999, S. 109-192.

[524] Vgl. hierzu Hildebrand, Klaus: Von Erhard zur Großen Koalition 1963–1969, Wiesbaden 1984, S. 373 ff.

V.II An der Spitze der BDA

fertigungsdruck, mit Schleyer einen ehemaligen SS-Offizier zu ihrem führenden Repräsentanten erkoren zu haben, der im Prag der frühen 1940er Jahre im verbrecherischen Verwaltungsapparat Reinhard Heydrichs Dienst verrichtet und eine kleine Villa bewohnt hatte, deren vormalige Besitzer in Konzentrationslagern ermordet worden waren.[525] Sein bedeutendster Kontrahent, der mächtige IG Metall-Vorsitzende Otto Brenner, war demgegenüber mit 56 Jahren regelrecht ein Jungspund. Balke hingegen war mit einem Abstand von fünfeinhalb Jahren nur unwesentlich älter als Brenner. Ferner war von Balke kein Kurswechsel, sondern am ehesten sogar eine Intensivierung der gemäßigten Linie Paulssens zu erwarten.[526] Noch vor seiner Wahl signalisierte Balke seine Bereitschaft, auch weiterhin mit den Gewerkschaften möglichst konfliktfrei zusammenarbeiten zu wollen. Seine Nominierung sorgte im Gewerkschaftslager seinerzeit für Erleichterung.

Die Leistung Paulssens als BDA-Chef war jedoch für Balke nicht unproblematisch. Denn Vorgänger können, sofern sie nicht gescheitert aus ihrer Funktion scheiden, für ihre Nachfolger eine schwere Hypothek sein. Nicht nur, dass man in aller Regel erst durch den Abschied des Amtsvorgängers in eben jenes Amt mitsamt dessen Würden gelangt. Nein, der Amtsvorgänger wird auch stets einen langen Schatten auf die Amtszeit seines Nachfolgers werfen. Denn nicht selten verleiht erst der Vergleich mit dem Vorgänger der Persönlichkeit, Karriere und Amtsführung des Neuangetretenen ihre Konturen. Ablehnung oder Zustimmung, Erfolg oder Misserfolg speisen sich nicht zuletzt aus erlebbaren Unterschieden zwischen altem und neuem Amtsinhaber. Ersterer setzt den Maßstab für letzteren, ist die Folie für den bewertungsrelevanten Abgleich. Daraus, aus der Differenz, entspringt die Quelle für Prestige, Ansehen, letztlich: Macht. Der Malus des Einen wird zum Bonus des Anderen. In der Geschichte der Bundesrepublik war dies nicht anders als im römischen Reich. Denn was wäre schon ein Oskar Lafontaine in der Situation des Jahres 1994 gewesen, ohne seinen Vorgänger Rudolf Scharping, gegen den er charismatisch wie ein Heilsbringer leuchtete?[527] Gleiches gilt für Guido Westerwelle und Wolfgang Gerhardt oder umgekehrt auch für Ludwig Erhard und

---

[525] Vgl. Hachmeister 2004, S. 223 f.
[526] Siehe Krüger, Wolfgang: Etwas mehr Mut zur Partnerschaft!, in: Die Zeit, 13.12.1963; Meenzen, Hanns: Pferdewechsel im Arbeitgeberlager, in: ebd., 06.12.1963.
[527] Siehe Forkmann, Daniela/Oeltzen, Anne-Kathrin: Charismatiker, Kärrner und Hedonisten. Die Parteivorsitzenden der SPD, in: Forkmann/Schlieben (Hrsg.) 2005, S. 64-118, hier S. 96-104.

Konrad Adenauer.[528] Den jungen Kaiser Nero erlebten die Senatoren im ersten Jahrhundert nach Christus als eine „wohltuende Abkehr von allem, was [seinen Vorgänger] Claudius in den letzten Jahren so unbeliebt gemacht hatte"[529]. In jedem dieser Fälle reüssierte der Nachfolger auch und gerade durch die stilistische Unterschiedlichkeit zum Vorgänger. Paulssen freilich war nun eben nicht ramponiert, niedergeschlagen abgetreten, sein Rückzug wurde nicht als Erlösung empfunden. Der insgesamt erst zweite BDA-Chef hatte das Amt nicht nur durch seine sozial- und tarifpolitische Konzilianz geprägt, sondern auch durch seine Persönlichkeit. In den Medien umschwärmten ihn die Kommentatoren. So habe er die sozialpartnerschaftliche Kultur der Bundesrepublik ebenso maßgeblich wie nachhaltig geprägt, im Unternehmerlager zukunftsweisende Ideen und Philosophien etabliert; insgesamt erschien er als eine Persönlichkeit, die sich ernsthaft einem gesellschaftlichen „Gesamtinteresse" verpflichtet gefühlt habe.[530] Bedeutsame Errungenschaften wie das „Margarethenhof-Abkommen" aus dem Jahr 1954 gingen auf ihn zurück, in dem sich BDA und DGB eine Pflicht auferlegten, im Streitfall auf Schlichtungen hinzuwirken.

Der in solchen Dingen ebenfalls nüchterne, verantwortungsbewusste und ganz vom Interesse an der Sache geleitete Balke passte vorzüglich in die wirtschaftspolitischen Auseinandersetzungen der 1960er Jahre. Die BDA lag mit ihrem neuen Präsidenten in bemerkenswerter Weise im Trend der Zeit. Wie schon als Atomminister schien Professor Balke in einem Jahrzehnt, in dessen Verlauf sich politische Planung einer überschwänglichen Beliebtheit erfreute und die Auffassung vorherrschte, Politik müsse zur Bewältigung der unwägbaren Zukunft mit möglichst viel wissenschaftlichem Sachverstand angereichert werden, eine geeignete Personalie zu sein. Wenn Forscher für jenen Zeitraum von einem „Generationenwechsel" fabulieren, der die „autoritären Einstellungen der traditionell orientierten Industrieelite durch kooperative Ansätze ersetzte",[531] so meinen sie damit insbesondere Beispiele wie Paulssen und Balke. Balkes Kooperationsbereitschaft war eine wesentliche Voraussetzung für den Erfolg der berühmten „Konzertierten Aktion", gedacht als eine wechselseitige Beratschlagung der beiden Tarifparteien und des Staates als Antwort auf

---

[528] Siehe Walter, Franz: Die Integration der Individualisten. Parteivorsitzende in der FDP, in: ebd., S. 119-168, hier S. 163; Bösch/Brandes 2005, S. 32 ff.
[529] Malitz, Jürgen: Nero, München 1999, S. 20.
[530] Vgl. Krüger, Wolfgang: Ein Mann tritt ab, in: Die Zeit, 19.06.1964.
[531] Schroeder, Wolfgang: Industrielle Beziehungen in den 60er Jahren – unter besonderer Berücksichtigung der Metallindustrie, in: Schildt/Siegfried/Lammers (Hrsg.) 2003, S. 492-527, hier S. 522.

volkswirtschaftliche Probleme wie Inflation und Wachstumsrückgang, die sich bereits abgezeichnet hatten. Ebenso war sie Ausdruck der politischen Mentalität ihrer Zeit, dem Glauben an politische Planbarkeit von Prozessen, insbesondere des wirtschaftlichen Wachstums bei gleichzeitiger Geldwertstabilität und niedriger Arbeitslosigkeit. Es war die Zeit, in der sich die Bundesrepublik mantrahaft an den Vokabeln einer neuen Terminologie berauschte, an Begriffen wie dem „Magischen Viereck", der „Mifrifi" abgekürzten „Mittelfristigen Finanzplanung" oder der „Globalsteuerung".[532] Eine Zeit, in welcher der „paradigmatische Staat der Industriegesellschaft" vorherrschte, dessen Institutionen „lediglich die von Eliten zu bedienenden Apparaturen zur Regulation und Verteilung" zu sein schienen und in ihrer Gesamtheit als „Exekutor von Sachzwängen" auftraten.[533] Eine Zeit, in der dem Anschein nach ein großkoalitionärer und sozialpartnerschaftlicher Konsens zwischen den beiden Volksparteien und den vormals zerstrittenen Tarifparteien eingetreten war, welcher der westdeutschen Volkswirtschaft in der Lehre des britischen Ökonomen John Maynard Keynes antizyklisch milliardenschwere Investitionsprogramme kredenzte. Eine in der Rückblende geradezu mythische Zeit, in der „Plisch und Plum" – Schiller und Strauß – mit ihrer Wirtschafts- und Finanzpolitik die Öffentlichkeit begeisterten. Politik und Gesellschaft hingen der Vorstellung an, die Wirtschaft über eine Palette an Instrumenten steuern zu können, um gleichzeitig kontinuierliches Wirtschaftswachstum, Preisstabilität, eine ausgeglichene Handelsbilanz und ein hohes Beschäftigungsniveau – ein volkswirtschaftliches Rundum-Sorglos-Paket also – zu erreichen.

Tarifpolitik mit dem Zeremonienmeister: Balkes Zusammenarbeit mit Schiller

Balke war für den neuen Wirtschaftsminister ein Glücksfall. Denn Schiller tendierte wie Balke zu technokratischen Lösungen, die in der „Konzertierten Aktion" mündeten. Deren Teilnehmer sollten vermittels Vernunft und Wissen in sachlicher Atmosphäre gemeinsame Lösungen für die Zukunft erarbeiten und beschließen. Balke indes war ein Interessenrepräsentant, der sich stets „einer Verantwortung für das Ganze"[534] verpflichtet fühlte und Tarifpolitik als

---

[532] Vgl. Abelshauser 2004, S. 409 ff. Zum Folgenden vgl. auch Hildebrand 1984, S. 285-300; Seifert 2010, S. 40 f.
[533] Hacke 2009, S. 62.
[534] Beitragsmanuskript „Der Dienst der Kirche an der Industriegesellschaft" (für den 12.04.1965), in: ACDP, NL Balke, I-175-029/3, S. 9; vgl. auch o.V.: Siegfried Balke, in: Der

Gesellschaftspolitik betrachtete. Auf manche wirkte der Wissenschaftler Schiller in Fragen der Ökonomie wie ein esoterischer Zeremonienmeister, der „seine konzertierte Aktion wie eine private Messe"[535] zelebriere. Doch Balke dürfte ihn verstanden haben. Schiller verfolgte die Absicht, tarifpolitische Konflikte nicht mehr emotional eskalieren, sondern rational beilegen zu lassen. Das Credo der „Konzertierten Aktion" lautete denn auch „rationale Kommunikation und Information".

Dieses auf Ausgleich, Gesprächsbereitschaft und Empathie ausgelegte Gremium profitierte gewiss von einem Mann wie Balke, der wie manch einer seiner unternehmerischen Standesgenossen insbesondere aus dem „Bundesverband der Deutschen Industrie" kein „Gewerkschaftsfresser" war, der den sachverständigen und unaufgeregten Austausch von Argumenten bevorzugte, der gegen die „Emotionalisierung von Ordnungsfragen"[536] war, der überdies die Gewerkschaften als gesellschaftlich notwendige Großorganisation respektierte und für flächendeckende Tarifabschlüsse plädierte. Er gemahnte die Unternehmer ihrer gesellschaftlichen Verpflichtung und hielt sie zu Schillers Wohlgefallen lohnpolitisch im „gesetzten Rahmen" des Sachverständigenrates.[537] Auch dürfte er sich, im Gegensatz zu den Zeiten Adenauers, mit dem Regierungschef vertragen haben. Kiesinger und Balke zeigten eine Wesensverwandtschaft in bestimmten Eigenschaften ihrer politischen Führung und ihres Charakters, die in der damaligen Situation eines auf Konsens abzielenden Gesprächskreises dominant waren. Kiesinger war mit einer überparteilich funktionierenden Vermittlungsgabe gesegnet, vermied autoritäres Benehmen, formulierte gehaltvolle Aussagen und hatte als „König Silberzunge" Freude an schöngeistiger Rhetorik.[538] Kurzum: Balke trug also zum zeitweiligen Gelingen von Schillers Integrationsstätte bei.

---

[535] Kurier, 26.06.1964; o.V.: Balke mahnt Arbeitgeber zu sozialer Verantwortung, in: Die Welt, 29.12.1966.

[536] Der damalige DGB-Vorsitzende Ludwig Rosenberg zitiert nach o.V.: Jetzt komme ich, in: Der Spiegel, 14.04.1969.

[537] Beitragsmanuskript „Der Dienst der Kirche an der Industriegesellschaft" (für den 12.04.1965), in: ACDP, NL Balke, I-175-029/3, S. 6; siehe auch Balke, Siegfried: Auf die Investitionen kommt es an, in: Die Welt, 09.03.1968; Iserlohe, Norbert (Interview mit Siegfried Balke): Die Löhne im Gleichschritt, in: Rundschau am Sonntag, 31.12.1967; o.V.: Balke für großräumige Tarifverträge, in: Frankfurter Allgemeine Zeitung, 13.08.1964.

[538] Vgl. o.V.: „Nur wenig Spielraum für Lohnerhöhungen", in: Süddeutsche Zeitung, 10.12.1969.

Vgl. Kroegel, Dirk: Kurt Georg Kiesinger (1904-1988), in: Oppelland (Hrsg.) 1999, S. 7-17.

V.II An der Spitze der BDA

Balke führte die BDA somit in einem prägenden und ereignisreichen Entwicklungsstadium der Bundesrepublik und ihrer Wirtschaftsgeschichte. Während seines Präsidiums „erreichten die Beziehungen zwischen Arbeitgeberverbänden, Gewerkschaften und Staat in den 60er Jahren ein außerordentlich hohes Niveau an pragmatischer Zusammenarbeit"[539]. Balke trug daran einen gewissen Anteil, gewährleistete er doch die nötige Kontinuität konsensbestrebter Verfahren, wie sie sein Vorgänger Paulssen in den 1950er Jahren angeregt hatte. Auf den überkommenen Gegensatz zwischen Arbeitgebern und -nehmern und dessen zeitaufwändige Beschwichtigung blickte er mit Humor: „Bei Tarifauseinandersetzungen sitzen sich beide Seiten so lange mit gefletschten Zähnen gegenüber, bis sie merken, dass sie beide künstliche Gebisse tragen."[540]

In Sachen erinnerter Reputation rieb sich der leutselige Balke zwischen seinem weisen Vorgänger und einem seiner konfliktbereiteren Nachfolger auf, weshalb sein Präsidium historisch jeweils weniger als das Paulssens und Schleyers zur Geltung kam. Balkes Amtszeit gilt insgesamt als schwach. Erst Balkes Nachnachfolger Hanns Martin Schleyer machte in der Wahrnehmung der Öffentlichkeit aus dem „einst behäbigen Arbeitgeber-Debattierklub"[541] eine „zielsichere Unternehmerlobby"[542]; keiner sei an der Spitze der BDA bis dahin erfolgreicher gewesen; ihm vertrauten BDA und BDI sogar das gewagte Experiment einer Doppelpräsidentschaft an.[543] Der im Gesicht martialisch von Mensur-Narben durchwirkte Schleyer war ein profilierter Charakter, der das Bedürfnis seiner Klientel nach Angriffslust und Lautstärke viel besser als Balke befriedigte. Den „harten Hund" markierte nicht Balke, sondern Schleyer, der in Tarifverhandlungen gewerkschaftlichen Forderungen des Öfteren eine Abfuhr erteilte und dem Ehrfurcht gebietenden IG Metall-Haudegen Otto Brenner Paroli bot.[544] Gerade aber einer Regierung unter Beteiligung der „Roten", die ab dem Jahr 1966 unter Kiesinger, später Brandt und Schmidt bestand, sollte der Arbeitgeberpräsident Einhalt gebieten. Im Verlauf der 1960er Jahre hatte er sich in erbarmungslos ausgefochtenen Tarifkonflikten mit seinem gewerkschaftlichen Widerpart, dem gleichfalls hartgesottenen IG Metall-Bezirksleiter

---

[539] Schroeder 2003, S. 525.
[540] Balke zitiert nach Korrekturabzug eines Lebenslaufs für den *Arbeitgeber*, in: ACDP, NL Balke, I-175-003/2, S. 2.
[541] O.V.: Ziemlich bedripst, in: Der Spiegel, 08.12.1975.
[542] O.V.: Fast einen Tobsuchtsanfall, in: Der Spiegel, 03.03.1975.
[543] Vgl. Mühlbradt, Werner: Auf oder zwischen zwei Stühlen, in: Die Zeit, 26.08.1977.
[544] Vgl. o.V.: Rosen um Mitternacht, in: Der Spiegel, 30.10.1967.

Willi Bleicher, ausgezeichnet und sich dabei den legendären Ruf erworben, „unerbittlicher Tarifstreiter"[545] zu sein. Schleyer schien dazu imstande zu sein. Er polterte, forderte und kritisierte. Unter seiner Führung wirkte die BDA nicht mehr zurückhaltend und harmlos, sondern kämpferisch und gefährlich. Außerdem hinterließ er den Eindruck, über erstklassige Kontakte in die Bundeshauptstadt – das Zentrum der westdeutschen Politik – zu verfügen, die ihn mit Informationen aus erster Hand versorgten; zudem stand er dem rheinland-pfälzischen Ministerpräsidenten Helmut Kohl nahe, der in den 1970er Jahren aussichtsreicher Kandidat für die Kanzlerschaft war.[546] Daneben personifizierte er in der Öffentlichkeit das langersehnte Selbstbewusstsein der westdeutschen Unternehmer. Kurzum: Erst Schleyer schaffte, was man sich von Balke versprochen hatte.

Statistisch gesehen, führte Balke die BDA in einem konfliktarmen Abschnitt deutscher Wirtschaftsgeschichte.[547] In der gesamten Dekade zwischen 1960 und 1970 streikten weniger bundesdeutsche Arbeitnehmer (785.000), als in den Jahren 1991 und 1992 (806.000). In der Realität ging es allerdings weitaus weniger friedlich zu: Es kam zu Aussperrungen und „wilden" Streiks. Erst als die Sozialdemokraten die Regierungsbänke bestiegen, begannen auch die Gewerkschaften, zahmer zu werden und zeigten eine größere Bereitschaft zur Zusammenarbeit mit Unternehmern und Staat. Balke amtierte insofern nicht gerade in einer Zeit, die von Ruhe und Routine gekennzeichnet war. Der Staat versuchte, die Reichweite seiner lohnpolitischen Interventionsmöglichkeiten auszudehnen und Gewerkschaften wie Arbeitgeber zu einem planmäßigen und untereinander koordinierten Verhalten zu motivieren, die „in ihrem wirtschaftlichen Verhalten weitgehend autonomen Gruppen in die Pflicht des ‚stabilitätspolitisch Notwendigen' zu nehmen"[548]. Weil er dabei bescheiden blieb, gewann er die Akzeptanz der Tarifparteien. Diese profitierten von dem staatlichen Interesse an einem eingegrenzten Schlagabtausch. 1963 konstituierte sich ein „Sachverständigenrat zur Begutachtung der gesamtwirtschaftlichen Entwicklung", der Gewerkschaften und Verbänden als ein Portal zur Bundesregierung diente und – speziell für die an niedrigen Kosten interessierten Arbeitgeber – dessen sozialpartnerschaftlicher Charakter verlässliche Absprachen so-

---

[545] Hachmeister 2004, S. 286.
[546] Vgl. hierfür ebd., S. 297.
[547] Vgl. im Folgenden Abelshauser 2004, S. 412 ff.; Schroeder 2003, S. 516-526; siehe auch o.V.: Unbekannte Wesen, in: Der Spiegel, 15.09.1969.
[548] Abelshauser 2004, S. 412.

V.II An der Spitze der BDA 177

wie Mäßigung in den gewerkschaftlichen Lohnforderungen verhieß. In ihm praktizierten Repräsentanten wie Balke auf politischer Spitzenebene eine nüchterne, ganz vom Interesse an der Sache bestimmte Zusammenarbeit.

Daher verblasst Balkes BDA-Präsidium im Vergleich zu dem Schleyers, zumal letzterer durch seinen brutalen Tod als Opfer einer terroristischen RAF-Aktion posthum mythisch verklärt werden konnte. Hier war Balke einer der Vorgänger, von dem sich der Nachfolger Schleyer populär abheben konnte. Insgesamt setzten sich bei Balke an der Spitze der BDA Schwächen fort, die er bereits in der Politik gezeigt hatte. Im Rückblick hinterlässt Balkes Amtszeit den Eindruck, die BDA habe sich allzu kompromissbereit gezeigt, sei insgesamt zu zahm gewesen und hätte schlussendlich zu einem Gefühl der eigenen Schwäche gegenüber den immer mächtiger werdenden Gewerkschaften geführt. Balke jedenfalls hatte sich nie in eine ähnlich hartnäckige und konfliktgeladene Konfrontation mit einem wie Bleicher begeben, der als der „wohl härteste und radikalste Funktionär der IG Metall"[549] seiner Zeit galt. Im Gegensatz zu Balke kam niemand auf die Idee, Schleyer als einen Gewerkschaftsfreund zu apostrophieren. Auf der Seite der Arbeitnehmer war er vielmehr Adressat heftiger Abneigung: „Haut dem Schleyer auf die Eier", skandierten die streikenden Arbeitermassen.[550]

Auch stieß Balke unter manchen BDA-Oberen auf Vorbehalte. In der Tat konnte man sich den zurückhaltenden, universitär gebildeten und sich nicht zuletzt wissenschaftlich gerierenden Balke in einer heiteren Herrensalonatmosphäre unter Leuten wie Eberhard v. Brauchitsch, Hanns Martin Schleyer oder Otto A. Friedrich kaum vorstellen. Doch die Wirtschaftsaristokratie jener Zeit traf sich männerbündisch in handverlesenen Zirkeln, in Kaminzimmern oder auf Jagdausflügen und kannte sich zumeist bereits aus der gemeinsamen Tätigkeit in der deutschen Kriegswirtschaft zu Zeiten eines Bewaffnungs- und Munitionsministers Albert Speer.[551] Zusammen hatte man unter widrigen Bedingungen die Kriegsproduktion aufrechterhalten, den Wiederaufbau gestemmt – und Hirsche erlegt.

---

[549] Zitiert nach Hachmeister 2004, S. 289.
[550] Vgl. ebd., S. 285.
[551] Vgl. Grunenberg 2007, S. 143-147.

V.III Keine Zeit für die Frage nach dem Parkplatz: Balke im Deutschen Museum zu München

Ein besonders Renommee-behaftetes Amt war der Vorstandsvorsitz im Deutschen Museum in München. Das Deutsche Museum stand in der Tradition seines ehrwürdigen Gründers: des elektrotechnisch versierten Bauingenieurs Oskar v. Miller, einer Kapazität auf dem Gebiet der elektrischen Energieversorgung seiner Zeit.[552] In v. Millers Vision sollte ein Museum geschaffen werden, in dessen Räumen die bedeutendsten Exponate technischer Entwicklungsgeschichte ausgestellt würden, selbstredend unter Assistenz der ebenfalls bedeutendsten Experten – kurzum: ein „Museum von Meisterwerken der Naturwissenschaft und Technik". Die ureigenen Merkmale des Museums veränderten sich auch nach dem Zweiten Weltkrieg nicht: Das Deutsche Museum, 1903 als öffentlich-rechtliche Anstalt feierlich unter majestätischer Schirmherrschaft des Wittelsbacher Prinzen Ludwig gegründet, bedurfte fortwährend immenser finanzieller Zuwendungen von außen und suchte – auch deswegen – Einfluss in Politik, Wirtschaft und Wissenschaft zu gewinnen. Unter der durchaus autokratischen Führung v. Millers geriet das Projekt zum Erfolg. Kaiser Wilhelm II. kam zur Eröffnung, im letzten Friedensjahr 1913 wurden rund 300.000 Besucher verzeichnet, die Organisation avancierte zu einer international bekannten und renommierten Institution. Eine solchermaßen erfolgreiche Einrichtung wurde selbstverständlich schnell Ziel nationalsozialistischer Übergriffe, in deren Folge die Führungsspitze „gleichgeschaltet" und das Museum mit weltanschaulich durchwirkten Ausstellungen propagandistisch instrumentalisiert wurden. Prominente Nationalsozialisten wie der Reichsminister Fritz Todt durften ihre Vita mit eigens für sie geschaffenen Vorstandssitzen zieren.

In seiner einige Jahrzehnte zählenden Geschichte erschütterten mehrere gesellschaftliche Großereignisse das Museum in seiner Substanz. Krieg, Revolution und Inflation verzögerten die Fertigstellung des opulenten Museumsgebäudes mit einem 30.000 Quadratmeter messenden Ausstellungsareal bis ins Jahr 1925. Auch in den Folgejahren sammelte v. Miller fleißig Geld für weitere Baukomponenten wie eine Bibliothek oder einen Kongresssaal. Die propagandistische und ideologische Vereinnahmung durch die Nationalsozialisten, in deren Folge der Museumspatriarch v. Miller und jüdische Mitglieder aus der Institution verjagt wurden, verdunkelte dann in den Jahren 1933 bis 1945 ein

---

[552] Vgl. im Folgenden Mayr 2003, S. 11-16.

V.III Balke im Deutschen Museum zu München

wesentliches Kapitel in der Museumsgeschichte. Der Zweite Weltkrieg brachte auch für das Museum Zerstörung; nach Bombenangriffen auf München lag das Museum zum Ende des Kriegs weitgehend in Schutt und Asche. Die Persönlichkeiten, die sich seiner in der unmittelbaren Nachkriegszeit annahmen, waren folglich wie die meisten ihrer Landsleute in den 1940er und 1950er Jahren vornehmlich mit dem Wiederaufbau des Gebäudes mitsamt seiner Ausstellungen und Abteilungen beschäftigt.

Balke übernahm als Vorstandsvorsitzender also eine durchaus renommierte und geschichtsträchtige Einrichtung, die allein mit staatlichen Zuschüssen in Höhe von etwa 2,5 Millionen Mark noch dazu aufwändig budgetiert war und mit einer Belegschaft von 250 Mitarbeitern die Größe eins mittelständischen Betriebs aufwies. Ausnahmsweise war seine Rolle des Museumschefs nicht aus der Not geboren, sondern sorgsam vorbereitet worden. Er war der Wunschkandidat seines Vorgängers Otto Meyer, der in ihm einen Mann mit wertvollen Kontakten in Politik, Wirtschaft und Wissenschaft – alle drei für das Museum relevanten Bereiche – zu erkennen glaubte.[553] Speziell in seiner Wiederaufbauphase, aber auch darüber hinaus handelte es sich bei dem Deutschen Museum um eine Stätte, die enorme Gelder verschlang. Zwar hatte Meyer zusammen mit seinen Vorstandskollegen über mehrere Jahre hinweg größere Summen aus der Wirtschaft eingeworben, doch kein langfristig funktionierendes Spendensystem etabliert, wie etwa einen fest institutionalisierten Fördererkreis.[554] Damit war er gescheitert und erhoffte sich mit Balke einen erfolgreicheren Spendenakquisiteur. Meyer hatte vor seinem Abtritt einen Vorstand zusammengestellt, der mit Persönlichkeiten wie Balke als jung, innovationsfreudig und renommiert gelten konnte.

Balke war jedoch für den Job eines Museumsvorstandsvorsitzenden zum damaligen Zeitpunkt ungeeignet. Allein die Zeit: Balke hätte auch 24 Stunden täglich arbeiten können, und doch nur vergleichsweise selten seinen Vorstandsverpflichtungen im Münchner Museum nachkommen können. Denn zum Zeitpunkt seines Amtsantritts bekleidete er nicht nur eine ganze Kollektion von Ehrenämtern, sondern war zudem Abgeordneter des Deutschen Bundestags, zumal als Direktkandidat in einem speziellen Wahlkreis mit intensiven Obliegenheiten belastet. Als er 1964 das Präsidium in der BDA übernahm – die schließlich eine Eliteorganisation westdeutscher Unternehmer war –, stra-

---

[553] Zu diesem Abschnitt vgl. Königsberger 2009, S. 110-113; Mayr 2003, S. 153-200.
[554] Vgl. Königsberger 2009, S. 76-84.

pazierte er sein Zeitbudget nochmals um einiges mehr und stufte seine Museumsaktivität nur mehr zu einer rein zeremoniellen herab. Der Museumsvorsitz war ihm aufgrund des damit verbundenen Ansehens lediglich ein genussreiches Souvenir seiner imposanten Karriere – mehr aber nicht. Meyer und seine Mitstreiter hatten sich dies freilich anders ausgemalt. In ihrer Erwartung hatten sie mit Balke einen Mann an die Spitze gelotst, der mit herzblütiger Hingabe finanziellen Etat und öffentliche Reputation des Museums mehren, der sich jedenfalls mit all seinen Kräften in den Dienst der Institution stellen würde. Balke indes interpretierte seine Aufgabe ganz anders, sah sich mehr als präsidiale Figur, die der Museumskasse gelegentlich zu großzügigen Spendern verhilft und zu repräsentativen Anlässen erscheint. Dass er – im krassen Gegensatz zu seinem Vorgänger Meyer – nur sporadisch zu Vorstandssitzungen erschien, war für ihn daher selbstverständlich, für die übrigen Museumsengagierten hingegen respektlos und entwürdigend.

Chaos im Museum: Der überforderte Vorsitzende

Daneben wandelte sich mit Balke das Klima. Vor seinem Amtsantritt waren die Jahresversammlungen stets gesellige Abende gewesen, in denen Mäzene, Freunde und Mitarbeiter großfamiliär zusammenkamen. Balke wusste mit diesem Ritual wenig anzufangen und versachlichte die Veranstaltungen, was dem Nestor Meyer und anderen Altgedienten selbstredend missfiel. Der neue Vorstandschef „drängte auf mehr Inhalt, mehr Diskussion und mehr Beteiligung der Mitglieder"[555]. Unter Balke glich die Veranstaltung mit den Jahren eher einer gefühlskalten Aktionärsversammlung, auf der man sachlich einen Geschäftsbericht verlas und anschließend das Führungspersonal wählte.

Noch in anderer Hinsicht geriet Balkes Amtszeit problematisch. Seine Maßnahmen griffen tief in altbewährte, Strukturen ein, ja unterbrachen Traditionen. So stellte er dem Verwaltungsdirektor, der das Museum im tagtäglichen Betrieb leitete, einen „Planungsausschuss" zur Seite. Dieser war Balkes Reaktion auf die große Führungsherausforderung, die sich ihm stellte. Der Wiederaufbau galt um 1964 als abgeschlossen, als erfolgreiche Bilanz der Ära Meyer. Balke nun sollte das Museum in eine verheißungsvolle Zukunft geleiten, es im rüden Wettbewerb mit anderen Museen an die Spitze führen. Hierfür

---

[555] Mayr 2003, S. 171.

V.III Balke im Deutschen Museum zu München

sah er die Notwendigkeit, den „Stab seiner qualifizierten Arbeitskräfte"[556] zu verstärken, was nichts anderes bedeutete, als erweiterte Kompetenz von außen einzuholen. Externen Rat hinzuzuziehen, entsprach jedoch keineswegs den Wunschvorstellungen der Museumsbelegschaft.

Es war allerdings auch kein Wunder, dass ein Mann wie Balke sich in Anbetracht der konkreten Probleme, mit denen sich die Museumsführung in den 1960er Jahren konfrontiert sah, lieber auf seine Funktion als Präsident der BDA konzentrierte – handelte es sich doch aus der staatsmännischen Sicht eines ehemaligen Bundesministers beispielsweise bei dem Mangel einer ausreichenden Menge von Parkplätzen und der dazugehörigen Frage, diesen lieber ober- oder unterirdisch zu beheben, schlechterdings um banale Miniaturprobleme. Zudem geriet Balke in Konflikt mit seinem Amtsvorgänger Meyer, der als Ehrenvorsitzender an den Vorstandssitzungen teilzunehmen und jeden Schritt der neuen Museumsführung argusäugig zu kritisieren pflegte. Insbesondere störte Meyer, dass Balkes Organisationsreform drohte, das Museum mit eigens geschaffenen Abteilungen verstärkt in die wissenschaftliche Forschung einzubinden. Der Ehrenvorsitzende Meyer bangte angesichts der aus Balkes Absichten drohenden „wissenschaftlichen Durchdringung des Deutschen Museums"[557] um sein Schaffenswerk. Ferner wurden anfangs ausgebebene Ziele wie eine verbesserte Abstimmung der Museumsgremien oder die Überprüfung der bisherigen Strukturen lediglich oberflächlich und ungenügend verfolgt. Ob Balkes programmatische Reden eine „improvisiert wirkende, gefällig-unverbindliche Plauderei"[558] waren oder „bewusst diplomatisch"[559] gewählt wurden, sei dahingestellt, in jedem Fall galt er den Konservatoren um Meyer als eine Art unbehaglicher Revoluzzer. Und es gab auch niemanden an Balkes Seite, der dessen Mankos hätte kompensieren können. Sein Stellvertreter Max Kneißl vernachlässigte in gleicher Weise wie Balke sein Vorstandsamt, auch er war durch verschiedenste Ehrenämter zeitlich eingebunden, verlor sich obendrein gerne in theoretischen Abhandlungen und war zu stringenter Führung nicht in der Lage.

Die „Ära Balke", von der man aufgrund ihrer Einschnitte sprechen kann, wies an ihrem Ende 1969 eine überwiegend enttäuschende Bilanz aus. Dem Eindruck des Museumshistorikers Otto Mayr nach habe Balke die Hälfte sei-

---

[556] Zitiert nach ebd., S. 156.
[557] Zitiert nach Königsberger 2009, S. 111.
[558] Mayr 2003, S. 159.
[559] Königsberger 2009, S. 111.

ner Amtsperiode auf die Verabschiedung eines Reformplans verschwendet. Im Museum hinterließ Balkes Arbeit sowohl verdrießliche als auch aufgehellte Gesichter. Der vormals schier allmächtige Verwaltungsdirektor war zum Leiter der Hauptabteilung „Allgemeine Verwaltung" degradiert, die Organisationshierarchie insgesamt chaotisiert worden. Viele fanden sich nicht mehr zurecht, ohne darüber hinaus irgendeinen Nutzen für das Museum erkennen zu können. Andere wiederum freuten sich in den aufgelockerten und insoweit auch demokratisierten Strukturen über die neugewonnene Selbstständigkeit, mit der sie ihre berufliche Leistung besser zur Geltung bringen konnten. Das Museum, so Mayr, ließ sich nach Balkes Organisationsreform weitaus schwieriger führen; die erhöhte Mitsprache mündete in Endlosdiskussionen und dadurch in verzögerte Entscheidungen. „So büßte das Museum an Leistungsfähigkeit und Schlagkraft ein."[560] Letztlich lief dies auf einen erneuten Reformbedarf in der Zeit nach der Ära Balke hinaus. Zieht man die Besucherzahlen als Erfolgsindikator heran, so war Balkes Präsidium rein statistisch betrachtet sicherlich nicht gescheitert. Lösten gegen Ende der 1950er Jahre etwa 500.000 Menschen eine Eintrittskarte, strömten im Jahr 1969 bereits rund 850.000 Gäste durch die Museumshallen. Unter Balke hatte das Museum auch seine Bemühungen um eigene wissenschaftliche Forschung intensiviert. Doch die Arbeit des museumseigenen Instituts geriet zum Debakel: Das Forschungsfeld „Technikgeschichte" blieb vernachlässigt, die Publikationsleistung war ebenso dürftig wie die in der Ausbildung des wissenschaftlichen Nachwuchses. Immerhin war sich Balke seiner Überlastung bewusst. In der zum Teil selbstkritischen Erkenntnis, der Vorstandsvorsitz bedürfe eines hauptamtlich Tätigen, drängte er seit 1968 auf seine Ablösung, blockierte folglich keinen geeigneteren Kandidaten – auch dies im Übrigen eine völlig unpolitische Haltung. 1969 übernahm der Wacker-Manager Herbert Berg den Vorsitz, Balke verblieb noch zwei weitere Jahre als einfaches Vorstandsmitglied in der honorigen Riege des Museumsvorstands.

Balkes Vergangenheit als politischer Seiteneinsteiger und der prestigereiche Posten an der Spitze eines politisch äußerst einflussreichen Bundesverbands der Wirtschaft verbanden sich zu dem Eindruck, als Kenner beider Welten sei Balke besonders zur Harmonisierung der – aus eigener Anschauung bekanntlich – unterschiedlich funktionierenden Sphären Politik und Wirtschaft, zur Integration ihrer unterschiedlichen Realitäten also, geeignet gewesen.[561]

---

[560] Mayr 2003, S. 166.
[561] Vgl. Witt, Otto: Ein Wissenschaftler und Politiker, in: Stuttgarter Zeitung, 25.06.1964.

Gegen Ende seiner Karriere überforderten ihn die angesammelten Elitepostionen. Nichtsdestotrotz gelang ihm als einem der wenigen Seiteneinsteiger ein erfolgreicher Elitenwechsel zwischen den Bereichen Politik und Wirtschaft, eine „Cross-over"-Karriere mit vorpolitischer, politischer und nachpolitischer Phase, wie man sie am ehesten aus den USA zu kennen meint.

Über Balkes Lebensabend ist nur Tragisches berichtet worden. In einem oberbayerischen Altersheim hauste er als ein von Senilität gezeichneter Witwer in einem trostlosen Appartement – als ein „einsamer Greis", der seines Verlangens nach größerer Aufmerksamkeit wegen Besuchern und Pflegern gegenüber vorgab, vom sowjetischen Geheimdienst verfolgt zu werden.[562] Er starb im Juni 1984 im Alter von 82 Jahren in München. Als vitaler Politiker war er aber einst ein bedeutsamer Interessenrepräsentant der industriellen Unternehmerschaft gewesen – ein unkonventioneller Grenzgänger zwischen Wirtschaft und Politik.

---

[562] Vgl. Muth, Harry/Mumme, Gerhard: Alt werden in Deutschland: Das Geschäft mit den Senioren, in: Welt am Sonntag, 31.01.1982.

VI. Konklusion

VI.1 Politisches Chamäleon auf „Ochsentour": Politik als Profession

Das Schicksal nicht nur Balkes, sondern vieler – wenn nicht: der meisten – Seiteneingestiegener zeigt, dass die politische Praxis nach einer eigenen Spezialisierung verlangt. Jahrelanges Parteiengagement, regelrechte Parteiarbeit mithin, kann sich deshalb auszahlen. Die „Ochsentour" kann einem fast schon leidtun, ihr Ruf – gerade unter politologisch denkenden Beobachtern – ist miserabel. Parteieliten könnten sich durch sie in Selbstsicherheit wiegen, weil Mitglieder aus der Basis „erst nach einer langen Ochsentour relevante politische Ämter bekommen"[563] könne und folglich der geringen Bedrohung wegen unter keinerlei Leistungs- und Erfolgsdruck stünde. Doch der sukzessive Aufstieg durch die einzelnen Organisationsebenen einer Partei sensibilisiert für die Besonderheiten des politischen Betriebs, schafft wertvolle Erfahrung im Umgang mit brenzligen Situationen, schult und trainiert die politischen Instinkte, verhilft zu struktureller Verankerung über Ämter und Funktionen, somit zu einer Art von Karriereversicherung – verliert man ein Amt, so kann man sich in ein anderes zurückziehen oder mit der Unterstützung penibel gepflegter Netzwerke überwintern. Politiker benötigen Handlungswissen, das sie aus der Reflexion von Erlebnissen gewinnen. Prozesswissen über die inneren Betriebsabläufe versetzt einen Politiker überdies in die Lage, den Verlauf von Ereignisabfolgen antizipieren und sich angemessen wappnen zu können. Seiteneinsteiger sind von ihren Herkunftsbereichen, in denen sie bis zum Zeitpunkt ihres Eintritts in die Politik staunenswerte Karrieren hingelegt haben, zumeist keine berufliche Statusprekarität gewohnt. Der unversehens eintretende Verlust ihrer gesamten Position, dessen sie sich in ihrer politischen Laufbahn fortan gewahr sein sollten, ist ihnen weniger vertraut als vielen Profipolitikern. Diese sind weitaus stärker – ja: besser – auf temporäres Scheitern vorbereitet und sensibilisiert, frühzeitige Vorkehrungen zu treffen, um dramatischen Momenten des Scheiterns zu entgehen. So aber treffen politische Quereinsteiger in aller Regel

---

[563] Zitiert nach Etzold, Marc: Der Wahlkampf-Vermeidungs-Wahlkampf (Interview mit Michael H. Spreng), in: Cicero, http://www.cicero.de/97.php?ress_id=13&item=4154 [eingesehen am 07.09.2009].

überrascht und konsterniert auf Komplikationen, die mithin nicht selten von ihrer Exotik des vormaligen Nichtpolitikers herrühren. Zumeist erleben sie ihre politische Arbeit im negativen Kontrast zu ihrer vorherigen Leistung in ihrem souverän ausgeübten Herkunftsberuf als erfolglos, erleiden mitunter obendrein einen Prestige- und Reputationsverlust. Dies allerdings ist eine völlig neue, in scharfem Gegensatz zu alten Gewohnheiten stehende Erfahrung persönlichen Unvermögens. Zu allem Überdruss versagen sie im Angesicht von Personen, die in der Politik zwar zur illustren Riege der Stars und Erfolgsverwöhnten gehören mögen, es im Herkunftsmetier des jeweiligen Quereinsteigers aber wohl lediglich zu unauffälligen Mediokritäten gebracht hätten, denen niemals sonderliche Beachtung, geschweige denn Bewunderung entgegen gebracht worden wäre. Umgekehrt lässt sich behaupten, dass des Seiteneinsteigers Qualifikationen für das Politische nie und nimmer für die Besetzung oberster Ränge in der Politik ausgereicht hätten.

Die Fähigkeit zu Handeln erwirbt man in der Praxis, woraus sich die „herausragende Bedeutung des ‚Lernorts Realität'"[564] ergibt, wie eine ebenso simple wie einleuchtende Weisheit der Organisationsforschung besagt. Man sollte in möglichst vielen Situationen Erfahrung sammeln: „Denn Gefühl und Gespür für eine Sache oder Situation sind ebenso wichtig wie das Wissen darüber"[565], die „schnelle Reaktion auf Probleme und die Korrektur von Fehlern erfordert „nicht nur ein profundes technisch-theoretisches Fachwissen, sondern dessen Verschränkung mit Erfahrungswissen und der Fähigkeit zu erfahrungsgeleitetem Arbeitshandeln"[566]. Der schrittweise „Aufbau von Wissen und Können" erfolge „oftmals heimlich, beiläufig und unbewusst [...] sozusagen als nicht-intendierte Nebenfolge in Situationen, in denen Fachwissen nicht ausreicht und/oder routinemäßige Reaktionsmuster versagen"[567]. Politik verläuft so gut wie nie planmäßig, doch die „Bewältigung von Unwägbarkeiten" erfordert „ein besonderes erfahrungsgeleitetes Handeln und ein hiermit verbundenes Erfahrungswissen"[568]. Gerade außerhalb der Politik gewachsene Charaktere, noch dazu Experten, tun sich bisweilen äußerst schwer, ihre Rationalität zu

---

[564] Bauer, Hans G./Munz, Claudia: Erfahrungsgeleitetes Handeln lernen – Prinzipien erfahrungsgeleiteten Lernens, in: Böhle, Fritz/Pfeiffer, Sabine/Sevsay-Tegethoff, Neşe (Hrsg.): Die Bewältigung des Unplanbaren, Wiesbaden 2004, S. 55-73, hier S. 60.
[565] Ebd., S. 62.
[566] Sevsay-Tegethoff, Neşe: Ein anderer Blick auf Kompetenzen, in: Böhle/Pfeiffer/dies. (Hrsg.) 2004, S. 267-286, hier S. 283.
[567] Ebd., S. 275.
[568] Ebd., S. 278.

limitieren. Politikexterne Tätigkeitsfelder neigen dazu, Verhaltens- und Denkmuster auszubilden, die für die Politik völlig untauglich sind. Auch das frustriert Seiteneinsteiger: die schlagartige Entwertung von Fertigkeiten, mit denen sie in außerpolitischen Kontexten große Erfolge feierten und famose Leistungen vollbrachten. Genaugenommen müsste man Quereinsteigern raten, mittelfristig insbesondere diejenigen Eigenschaften zu überwinden, mit denen sie sich ursprünglich für den Einsatz in der Politik qualifiziert haben. Positionsbegründende Fertigkeiten in der einen sind noch lange keine in der anderen – hier: politischen – Disziplin.[569] Diese Asymmetrie erweist sich als verlässlichster Prophet hinsichtlich der Prognose von Erfolg oder Misserfolg politischer Seiteneinsteiger.

Autisten mit Manieren: Das Spezialwissen der Politik

Politik ist ein eigenständiger Wissensraum, der besonderes Raumwissen erfordert, in dem spezifische Konventionen, Hierarchiemechanismen, Karrierenormen herrschen und auf den nur eingeschränkt zugegriffen werden kann (bspw. durch die „Ochsentour"). In Wissensräumen ringen die Akteure um den Aufbau eines Wissensgefälles (Spezialistentum), einer Überlegenheit, um sich gegen andere durchzusetzen; dieses Raumwissen muss durch Statuserlangung (z.B. Parteivorsitz) abgesichert werden.[570] Als völliger Neuankömmling im Wissensraum Politik fehlten Balke spezielle Kenntnisse und Erfahrungen, um sich in seiner neuerlangten Position rasch zu orientieren. Allgemein leidet die Qualität der abzuliefernden Arbeit von Seiteneinsteigern unter ihrer außerpolitischen Herkunft; sie müssen sich erst noch Techniken aneignen und mit Situationen vertraut machen, die sukzessive aufgestiegenen Politikern normalerweise altbekannt sind. Die Vertiefungsphase, die Einarbeitungszeit von Seiteneinsteigern also, ist üblicherweise länger als die „natürlicher" Berufspolitiker. Zwischen Seiteneinsteigern und „Ochsentour"-Politikern existiert ein ungleiches Raumwissen um die Politik – wenngleich sie von Amts wegen auf Augenhöhe stehen mögen.

---

[569] Vgl. hierzu Schumpeter, Joseph A.: Die sozialen Klassen im ethnisch homogenen Milieu, in: Archiv für Sozialwissenschaft und Sozialpolitik, Jg. 57/1927, S. 1-67, hier S. 59.
[570] Zu Raumwissen vgl. Ortner, Johann: Funktion und Struktur von Netzwerken in Kommunikationsräumen, in: Graggober, Marion/ders./Sammer, Martin (Hrsg.): Wissensnetzwerke. Konzepte, Erfahrungen und Entwicklungsrichtungen, Wiesbaden 2003, S. 73-111, hier S. 77.

Bei den Methoden des politischen Betriebs handelt es sich allerdings oftmals um Techniken und Kenntnisse, welche nicht der Sache, sondern dem Verfahren dienen. Die meisten Seiteneinsteiger sind in ihren Kompetenzen einseitig auf das Fach- oder Inhaltswissen beschränkt, obwohl sie aber auch – und vor allem – Prozesswissen benötigten. Denn dies ist eine der Pathologien des Politischen, die über das Organisieren von demokratischen Mehrheiten, den Aufbau einer Hausmacht oder das Spannen von Netzwerken hinausgeht: Es haben sich innerhalb der politischen Klasse, zu der nun einmal auch die Medienakteure zu zählen sind, ganz bestimmte (Initiations-)Riten, Verhaltensmanieren und Rhetoriktabus kultiviert, die es für einen jeden politischen Akteur zu erlernen gilt. So ist es beispielsweise ein notorischer Initiationsritus, wenn Journalisten Politikern in Interviews in Aussagefallen zu locken suchen; tappen sie hinein, gelten sie als unprofessionelle Grünschnäbel oder müssen nach wiederholten Fehltritten gar ihren politischen Karriereversuch stornieren. Doch die Sensibilität für den Autismus des politischen Systems bedarf großer Anstrengungen und Aufmerksamkeit; sie beansprucht Zeit und Kraft, die für die Aneignung inhaltlicher Kompetenzen fehlen. Dies ist u.a. ein Grund dafür, dass die Politik auf der Ebene ihrer Elite nur bestimmte Typen hervorbringt. Diese verstehen sich bestens auf im Fernsehen übertragene Reden, souveräne Interviews in hochaufgelegten Tageszeitungen, allgemein: den routinierten Auftritt in der Öffentlichkeit. Sie können also rhetorisch und medial brillieren, während sie intellektuell bzw. fachlich weniger hervorragen. Die „Raumwahrnehmung" von Amateur- und Profipolitikern unterscheidet sich. Was auf die einen ungewöhnlich, gewöhnungsbedürftig, manchmal gar verrückt wirkt, ist für die anderen bloß reine Routine, abgedroschene Normalität. Mit anderen Worten: Berufspolitiker sind Frauen und Männer, die spezielle Regularien beherrschen, die wiederum Produkt einer politischen Klasse sind, welche sich damit gegen Außenstehende abschottet. Es ist daher auch nicht unbedingt die geringe Zahl politischer Seiteneinsteiger, denen man einen privilegierten Zugang zu politischen Ämtern verschafft, welche zu kritisieren ist. Weitaus problematischer ist nämlich die Erfordernis, sich in der Politik auf deren Prozesswissen, insbesondere aber auf den routinierten Umgang mit den Medien einzustellen und damit vertraut zu machen. Denn ein Großteil der überschaubaren Menge an politischen Quereinsteigern scheitert daran.

VI.I Politik als Profession

Über Helmut Kohls Masochismus: Politische Qualifikationen

Politik ist eine Profession mit eigenen Persönlichkeitsanforderungen, denen Siegfried Balke – wie viele seiner quereingestiegenen Schicksalsgenossen auch – nur unzureichend genügte. Sie prämiert Charakterzüge und Handlungsweisen, die gemeinhin als moralisch niederträchtig gelten, und bestraft lobenswerte Tugenden wie Wahrhaftigkeit.[571] Verschleierung zum Beispiel: Politiker geben ihre wahren Absichten nicht zu erkennen, leugnen Fakten, hecken listige Täuschungsmanöver aus. Verlogenheit gehört zum normalen Verhalten von Politikern. Politik setzt hochgradig dissonantes Verhalten voraus und stürzt jede rechtschaffene Gesinnung in Verzweiflung: Was gute Politiker in Wirklichkeit denken, entspricht nicht ihrem nach außen getragenen Verhalten. Kurzum: Verschleierung, Täuschung und List gehören zur Maxime ihres alltäglichen Handelns.

Sodann müssen Politiker das Management von Anarchie beherrschen. Politik ist durch eine chaotische Anordnung von potenziellen Vetokräften informell reglementiert. Macht stellt sich nicht formal und offiziell ein, sie entspringt keinen geordneten Hierarchien oder eindeutig zugeschriebenen Kompetenzen, sondern wird durch Intrige, Allianz oder Patronage hergestellt. Wenn man eine stundenlange Gremiensitzung anstandslos absolviert, danach womöglich noch in geselliger Zusammenkunft etliche Liter alkoholhaltige Getränke verzehrt, kann dies das Fortkommen auf der innerparteilichen Karriereleiter mehr erleichtern, als meterlange Aktenstapel durchgearbeitet oder regalweise Fachliteratur gewälzt zu haben. Ferner sind Politiker dickfellige Masochisten. Eine politische Karriere verläuft selten zielstrebig und ununterbrochen erfolgreich. Vielmehr gilt es, mitunter bis zur Selbstaufgabe mit unerschütterlichem Selbstvertrauen eine ganze Serie von empfindlichen Niederlagen zu kassieren wie auch den längeren Umgang mit nach eigenem Ermessen unfähigeren Leuten zu ertragen, ehe man Parteivorsitzender, Minister oder Kanzler wird. Statt zu lamentieren, sollte man in der Lage sein, eigene Rückschläge stoisch wegstecken und die Inkompetenz Anderer hinnehmen zu können. Heiterer Schicksalsoptimismus und geduldiger Gleichmut sind berufspolitische Qualifikationen erster Güte. Der spätere Bundesfinanz- und -verteidigungsminister Hans Apel bemerkte zu seiner Zeit als einfacher Bun-

---

[571] Vgl. Bellers, Jürgen: Methoden der Sozialwissenschaften: Kritik und Alternativen, Siegen 2005, S. 78; Walter, Franz: Lob der Lüge, in: Der Spiegel, 25.02.2008.

destagsabgeordneter, „Durchsetzungsvermögen, Verhandlungsgeschick, Standfestigkeit und Phantasie"[572] seien als elementare Tugenden der Politik reinem Expertenwissen vorzuziehen. Superbes Fachwissen akademisch Gebildeter möge zwar die Qualität der parlamentarischen Debatte heben, tauge aber weniger dazu, rechtzeitige und praxistaugliche Entscheidungen zu treffen. In der Politik stechen ein gut trainiertes Sitzfleisch und ein toleranter Magen schnell einen überragenden Intellekt oder wissensbeladenen Geist aus. „Blitzgescheite Menschen, denen das redundante Palaver in stundenlangen Kommissionssitzungen ein Gräuel ist, sollten sich politische Karrierepläne aus dem Kopf schlagen."[573]

Der Rekordkanzler Helmut Kohl ist für diese Feststellung ein passendes Beispiel. Kohl hatte keine Ahnung, welche Rentenformeln aussichtsreiche Ergebnisse zeitigen würden oder welche Steuersätze gerade empfehlenswert waren. Dies brauchte er auch nicht. Denn als machttechnisch versierter Politiker war er in der Lage, diese sozial- und finanzpolitische Unkenntnis auszugleichen. Als Albrecht, Biedenkopf, Geißler, Späth und Süssmuth – allesamt fachlich klügere und gelehrtere Köpfe – 1989 glaubten, ihn mit einem Parteitagsputsch stürzen zu können, trickste der politisch raffinierte Kohl sie aus. Seine Waffe war nicht Sachkenntnis, sondern das Telefon. Mit gezielten Anrufen bei Parteimitgliedern, die auf lokaler und regionaler Ebene über großen Einfluss verfügten und sich von der Kontaktaufnahme seitens des Bundesparteivorsitzenden und Bundeskanzlers geschmeichelt fühlten, telefonierte er sich die Loyalität der Parteitagsdelegierten herbei. Die Intellektuellen-Fronde scheiterte, die höhnisch karikierte „Birne" Kohl – ein mittelmäßiger Fach-, aber ein genialer Macht- und Situationspolitiker – triumphierte.

Vormarsch der Okkasionalisten: Die Intelligenz der Politik

Vor allem aber haben sich das Erkennen und der Gebrauch günstiger Gelegenheiten als eine Elementardisziplin politischer Führung erwiesen. Einer ihrer Wesenskerne besteht in der Fähigkeit, unvorhergesehene Situationen auf der Grundlage unzureichenden Wissens trotzdem meistern zu können. Ein guter

---

[572] Apel, Hans: Ein Plädoyer für den Berufspolitiker, in: Neue Gesellschaft, H. 2/1967, S. 129-135, hier S. 129.
[573] Walter, Franz: Charismatiker und Effizienzen. Porträts aus 60 Jahren Bundesrepublik, Frankfurt am Main 2009, S. 394.

VI.1 Politik als Profession

Politiker ist ein Philosoph des „Okkasionalismus", der „günstigen Gelegenheiten"[574]. Politiker haben keine Zeit, sich umfassend zu informieren, jede Akte zu lesen, sämtliche Argumente zu bedenken. Sie müssen daher Entscheidungen auf Basis unvollständigen Wissens treffen. Viele herausragende Politiker wie Adenauer, Brandt und Kohl waren alles andere als hochinformierte Spezialisten; indem sie von allem ein bisschen wussten, sich stets an der Oberfläche tieferen Wissens aufhielten und schnelle Entscheidungen trafen, waren sie vielmehr Generalisten und Situationisten.

Die Politik belohnt aber häufiger den entscheidungsstarken Generalisten als den entscheidungsschwachen Experten. Die „Voraussetzung der Entscheidung ist nicht Wissen, sondern Unkenntnis"[575]. Situationskompetenz – „contextual intelligence"[576] – war eines der wirksamsten Instrumente politischer Führung, denen sich Konrad Adenauer bediente. Er wusste, dass „sich die politischen Probleme nicht aus ihren sachlichen Komponenten und Faktoren allein erkennen und lösen lassen, sondern dass man die situativen Dispositionen sehen muss, denen die Sachfragen unterworfen sind"[577]. Politiker wie Adenauer waren erfolgreich, weil sie sich nicht durch das Festhalten an vermeintlich unumstößlichen Methoden ihrer Chancen auf Erfolg auch in vermeintlich aussichtslosen Situationen beraubten, weil sie virtuos einem politischen Chamäleon gleich die jederzeitige Anpassung an sich wandelnde Bedingungen beherrschten, kurzum: sich weniger auf Logik denn auf Intuition verließen.

Auch Adenauer war damit ein Experte: Er war Fachmann in der unaufgeregten Analyse der Situation, in der er sich – oft unvermittelt – wiederfand. Dazu stellte er sich, frei von belastendem Vorwissen, möglichst unvoreingenommen auf seine Kontrahenten individuell ein; versuchte, in ihren Gemütszustand einzutauchen und ihre ureigenen Anliegen zu ergründen, kurzum: einen präzisen Eindruck von ihrer jeweils spezifischen Wirklichkeit zu gewinnen. „Es bedarf dazu einer wachen geistigen Präsenz, die sich nie darauf verlässt, dass eine Lagebeurteilung, die gestern richtig war, auch heute noch zutrifft,

---

[574] Lamprecht, Helmut: Erfolg und Gesellschaft. Kritik des quantitativen Denkens, München 1964, S. 144.
[575] Sofsky, Wolfgang: Von der Unentschlossenheit, in: Schweizer Monatshefte, (2008/09) H. 12/1, S. 14 f., hier S. 15.
[576] Nye Jr., Joseph S.: Learning the New Leadership, in: Zeitschrift für Politikberatung, Jg. 2 (2009) H. 2, S. 318-322, hier S. 321.
[577] Buchheim, Hans: Konrad Adenauer oder was Politik ist und wie sie gemacht wird, in: Kohl, Helmut (Hrsg.): Konrad Adenauer 1876/1976, Stuttgart/Zürich 1976, S. 68-75, hier S. 69.

sondern in immer neu ansetzendem Bemühen ihre Vorstellungen an den Verhältnissen, wie sie sich im Augenblick darbieten, kritisch überprüft. Nur so bewahrt sich der Politiker davor, dass die Lösung eines politischen Problems, die gestern situationsgerecht war, zur Schablone erstarrt und damit den Blick auf die Möglichkeiten von heute verstellt."[578] Adenauer brauchte kein gewiefter Jurist, auch kein Experte für Sozialpolitik, schon gar nicht ein volkswirtschaftlich bewanderter Ökonom zu sein. Ihm genügte „ein schlichter Geist, der mit einer holzschnittartigen Grundorientierung und einigen Faustregeln taktischer Schläue seine großen Erfolge erzielte". Überdies half ihm ausgerechnet die „gründliche Vertrautheit mit den belanglos scheinenden Einzelheiten"[579]. In jeder Sekunde seines politischen Alltags bestürmten ihn Gedanken zur aktuellen Situation. Darin ist die spezifische Intellektualität von Politik zu suchen, scheint doch Politik einfach nach einer ganz besonderen Form von Intelligenz und Wissen zu verlangen. Herkömmliche Schläue ist in der politischen Arena zumeist deplatziert.

Champions in fremder Disziplin: Lehren für den politischen Seiteneinstieg

Welche Lehren lassen sich aus diesen Erkenntnissen nun eigentlich in Bezug auf das Wesen politischer Seiteneinstiege, der Rotation von Eliten, ziehen? Auch und gerade Experten – die einesteils Inhaber herausragenden Sachverstands, anderteils bedauernswerte Dilettanten in allen Belangen der Statussicherung und Machteroberung sind – scheitern in der Politik. Politiker neigen im Hinblick auf ihre Fertigkeiten dem Allgemeinen, Quereinsteiger dem Besonderen zu. Weil der politische Alltag hinsichtlich einer erfolgreichen, beständigen Karriere allerdings häufiger die Allround-Fähigkeiten eines Generalisten denn die Expertise eines Spezialisten prämiert, ist die Laufbahn eines politischen Seiteneinsteigers in aller Regel anfälliger für Scheitern – instabil und kurzatmig. Außerhalb der Politik superbe Leistungen vollbracht und sensationelle Erfolge gefeiert zu haben, begünstigt zwar den privilegierten Eintritt in die politische Elite, bietet aber keinerlei Gewähr für den längeren Verbleib in selbiger.

---

[578] Hier und folgend ebd., S. 72.
[579] Eschenburg, Theodor: Letzten Endes meine ich doch. Erinnerungen 1933 – 1999, Berlin 2000, S. 162.

VI.1 Politik als Profession

Vielmehr: Ein Championat auf einem außerhalb der Politik liegenden Tätigkeitsfeld prädestiniert geradewegs zur Mittelmäßigkeit und zum schnellen Abstieg in der Politik. Denn die dafür nötige Konzentration auf ein eng umrissenes Kompetenzspektrum verhindert zumeist die Bereitschaft und Fähigkeit, spezifisch politische Praktiken zu erlernen und anzuwenden. Und so sehr sich auch die politische Klasse – darunter nicht zuletzt die mit Argusaugen Politik beobachtende und mit spitzer Feder kommentierende Journalistenschar – für die Aufnahme von Seiteneinsteigern ausspricht, so gnadenlos geht sie mit diesen zart besaiteten Exemplaren um, sobald sie denn tatsächlich einmal den Gang in die Gemächer von Parteien, Parlamenten und Ministerien wagen. Himmelhoch jauchzend, zum Tode betrübt: Oftmals gerät die politische Exkursion vieler Manager oder Professoren zum Trauerspiel. Mit der gleichen Emphase, mit der man ihrem Gang in die Politik applaudiert, werden sie im Moment ihrer Schwäche regelrecht nieder- und kaputtgeschrieben, ihr Scheitern als das von Taugenichtsen beinahe begrüßt. Der dabei zutage tretende Widerspruch zwischen Erwartung und Tat bewirkt Enttäuschung, von der sich letztlich die Antipathie der Bürger gegenüber der Politik und ihrer Akteure nährt. In letzter Konsequenz zeigen Fälle wie der Siegfried Balkes ein Paradoxon: Dass Seiteneinsteiger, die ursprünglich zur Imagekosmetik geholt werden sollen, am Ende das Renommee des Politikbetriebs sogar ramponieren können.

Welche Lehren lassen sich daraus für den empfehlenswerten Umgang mit Seiteneinsteigern ziehen? Nun, Seiteneinsteiger sind, gemessen an abgebrühten Berufspolitikern, zarte Erscheinungen, die im politischen Alltag äußerst schutzbedürftig sind. Manche von ihnen zeigen sich der politischen Kultur gegenüber äußerst intolerant und integrationsunwillig. Daher müssen Medien und Politiker, die politische Klasse also, Quereinsteigern mit besonderer Nachsicht begegnen, müssen ihrerseits umso mehr Toleranz üben. Schließlich sind es häufig die Medien, die das Ende politischer Karrieren beschleunigen, die Seiteneinsteiger einerseits feiern, andererseits niederschreiben. Es sind Politikerkollegen, die sie wetteifernd zu Fall bringen. Folglich befindet sich die politische Klasse im Widerspruch mit sich selbst: Zum einen spricht sie die – zumeist dringende – Empfehlung vermehrter Seiteneinstiege aus, zum anderen trägt sie selbst zu ihrer Abschottung und Unzugänglichkeit, zur Abwehr politischer Quereinstiegsversuche, bei.

Mit anderen Worten wären besondere Umgangsformen gegenüber politischen Quereinsteigern angebracht. Doch auch die Politiknovizen selbst müssten sich speziell auf ihr Debüt vorbereiten. Meistens werden Seiteneinsteiger auf den Wogen einer Experteneuphorie in die Politik geschwemmt – durch Politiker, die sich der augenfällig gelungenen Verpflichtung eines großartigen Wissensinhabers rühmen können, und durch Journalisten, die sich an der sensationellen Exotik und der daraus zu destillierenden Schlagzeilen und Hintergrundstories berauschen. Für einen Seiteneinsteiger ist diese zunächst divenhafte Behandlung allerdings ungesund. Sie bestätigt ihn bloß in der Zweckmäßigkeit seiner Allüren und seiner Exaltiertheit, lässt ihn vermuten, dass diese geradezu liebenswürdige Aufnahme durch die öffentliche Meinung und einiger Politik-Autoritäten andauert. Doch dem ist nicht so. Der Esprit eines Quereinsteigers verbraucht sich schnell, die ihm entgegenschlagende Begeisterung ist flüchtig und potenzielle Rivalen beziehen früh ihre Lauerstellung. Seiteneinsteiger sollten sich daher nicht von ihrer anfangs exponierten und geschützten Situation täuschen lassen. Ihrem überdurchschnittlichen Wissen und ihrer außerpolitischen Fähigkeiten zum Trotz, sollten sie deren Anfälligkeit für Wandel einberechnen und der politischen Arbeit mit Demut begegnen. Wissenschaftler zum Beispiel sind für politisches Scheitern besonders anfällig. Denn sie laufen Gefahr, den Verlockungen politischer Macht zu erliegen, ungeachtet der Besonderheiten des politischen Sektors allein „ihrer Sachkompetenz vertrauend, die persönlichen politischen Agenden als Wissensprobleme hinzustellen, über die sie kraft Wissenschaft ermächtigt wären, endgültige Entscheidungen zu treffen"[580].

Außerdem sollten sich Seiteneinsteiger – dies bloß als Randnotiz – keinen Illusionen hingeben: Politik kennt keine festen Arbeitszeiten. Sie nötigt ihren Teilnehmern eine ungeheuerliche Terminhatz ab, die besinnliche Lektüre beispielsweise von Fachliteratur kaum zulässt. Gerade Berufe, in denen Wissen ständig aktualisiert werden muss und schnell verfällt, eignen sich nicht für den kurzen, abenteuerlustigen Ausflug in die Politik. Speziell Forschende entfremdet die Politik von ihrem Herkunftsbereich, obwohl man doch gerade deren Denkweisen und Kenntnisstand für die Politik nutzbar machen will. Für diesen Personenkreis bietet sich dann in der Tat die Rolle des sachverständigen Souffleurs oder die Mitgliedschaft in einer Expertenkommission an. Dabei lässt sich politischer Einfluss ausüben, der mit geringerem Risiko für die außerpolitische Laufbahn verbunden ist.

---

[580] Markl, Hubert: Die politische Versuchung der Wissenschaften, in: Merkur, Jg. 62 (2008) H. 5, S. 380-388, hier S. 383.

VI.II Epilog: Die Integrationsprobleme von Immigranten

Siegfried Balke war ein politischer Seiteneinsteiger. Schon als Mittelsmann zwischen dem VBCI und der CSU, zwischen Wirtschaftsverband und Partei, war er ein Grenzgänger gewesen. Als Industriemanager, der zum Bundesminister avancierte, um später nochmals den Weg zurück in die Wirtschaft zu nehmen, setzte sich dies fort. Balke war wirtschaftsideologischer Anhänger der Sozialen Marktwirtschaft und versuchte, die finanzielle Kraft des Unternehmerlagers in politische Macht zu transformieren. Der lobbyistische Zugang zur Politik, den er dabei durch seine Beteiligung an der Parteienfinanzierung der 1950er Jahre fand, brachte ihm zwar Parteiverdienste ein, die seine spontane Berufung in die politische Elite erlaubten und diese im Nachhinein sogar meritokratisch wirken lassen. Jedoch verfügte er weder über das Spezialwissen noch die Mentalität eines professionellen Berufspolitikers. Er war und blieb lediglich der Protegé eines Förderers, auf dessen Macht er sich verlassen musste. Denn Balke verzichtete darauf, sich aus seiner vorläufig gesicherten Position heraus eigene und vor allem stabilere Ressourcen zu erschließen. Stattdessen kultivierte er seinen Status als unpolitischer Quereinsteiger, verwendete das Profil seiner Politikerkollegen gar als Kontrastfolie, von deren Widerschein er sich positiv abheben konnte.

Die Abläufe in Partei, Parlament und Kabinett gerieten für ihn zum Problem. Die ergebnisorientierte Entscheidungsrichtlinie Balkes und die Verfahrensweise der Politik standen in keinem annehmbaren Verhältnis zueinander. Balke fühlte sich dem Wertehorizont der Politik, in dem Macht oftmals wertvoller als ein sachlich korrektes Vorgehen ist, nicht verbunden, er verweigerte ihm sogar vehement seine Akzeptanz. Er fügte sich keiner Disziplin und Räson, sondern fühlte sich allein dem seiner Auffassung nach richtigen Konzept, der sachdienlicheren Entscheidungsalternative verpflichtet. Dies mochte ihm zwar die Bewunderung der Öffentlichkeit einbringen, führte jedoch letztlich zum unfreiwilligen Ende seiner politischen Karriere als Bundesminister. Solange aber die CSU stark war, Strauß als Protektor Balkes auftrat, er also insgesamt seine Autorität von externen Kräften ableiten konnte, deren Protektion er genoss – solange brauchte sich Balke für seine mit Adenauer oft divergierenden Auffassungen keine Polster zu verschaffen, brauchte keine Klüngel-artigen Kontakte zu Entscheidungsträgern in Kanzleramt und Fraktion zu entwickeln, brauchte sich also keine Sorgen machen. Als aber 1962 zu viele Akteure ein – wie auch immer geartetes – Interesse an der Beendigung seiner Ministerschaft hatten, er zugleich den unerwarteten Verlust seiner Förderer nicht kompensieren konnte, ließ sich der selbsterklärte Nichtpolitiker leicht stürzen. Die unzureichende Integration in die politische Kultur der Bundesrepublik, in die eigentümlichen Mechanismen der Parteiendemokratie, ließ den Seiteneinsteiger unnötig früh scheitern.

Mit politischen Seiteneinsteigern verbindet sich oftmals das Versprechen einer gesteigerten Qualität der politischen Elite. Einer Elite, welche aufgrund vermeintlich mangelhafter Leistungen zunehmend weniger die Legitimität ihres Status begründen kann. Daher erklärt sich auch der periodisch wiederkehrende Ruf nach Seiteneinsteigern.[581] Quereinsteiger, so die herrschende Meinung, könnten im Vergleich zu Berufspolitikern aufgrund eines außerpolitisch erworbenen Sachverstands klügere Entscheidungen treffen oder die originelleren Konzepte entwerfen, jedenfalls eine blass gewordene Riege selbstgefälliger Statusinhaber mit Esprit und Innovation erfüllen. Das Beispiel Siegfried Balkes hinterlässt vor diesem Hintergrund einen eher ambivalenten Eindruck. Erstens brachte er die marode Bundespost mit seinem kaufmännischen Wissen wieder auf Vordermann und belebte in der Tat das Ministerium mit seiner erfrischenden Innovationsfreude, aus der zukunftstaugliche Reformen entsprangen. Und im Atomministerium konnte er als Naturwissenschaftler und Technikbegeisterter das Wagnis der Nukleartechnologie wohl besser einschätzen und für die Interessen der beteiligten Akteure mehr Verständnis aufbringen, als dies ein Nur-Politiker vermocht hätte. Zweitens schien Balke allerdings durch ein Übermaß an Expertenwissen blockiert zu sein. Weil er sich den Spielregeln der Politik widersetzte, sich nicht auf den zeitraubenden Prozess des demokratischen Mehrheits- und Machterwerbs einlassen wollte – eben nicht Politiker war –, blieben seine Ministerien in ihren Handlungsspielräumen eingeschränkt. Die exquisite Güte seiner fachmännisch gewiss bewanderten Ansichten fiel stellenweise der Gleichgültigkeit anheim, weil der unpolitisch agierende Minister Balke sie im politischen Wettbewerb nicht durchzusetzen wusste. Wo Politikinhalte nach einem durchsetzungsstarken Patron verlangen, zeigen Seiteneinsteiger zumeist Durchsetzungsschwäche. Außerdem verdüsterte Balkes enge Verbindung mit wirtschaftlichen Interessen seine Ministerzeit moralisch.

---

[581] Siehe etwa Hemmer, Hans O. (Interview mit Wilhelm Hennis): Es fehlt an politischer Führung. Gespräch mit Wilhelm Hennis über Parteienentwicklung und Parteienverdrossenheit, in: Gewerkschaftliche Monatshefte, H. 11/1992, S. 726-734, hier S. 729; Hofmann, Gunter: Außenseitern eine Chance, in: Die Zeit, 30.07.1998; Patzelt 1999, S. 272 f.

VI.II Epilog

Balke gelangte als der Agent einer gesellschaftlichen Gruppe in die Politik, die in seine Kabinettsmitgliedschaft konkrete Erwartungen setzte, was die Glaubwürdigkeit seiner Allgemeinwohlorientierung leicht in Zweifel ziehen konnte. Denn schon sein Seiteneinstieg kam überhaupt nur zustande, weil sich Organisationen der freien Wirtschaft durch Spenden bei den Parteien des bürgerlichen Lagers ein Mitspracherecht bei der Vergabe politischer Positionen erworben hatten. Der Fall Balke bestätigte lediglich das Vorurteil, verschlagene Managergruppen hätten sich mit den regierenden Politikern zu ihren eigenen Gunsten in eine unheilvolle Allianz begeben und korrumpierten die staatliche Bürokratie. Schließlich drittens diskreditierte sein Scheitern die Rekrutierungsverfahren des politischen Systems und schwächte damit das Ansehen der politischen Kultur der Bonner Republik. Mit Balke entließ Adenauer 1962 einen formal fachlich geeigneten Kandidaten, obwohl dessen Amtsführung offenkundig passable Ergebnisse gezeitigt hatte und sein Nachfolger in keiner besonderen Weise für seine neuen Aufgaben qualifiziert zu sein schien. Sowohl die Öffentlichkeit als auch Balke und seine Kameraden aus der freien Wirtschaft mussten ein negatives Bild von dem Experiment des politischen Seiteneinstiegs gewinnen.

Dass der Politikimmigrant Balke auf Integrationsprobleme stieß, verwundert. Besaß er doch die exklusive Möglichkeit einer jederzeitigen Rückkehr in seinen beruflichen Herkunftsbereich. Gerade diese Tatsache hätte ihm den Schritt erleichtern müssen, sich politisch zu professionalisieren. Denn zumeist scheuen Personen, die sich mit dem Gedanken einer politischen Karriere tragen, die vollständige Konzentration auf eine politische Tätigkeit – aus Angst vor dem risikoreichen und endgültigen Verlust ihrer Anbindung an die außerpolitische Berufswelt. Balke hingegen musste dies nicht; für ihn wäre immer irgendwo in der Wirtschaft ein Chefsessel frei gewesen. Dennoch nutzte er diese Statussicherheit nicht dafür aus, seine Chancen auf einen langfristigen Verbleib in seinem Ministeramt durch die Aneignung und den Gebrauch politischer Praktiken zu erhöhen. Die häufig erhobene Forderung, Berufspolitiker zugunsten höherer Güte ihrer Tätigkeit materiell unabhängiger von ihren Parteien und deren Erfolg zu machen,[582] erwies sich im Falle Balkes als hinderlich. Gerade weil Balke finanziell nicht auf seine Karriere als Politiker angewiesen war, konnte er auf eine großartige Darbietung innerhalb dieses hochanspruchsvollen Professionsbereichs getrost verzichten, seine politischen Fertig-

---

[582] Apel 1967, S. 132.

keiten erschlaffen lassen. Balke übertrieb seinen Quereinsteigerhabitus und untertrieb seine politische Professionalisierung – auf Kosten seiner Durchsetzungskraft, damit seiner politischen Ziele.

Balkes Fall zeigt, dass politischer Sachverstand in Verbindung mit ungenügender Machtorientierung nutzlos ist. Balke eilte seiner Zeit konzeptionell stets voraus, wusste, wohin die technologischen Zeichen deuteten. Darin war er vielen Ministern und Abgeordneten überlegen. Doch für einen Politiker übte er sich allzu sehr in zukunftsgewandten Blicken und vergaß über diese Vorausschau, kurzfristige Ereignisse in den Blick zu nehmen – wie etwa seinen Sturz als Minister. Seine Weitsicht verschaffte ihm im Konkurrenzkampf um Ämter und Positionen keinen Vorteil, verewigte ihn auch nicht in Geschichtsbüchern. So gehörte er zu denjenigen, die zwar das Bildungsproblem antizipiert, die lange vor den politischen Reformen Bedenken geäußert und Lösungen vorgeschlagen hatten. Doch als auf der Ebene der Bundespolitik der Entschluss gereift war, den „Bildungsnotstand" zu beheben und die Drastik der Situation mit einem speziellen Ministerium zu würdigen, war Balke bereits aus dem Bundeskabinett ausgeschieden. Denn erst unter dem neuen Kanzler Ludwig Erhard rückte die Bildungspolitik zu einem erstrangigen Sujet der Bundesregierung auf. Mit Sicherheit hätte sich Balke dieser Problematik gerne angenommen, wäre er innerhalb der Kabinettsmannschaft dazu wohl auch einer der fähigsten gewesen. So aber durften sich Andere mit der aufwändigen Reform des westdeutschen Bildungswesens befassen. Dieses wurde dem Zeitgeist gemäß sogleich Objekt des neuen Planungseifers, sollte „durchgeplant, rational erweitert und damit den Anforderungen der modernen Industriegesellschaft angepasst werden"[583]. Das Ergebnis waren dutzende sogenannter „Campus-Universitäten" wie in Bielefeld oder Bochum, die der Politikwissenschaftler Christian Graf v. Krockow als „Brutstätte der Neurosen, Psychosen und Aggressionen" kritisierte und der Architekturexperte Eberhard Schulz als „Universitäten am Fließband" und „Fabrikhallen" schmähte.[584]

Balke schaffte es nicht, das Potenzial seiner Weitsicht in Karriereerfolge umzumünzen. Im Deutschen Museum zu München problematisierte er frühzeitig einen zentralen Schwachpunkt des Ausstellungskonzepts, die Unvereinbarkeit des Vollständigkeitsanspruchs der Sammlungen und der kontinuierlich vo-

---

[583] Zitiert nach Kenkmann 2003, S. 415.
[584] Jeweils zitiert nach ebd., S. 417.

ranschreitenden Technikentwicklung.[585] Eine fünf Meter lange Isotopenkarte zum Beispiel bedurfte wegen des rasanten Technikfortschritts einer ständigen Überarbeitung und war im Grunde permanent veraltet. Doch die zutreffende Erkenntnis verwertete er nicht in überlegener Führung, sondern veranlasste nur halbwegs wirksame Maßnahmen. Problemerkenntnis und Problemlösung wusste Balke nicht gleichermaßen gut vorzunehmen, obwohl er die dafür nötigen Weisungsbefugnisse besaß. Balke beherrschte vortrefflich das „Was", scheiterte aber beim „Wie". In seinen Referaten und Stellungnahmen fanden sich „immer wieder bemerkenswert kluge und weitsichtige Anregungen. Was fehlte, war der lenkende Wille, der die vorhandenen Kräfte bündelte und auf ein Ziel richtete."[586]

Ferner versäumte er es, sich in die Geschichte einzuschreiben. Auch hier verspielte er sein Potenzial. Keine politische Karriere ist komplett, solange sie nicht für ihre gebührende Reminiszenz gesorgt hat. Große Politiker, die etwas auf sich hielten, ließen monumentale Bauten errichten, die für alle Zeit ihre Existenz beurkunden sollten. Sie achteten immer darauf, ihr historisch flüchtiges Sein über die Zeitläufte erhaben zu machen. Sie ließen nichts unversucht, um Fehltritte, Peinlichkeiten und Niederlagen in der Erinnerung der Nachwelt zu tilgen. Caesar beispielsweise war darin ein Meister. Herausforderungen und Gefahren, denen er standhielt und trotzte, übertrieb er in der öffentlichen Schilderung ihres Ausmaßes derart drastisch, dass sein Handeln nicht nur als unumgänglich, sondern sogar als besonders herausragend inszeniert werden konnte.[587] Balke indes tat nichts, um durch die Überhöhung seiner Taten in Erinnerung zu bleiben. Davon zeugt allein die äußerst spärliche Erwähnung seines Namens in einschlägigen Schriften. Obwohl er mehrere Kabinette Adenauers überdauerte, länger als mancher Berufspolitiker an der Spitze von Bundesministerien verweilte und in der geschichtsträchtigen Zeit der Großen Koalition und der Konzertierten Aktion in einem der bedeutendsten Interessenverbände präsidierte, begegnet man Balke zumeist nur beim akribischen Blick in die Fußnoten. Balke hätte sich mit den sich bietenden Möglichkeiten in der deutschen Technikgeschichte unvergesslich machen können – er schaffte es nicht, sein Reminiszenzmanagement war schlecht.

---

[585] Vgl. hierzu Königsberger 2009, S. 276 f.; Mayr 2003, S. 158 ff.
[586] Mayr 2003, S. 171 f.
[587] Siehe Jehne, Martin: Der große Trend, der kleine Sachzwang und das handelnde Individuum. Caesars Entscheidungen, München 2009, S. 79.

Balkes Politabenteuer erweckt den Eindruck eines Fehlschlags. Jedoch scheiterte er nicht komplett, sondern bloß partiell. Seine politische Führung war unfertig, halbgar. Allein mit Wissen ausgestattet, das für die Bewältigung der an der Wirkungsstätte vorgefundenen Situation zweckmäßig und angemessen schien, fehlten Balke elementare Kenntnisse um die Funktionsweise des professionellen Politikbetriebs. Balke scheiterte nicht an den inhaltlichen bzw. konzeptionellen Herausforderungen, vor die ihn sein politisches Amt stellte. Er besaß klare Vorstellungen von einer Atom- und Wissenschaftspolitik. Er scheiterte dagegen an der rein politischen Umsetzung, der Verwandlung von Absichten in Entscheidungen innerhalb eines politischen Verfahrens. Bildlich ausgedrückt, wusste Balke, welche Produkte seine Politik erzeugen sollte, nicht aber mit welcher Technik dies geschehen könnte. Die Mechanik der informell gewonnenen Macht war ihm eher fremd. Politische Führung muss Vorstellungen von der Zukunft aufzeigen, anzustrebende Ziele festlegen. Sie muss aber auch für deren Umsetzung Mehrheiten organisieren, Macht erwerben, Konkurrenz ausstechen. Zwar hatte Balke konkrete Zielvorstellungen, wusste er um Maßnahmen, die seiner Auffassung nach zu treffen waren. Doch misslang es ihm, diese durchzusetzen. Viele Fehler, die er beging, wären einem geschulten Politiker nicht unterlaufen. Balke fehlte die politische Ausbildung, auch der politische Instinkt. „Ochsentour"-Absolventen und Politikern, die sich auch als solche begriffen, war er unterlegen. Nochmals: Politische Führung hat immer zwei Komponenten: Erstellung von Konzepten und Vorgabe von Zielen sowie Erwerb von Macht zu deren Durchsetzung. Balke steht exemplarisch für ein typisches Syndrom politischer Seiteneinsteiger. Während Politiker häufig die schwächeren inhaltlichen Konzeptionen präsentieren, mitunter gar keine Vorstellung von notwendigen Maßnahmen oder Ahnung von bestimmten Sachverhalten haben, versagen Quereinsteiger in der Ausführung ihrer visionären Pläne. Im Grunde genommen bedürfen Seiteneinsteiger der Ergänzung durch erfahrene Haudegen des Politischen. Die politische Karriere des sang- und klanglos gescheiterten Paul Kirchhof hätte den Wahlkampf 2005 womöglich überdauert, wenn die CDU-Führung ihm routinierte Berater zur Seite gestellt hätte, die rhetorische Fehltritte wie die wissenschaftliche Formel von der „Durchschnittssekretärin", die 1,3 Kinder gebärt und zu einem gewissen Anteil verheiratet ist, verhindert hätten.[588] Seiteneinsteiger weisen zumeist

---

[588] Vgl. dazu Brandes, Ina: Paul Kirchhof – kein Seiteneinsteiger, in: Lorenz/Micus (Hrsg.) 2009, S. 160-171, hier S. 166.

VI.II Epilog

ein enormes Defizit in Fähigkeiten auf, die allein dazu dienen, die eigenen politischen Inhalte durchzusetzen, sich gegen eifersüchtige Rivalen zu schützen, Intrigen zu wittern und Fallstricke vorauszuahnen. Jemand der vor der politischen Praxis in Spitzenämtern nicht über viele Jahre Abstimmungen gewinnen, Konkurrenten aus dem Weg räumen oder den Umgang mit Journalisten lernen musste, ermangelt es schlichtweg an Erfahrungen und Techniken, die im politischen Alltag schier existenziell benötigt werden.

Da sich die Vorzüge beider Typen – jahrelang erworbene Expertise zu einem politischen Themenbereich auf der einen, mühsam antrainierte Überlebensfähigkeit im Dschungel der Politik auf der anderen Seite – selten in einer Person vereinigt finden, böte sich folglich eine sinnvoll ergänzende Verknüpfung an. Der „ideale" Politiker entstünde so erst in der Kombination von Quereinsteiger und Berufspolitiker. Kurzum: In der Realität bedürfen Seiteneinsteiger erstens ausgleichender Fähigkeiten und zweitens eines Schnellkurses in politischer Führung. Weil dies selten geschieht, erfordern politische Karrieren von Seiteneinsteigern ein höheres Maß an Geduld und Verständnis, sollte man im Falle von Quereinsteigern – gerade als politischer Kommentator – bei der Beurteilung politischer Leistung Gnade walten lassen. Die eigenartigen Spielregeln von Politik und Medien löschten in der Vergangenheit die Karriere so manches Seiteneinsteigers allzu verfrüht aus. Momentan ist nicht absehbar, dass dieses bedauernswerte Schicksal zukünftigen Quereinsteigern erspart bleibt.

Balke mochte ein politischer Amateur gewesen sein. Doch seine außerhalb der Politik absolvierte Karriere, für die ein Berufspolitiker gar keine Zeit gehabt hätte, bot ihm auch Vorteile. Je nach Bedarf, konnte Balke eine situationsgerechte Rolle einnehmen: Kaufmann, Chemiker oder Wissenschaftler. Viele Probleme, mit denen er sich in seiner Ministerzeit konfrontiert sah, fielen in den Kompetenzbereich seines beruflichen und akademischen Profils. Die von ihm getroffenen Entscheidungen konnte er implizit mit dem unbestechlichen Urteilsvermögen des Experten legitimieren. Sein sichtbarer Sachverständigenstatus beförderte das Vertrauen der Bürger in die Qualität seiner politischen Entscheidungen.

Für gewöhnlich gönnen sich Parteien Seiteneinsteiger, um spontan eine neue Attitüde, ein frisches Konzept oder einen Kurswechsel personell zum Ausdruck zu bringen. Quereinsteiger sind dann vornehmlich Personifikationen, die etwas repräsentieren. So Werner Maihofer, der in den 1970er Jahren unter dem Panier der Freidemokraten die sozial-liberale Mentalität der Partei symbolisierte; oder Rita Süssmuth, mit der Heiner Geißler in den 1980er Jahren die vermeintliche Öffnung der Kohl-CDU für frauenpolitische Anliegen signalisierte.[589] Gerhard Schröder bot mit Walter Riester, Werner Naumann, Jost Stollmann und Werner Müller gleich eine ganze Kollektion von Quereinsteigern auf. Balke hingegen war zwar auch Repräsentant, Symbol, Signal, Galionsfigur, Personifikation – jedoch nicht der CSU. Sein politisches Engagement sollte das Bild von Unternehmern, Managern und Verbandsfunktionären, mit welchem die Öffentlichkeit auf die Verantwortlichen in der freien Wirtschaft blickten, aufwerten. Insoweit war er eine leibgewordene PR-Maßnahme des Arbeitgeberlagers der 1950er Jahre, sein Seiteneinstieg nicht nur für die Partei, sondern mit der Wirtschaft auch für einen weiteren Akteur von instrumenteller Bedeutung. Auch Balkes Abkehr von der Politik barg aus Sicht diverser Institutionen, die den Ex-Minister nach seinem Abschied aus Adenauers Kabinett verpflichteten, großes Instrumentalisierungspotenzial. Sie erhofften sich, aus Balkes gewonnener Erfahrung und dessen Kontakten in die Politik Kapital schlagen zu können.

Siegfried Balkes Biographie eines Grenzgängers zwischen Wirtschaft und Politik zeigt, dass sich politische und wirtschaftliche Karrierestationen gegenseitig verstärken und einander bedingen können. Die jeweils zuvor ausgeübten Funktionen beglaubigten die Qualität bestimmter Fertigkeiten und legitimierten dadurch den Antritt neuer Ämter. Balkes Einstieg in die Politik im Jahr 1953 ereignete sich auf Basis eher dubioser Umstände, dem Verdienst um die Finanzierung der Karriere seines politischen Förderers. Doch öffentlich konnte man das Amt des Postministers, dem die Aufsicht über ein staatliches Großunternehmen oblag, erheblich plausibler mit Verweis auf Balkes vorpolitischer Leistung als Manager rechtfertigen und die Rekrutierungsentscheidung nachträglich mit Sinn erfüllen, die wahren Hintergründe verdecken. Ebenso galt dies für die spätere Ernennung zum Atomminister, die vor Balkes beruflichem Hintergrund als Naturwissenschaftler durchaus angemessen erschien. Als Balke sein Ministeramt verlor, das ihm verbliebene Parlamentarierdasein aber nicht zu seinem hauptberuflichen Mittelpunkt erheben wollte, profitierte er bei seiner Rückkehr in die Wirtschaft von seiner langjährigen Kabinettsmitglied-

---

[589] Vgl. Schulz, Frauke: Werner Maihofer – im Zweifel für die Freiheit, in: ebd., S. 61-80; Klatt, Johanna M.: Rita Süssmuth – vom politischen Stern zur prekären Politikerin, in: ebd., S. 223-239.

VI.II Epilog

schaft. Sie legte den Gedanken nahe, Balke verfüge inzwischen über exzellente Kontakte zu politischen Entscheidern, wisse um die Anatomie politischer Prozessabläufe und sei als Mitglied einer Bundestagsfraktion und deren Führungsspitze stets allumfassend informiert. Auch wenn er 1962 scheiterte, war seine Vita im Zuge seiner politischen Tätigkeit beträchtlich aufgewertet worden, hatte er sein Prestige erfolgreich gemehrt, bezog er letztlich glückliche Ressourcen aus seiner Doppelkarriere als Politiker und Manager. Offenkundig verleiten „Cross-over"-Laufbahnen dazu, das Leistungspotenzial der betreffenden Person zu überschätzen. Der Kaufmann und Wissenschaftler Balke ließ die Öffentlichkeit eine glänzende Ministerschaft erwarten; der gestandene Politiker Balke verhieß den Verbandsleuten gesteigerten Einfluss auf die Regierungskreise und privilegierte Information über politische Vorhaben.

Balke verhielt sich in seiner Rolle als politischer Seiteneinsteiger – als politischer Amateur in einem Elitenamt – erwartungsgemäß. Zum einen bereicherte er seine Wirkungsstätte mit Expertise und Innovation, erfüllte somit eine der maßgeblichen Erwartungen, die sich an Quereinsteiger richten. Wie man es von letzteren aber gleichfalls vermutet, ermangelte es ihm zum anderen an der Fähigkeit und Bereitschaft, sich auf mittlere Frist zu professionalisieren, seine politischen Karrierebemühungen in der Manier „normaler" Berufspolitiker zu intensivieren. Insofern war Balke ein typischer Seiteneinsteiger – einer, dessen Karriere ihm eine doppelte Elitenzugehörigkeit in Wirtschaft und Politik einbrachte.

VII. Abkürzungsverzeichnis

ACDP	Archiv für Christlich-Demokratische Politik der Konrad-Adenauer-Stiftung in Sankt Augustin
BDA	Bundesvereinigung der Deutschen Arbeitgeberverbände
BDI	Bundesverband der Deutschen Industrie
Bearb.	Bearbeiterin/Bearbeiter
BIV	Bayerischer Industriellen-Verband
BRD	Bundesrepublik Deutschland
CDU	Christlich-Demokratische Union
CSU	Christlich-Soziale Union
DDR	Deutsche Demokratische Republik
ders.	derselbe
DESY	Deutsches Elektronen-Synchrotron
DFG	Deutsche Forschungsgemeinschaft
DGB	Deutscher Gewerkschaftsbund
DI	Deutsches Industrie-Institut
dies.	dieselbe/dieselben
Dr.	Doktor
DUD	Deutschland-Union-Dienst
DVT	Deutscher Verband Technisch-Wissenschaftlicher Vereine
ebd.	ebenda
ELDO	European Launcher Development Organisation
ERP	European Recovery Program
EURATOM	Europäische Atomgemeinschaft
e. V.	eingetragener Verein
EWG	Europäische Wirtschaftsgemeinschaft

f.	folgende (Plural: ff.)
FAZ	Frankfurter Allgemeine Zeitung
FDP	Freie Demokratische Partei
H.	Heft
Hrsg.	Herausgeber
IG	Industriegewerkschaft
Jg.	Jahrgang
LBI	Landesverband der bayerischen Industrie
MPG	Max-Planck-Gesellschaft
NL Balke	Nachlass Siegfried Balke im Archiv für Christlich-Demokratische Politik der Konrad-Adenauer-Stiftung in Sankt Augustin
Nr.	Nummer
NRW	Nordrhein-Westfalen
NS	Nationalsozialismus
o.D.	ohne Datum
OECD	Organisation for Economic Co-operation and Development
o.T.	ohne Titel
o.V.	ohne Verfasser
Prof.	Professor
RWE	Rheinisch-Westfälisches Elektrizitätswerk
S.	Seite
SPD	Sozialdemokratische Partei Deutschlands
USA	United States of America
USAEC	United States Atomic Energy Commission
v.	von
VBCI	Verein der Bayerischen Chemischen Industrie
VDI	Verein Deutscher Ingenieure
VGB	Volkswirtschaftliche Gesellschaft in Bayern

VII. Abkürzungsverzeichnis

vgl. vergleiche
WSI   Wirtschafts- und Sozialwissenschaftliches Institut
z.   zu

VIII. Literaturverzeichnis

VIII.1 Quelltexte, Monographien, Sammelbände und Aufsätze

Abelshauser, Werner: Deutsche Wirtschaftsgeschichte seit 1945, Bonn 2004.

Adenauer, Konrad: Erinnerungen 1955-1959, Stuttgart 1967.

Apel, Hans: Ein Plädoyer für den Berufspolitiker, in: Neue Gesellschaft, H. 2/1967, S. 129-135.

Apel, Uwe: Vertrauen in Naturwissenschaft und Technik, in: Dernbach, Beatrice/Meyer, Michael (Hrsg.): Vertrauen und Glaubwürdigkeit. Interdisziplinäre Perspektiven, Wiesbaden 2005.

Balcar, Jaromír/Schlemmer, Thomas (Hrsg.): An der Spitze der CSU. Die Führungsgremien der Christlich-Sozialen Union 1946 bis 1955, München 2007.

Balke, Siegfried: Grenzschichtprobleme in Wissenschaft und Politik, Essen 1958.

Ders.: Vernunft in dieser Zeit. Der Einfluss von Wirtschaft, Wissenschaft und Technik auf unser Leben, Düsseldorf/Wien 1962.

Bauer, Hans G./Munz, Claudia: Erfahrungsgeleitetes Handeln lernen – Prinzipien erfahrungsgeleiteten Lernens, in: Böhle, Fritz/Pfeiffer, Sabine/Sevsay-Tegethoff, Neşe (Hrsg.): Die Bewältigung des Unplanbaren, Wiesbaden 2004, S. 55-73.

Behrendt, Ralf/Seemann, Christoph (Bearb.): Die Kabinettsprotokolle der Bundesregierung, Band 13.1960, in: „Kabinettsprotokolle der Bundesregierung online".

Bellers, Jürgen: Methoden der Sozialwissenschaften: Kritik und Alternativen, Siegen 2005.

Berghahn, Volker: Unternehmer und Politik in der Bundesrepublik, Frankfurt am Main 1985.

Beyrer, Klaus: Post im 20. Jahrhundert, in: DAMALS, H. 5/1997, S. 26-31.

Biedenkopf, Kurt: Lösungsorientiert handeln im Spannungsfeld von Wirtschaft und Politik, in: Dönhoff, Marion Gräfin/Markl, Hubert/Weizsäcker, Richard v. (Hrsg.): Eliten und Demokratie. Wirtschaft, Wissenschaft und Politik im Dialog – zu Ehren von Eberhard v. Kuehnheim, Berlin 1999, S. 267-281.

Bloch, Sabine/Knoch, Peter: Chemische Fabrik Aubing, in: Schoßig, Bernhard (Hrsg.): Ins Licht gerückt. Jüdische Lebenswege im Münchner Westen. Eine Spurensuche in Pasing, Obermenzing und Aubing, München 2008, S. 99-101.

Böhle, Fritz/Pfeiffer, Sabine/Sevsay-Tegethoff, Neşe (Hrsg.): Die Bewältigung des Unplanbaren, Wiesbaden 2004.

Bösch, Frank: Die Adenauer-CDU. Gründung, Aufstieg und Krise einer Erfolgspartei 1945-1969, Stuttgart/München 2001.

Ders./Brandes, Ina: Die Vorsitzenden der CDU. Sozialisation und Führungsstil, in: Forkmann, Daniela/Schlieben, Michael (Hrsg.): Die Parteivorsitzenden in der Bundesrepublik Deutschland 1949 – 2005, Wiesbaden 2005, S. 23-63.

Brandes, Ina: Paul Kirchhof – kein Seiteneinsteiger, in: Lorenz, Robert/Micus, Matthias (Hrsg.): Seiteneinsteiger. Unkonventionelle Politiker-Karrieren in der Parteiendemokratie, Wiesbaden 2009, S. 160-171.

Braun, Georg: Siegfried Balke, in: Nikel, Ulrike (Hrsg.): Politiker der Bundesrepublik Deutschland. Persönlichkeiten des politischen Lebens seit 1949 von A bis Z, Düsseldorf 1985, S. 25-26.

Buchheim, Hans: Konrad Adenauer oder was Politik ist und wie sie gemacht wird, in: Kohl, Helmut (Hrsg.): Konrad Adenauer 1876/1976, Stuttgart/Zürich 1976, S. 68-75.

Christ, Karl: Pompeius. Der Feldherr Roms. Eine Biographie, München 2004.

Deutinger, Stephan: Eine „Lebensfrage für die bayerische Industrie". Energiepolitik und regionale Energieversorgung 1945 bis 1980, in: Schlemmer, Thomas/Woller, Hans (Hrsg.): Die Erschließung des Landes 1949 bis 1973, Bayern im Bund Band 1, München 2001, S. 33-118.

Dexheimer, Wolfgang F.: Die CSU-Landesgruppe. Ihre organisatorische Stellung in der CDU/CSU-Fraktion, in: Zeitschrift für Parlamentsfragen, Jg. 3 (1972) H. 3, S. 303-313.

Ders.: Koalitionsverhandlungen in Bonn 1961, 1965, 1969. Zur Willensbildung in Parteien und Fraktionen, Bonn 1973.

Dittberner, Jürgen/Ebbighausen, Rolf (Hrsg.): Parteiensystem in der Legitimationskrise, Opladen 1973.

DIVO-Institut (Hrsg.): Umfragen 1957. Ereignisse und Probleme des Jahres im Urteil der Bevölkerung, Frankfurt am Main 1958.

Domes, Jürgen: Bundesregierung und Mehrheitsfraktion. Aspekte der Verhältnisse der Fraktion der CDU/CSU im zweiten und dritten Deutschen Bundestag zum Kabinett Adenauer, Köln/Opladen 1964.

Dönhoff, Marion Gräfin/Markl, Hubert/Weizsäcker, Richard v. (Hrsg.): Eliten und Demokratie. Wirtschaft, Wissenschaft und Politik im Dialog – zu Ehren von Eberhard v. Kuehnheim, Berlin 1999.

Eckardt, Günther: Industrie und Politik in Bayern 1900-1919. Der Bayerische Industriellen-Verband als Modell des Einflusses von Wirtschaftsverbänden, Berlin 1976.

Enders, Ulrich/Henke, Josef (Bearb.): Die Kabinettsprotokolle der Bundesregierung, Band 10.1957, in: „Kabinettsprotokolle der Bundesregierung online".

Enders, Ulrich/Reiser, Konrad: Einleitung, in: dies.: Die Kabinettsprotokolle der Bundesregierung, Band 6. 1953, in: „Kabinettsprotokolle der Bundesregierung online".

Enders, Ulrich/Schawe, Christoph (Bearb.): Die Kabinettsprotokolle der Bundesregierung, Band 11.1958, in: „Kabinettsprotokolle der Bundesregierung online".

Enders, Jürgen/Filthaut, Jörg (Bearb.): Die Kabinettsprotokolle der Bundesregierung, Band 14.1961, in: „Kabinettsprotokolle der Bundesregierung online".

Eschenburg, Theodor: Letzten Endes meine ich doch. Erinnerungen 1933 – 1999, Berlin 2000.

Euchner, Walter: Strategisches Kalkül und politisches Denken. Lehren der „Göttinger Erklärung", in: Frankfurter Hefte/Neue Gesellschaft, Jg. 34 (1987) H. 11, S. 1012-1016.

Fangmann, Helmut: Beobachtungen über die Konstruktion von Politik. Warum Politik erfolgsorientiert kommunizieren, aber nicht problemorientiert handeln kann, in: Merkur, Jg. 63 (2009) H. 3, S. 191-201.

Fischer, Peter: Atomenergie und staatliches Interesse: Die Anfänge der Atompolitik in der Bundesrepublik Deutschland 1949-1955, Baden-Baden 1994.

Forkmann, Daniela/Oeltzen, Anne-Kathrin: Charismatiker, Kärrner und Hedonisten. Die Parteivorsitzenden der SPD, in: Forkmann, Daniela/Schlieben, Michael (Hrsg.): Die Parteivorsitzenden in der Bundesrepublik Deutschland 1949 – 2005, Wiesbaden 2005, S. 64-118.

Forkmann, Daniela/Schlieben, Michael (Hrsg.): Die Parteivorsitzenden in der Bundesrepublik Deutschland 1949 – 2005, Wiesbaden 2005.

Franz, Corinna: Die CDU/CSU-Fraktion des Deutschen Bundestages 1961-1966. Einleitung, in: dies. (Bearb.): Die CDU/CSU-Fraktion im Deutschen Bundestag. Sitzungsprotokolle 1961-1966, Erster Teilband September 1961 - Juli 1963, Düsseldorf 2004, S. XI-XCIV.

Dies. (Bearb.): Die CDU/CSU-Fraktion im Deutschen Bundestag. Sitzungsprotokolle 1961-1966, Zweiter Teilband September 1963 - Juli 1965, Düsseldorf 2004.

Freiesleben, Werner: Von der Chemie zur Petrochemie, in: Werk + Wirken, Jg. 22 (1971) H. 12, S. 3-4.

Gaus, Günter: Widersprüche. Erinnerungen eines linken Konservativen, Berlin 2005.

Glotz, Peter: Wieviel Elite verträgt und benötigt die Demokratie? Kritische Erwägungen zur Lage der Republik, in: Kodalle, Klaus-M. (Hrsg.): Der Ruf nach Eliten, Würzburg 2000, S. 41-52.

Ders.: Gelebte Demokratie. Essays und Porträts aus drei Jahrzehnten (hrsg. von Annalisa Viviani u. Wolfgang R. Langenbucher), Bonn 2006.

Görlich, Ina: Zum ethischen Problem der Atomdiskussion. Verlauf der Atomdiskussion in der Bundesrepublik Deutschland und Versuch einer Darstellung der durch sie aufbrechenden ethischen Probleme, Freiburg 1965.

Görtemaker, Manfred: Geschichte der Bundesrepublik Deutschland. Von der Gründung bis zur Gegenwart, München 1999.

Groß, Hans Ferdinand: Hanns Seidel 1901-1961. Eine politische Biographie, München 1992.

Grunenberg, Nina: Die Wundertäter. Netzwerke der deutschen Wirtschaft 1942 bis 1966, München 2007.

Gscheidle, Kurt: Damit wir in Verbindung bleiben. Porträt der Deutschen Bundespost, Stuttgart-Degerloch 1982.

Haacke, Eva: Wirtschaftsverbände als klassische Lobbyisten – auf neuen Pfaden, in: Leif, Thomas/Speth, Rudolf (Hrsg.): Die fünfte Gewalt. Lobbyismus in Deutschland, Wiesbaden 2006, S. 164-187.

Hachmeister, Lutz: Schleyer. Eine deutsche Geschichte, München 2004.

Hacke, Jens: Die Bundesrepublik als Idee. Zur Legitimationsbedürftigkeit politischer Ordnung, Hamburg 2009.

Heisenberg, Werner: Der Teil und das Ganze. Gespräche im Umkreis der Atomphysik, München 1976.

Hemmer, Hans O. (Interview mit Wilhelm Hennis): Es fehlt an politischer Führung. Gespräch mit Wilhelm Hennis über Parteienentwicklung und Parteienverdrossenheit, in: Gewerkschaftliche Monatshefte, H. 11/1992, S. 726-734.

Henke, Josef/Rössel, Uta (Bearb.): Die Kabinettsprotokolle der Bundesregierung, Band 12.1959, in: „Kabinettsprotokolle der Bundesregierung online".

Henkels, Walter: 99 Bonner Köpfe, Düsseldorf/Wien 1963.

Ders.: „...gar nicht so pingelig, meine Damen und Herren". Neue Adenauer-Anekdoten, Düsseldorf/Wien 1965.

Hermann, Armin: In memoriam Siegfried Balke, in: Kultur und Technik, Jg. 9 (1985) H. 2, S. 118.

Ders.: Die Jahrhundertwissenschaft. Werner Heisenberg und die Geschichte der Atomphysik, Hamburg 1993.

Herzog, Dietrich: Karrieren und politische Professionalisierung bei CDU/CSU, SPD und FDP, in: Dittberner, Jürgen/Ebbighausen, Rolf (Hrsg.): Parteiensystem in der Legitimationskrise, Opladen 1973, S. 109-131.

Hildebrand, Klaus: Von Erhard zur Großen Koalition 1963–1969, Wiesbaden 1984.

Hollmann, Michael/Jena, Kai v. (Bearb.): Die Kabinettsprotokolle der Bundesregierung, Band 8. 1955, in: „Kabinettsprotokolle der Bundesregierung online".

Höpfinger, Renate: Zeitzeugen-Interviews, in: Hanns-Seidel-Stiftung (Hrsg.; verantwortlich: Baumgärtel, Manfred): Geschichte einer Volkspartei. 50 Jahre CSU 1945-1995, Grünwald 1995, S. 523-632.

Höpfner, Hans-Paul: Balke, Siegfried, in: Becker, Winfried u.a. (Hrsg.): Lexikon der Christlichen Demokratie in Deutschland, Paderborn u.a. 2002, S. 185-186.

Hüllbüsch, Ursula/Trumpp, Thomas (Bearb.): Die Kabinettsprotokolle der Bundesregierung, Band 7. 1954, in: „Kabinettsprotokolle der Bundesregierung online".

Jehne, Martin: Caesar, München 2008.

Ders.: Der große Trend, der kleine Sachzwang und das handelnde Individuum. Caesars Entscheidungen, München 2009.

Jordan, Hermann L.: Großforschung in der BRD – Probleme der Institutionalisierung. Mobilität und Kontrolle, in: Küppers, Günter/Stichel, Peter/Weingart, Peter (Hrsg.): Wissenschaft zwischen autonomer Entwicklung und Planung – Wissenschaftliche und politische Alternativen am Beispiel der Physik, Bielefeld 1981, S. 179-200.

Kenkmann, Alfons: Von der bundesdeutschen »Bildungsmisere« zur Bildungsreform in den 60er Jahren, in: Schildt, Axel/Siegfried, Detlef/Lammers, Karl Christian (Hrsg.): Dynamische Zeiten. Die 60er Jahre in den beiden deutschen Gesellschaften, Hamburg 2003, S. 402-423.

Kitzinger, Uwe W.: Wahlkampf in Westdeutschland. Eine Analyse der Bundestagswahl 1957, Göttingen 1960.

Klatt, Johanna M.: Rita Süssmuth – vom politischen Stern zur prekären Politikerin, in: Lorenz, Robert/Micus, Matthias (Hrsg.): Seiteneinsteiger. Unkonventionelle Politiker-Karrieren in der Parteiendemokratie, Wiesbaden 2009, S. 223-239.

Klecha, Stephan: Walter Riester – der letzte klassische sozialdemokratische Seiteneinsteiger, in: Lorenz, Robert/Micus, Matthias (Hrsg.): Seiteneinsteiger. Unkonventionelle Politiker-Karrieren in der Parteiendemokratie, Wiesbaden 2009, S. 240-254.

Kleinhenz, Gerhard D.: Wirtschafts- und Sozialpolitik: Die Verwirklichung einer Sozialen Marktwirtschaft durch die Landespolitik der CSU, in: Hanns-Seidel-Stiftung (Hrsg.; verantwortlich: Baumgärtel, Manfred): Geschichte einer Volkspartei. 50 Jahre CSU 1945-1995, S. 253-289.

Köhler, Henning: Adenauer. Eine politische Biographie, Frankfurt am Main/Berlin 1994.

Königsberger, Karen: „Vernetztes System"? Die Geschichte des Deutschen Museums 1945-1980 dargestellt an den Abteilungen Chemie und Kernphysik, München 2009.

Krauch, Helmut: Bildung und Entfaltung der Studiengruppe für Systemforschung 1957 – 1973 (Vortrag vom 10.04.2000 am Institut für Technikfolgenabschätzung und Systemanalyse im Forschungszentrum für Technik und Umwelt in Karlsruhe), in: http://www.usf.uni-kassel.de/usf/archiv/dokumente/krauch/studiengruppe.pdf [eingesehen am 20.03.2008].

Kroegel, Dirk: Kurt Georg Kiesinger (1904-1988), in: Oppelland, Torsten (Hrsg.): Deutsche Politiker 1949–1969. Band 2: 16 biographische Skizzen aus Ost und West, Darmstadt 1999, S. 7-17.

Krone, Heinrich: Tagebücher. Erster Band: 1945-1961, Düsseldorf 1995.

Ders.: Tagebücher. Zweiter Band: 1961-1966, Düsseldorf 2003.

Kuehnheim, Eberhard v.: Der Unternehmer im Dialog. Auszüge aus Reden, in: Dönhoff, Marion Gräfin/Markl, Hubert/Weizsäcker, Richard v. (Hrsg.): Eliten und Demokratie. Wirtschaft, Wissenschaft und Politik im Dialog – zu Ehren von Eberhard v. Kuehnheim, Berlin 1999, S. 331-404.

Küppers, Günter/Stichel, Peter/Weingart, Peter (Hrsg.): Wissenschaft zwischen autonomer Entwicklung und Planung – Wissenschaftliche und politische Alternativen am Beispiel der Physik, Bielefeld 1981.

Lamprecht, Helmut: Erfolg und Gesellschaft. Kritik des quantitativen Denkens, München 1964.

Lange, Rolf-Peter: Auslesestrukturen bei der Besetzung von Regierungsämtern, in: Dittberner, Jürgen/Ebbighausen, Rolf (Hrsg.): Parteiensystem in der Legitimationskrise, Opladen 1973, S. 132-171.

Leif, Thomas/Speth, Rudolf (Hrsg.): Die fünfte Gewalt. Lobbyismus in Deutschland, Wiesbaden 2006.

Dies.: Zehn zusammenfassende Thesen zur Anatomie des Lobbyismus in Deutschland und sechs praktische Lösungsvorschläge zu seiner Demokratisierung, in: dies. (Hrsg.): Die fünfte Gewalt. Lobbyismus in Deutschland, Wiesbaden 2006, S. 351-354.

Löffler, Bernhard: Soziale Marktwirtschaft und administrative Praxis. Das Bundeswirtschaftsministerium unter Ludwig Erhard, Wiesbaden 2002.

Lorenz, Robert/Micus, Matthias (Hrsg.): Seiteneinsteiger. Unkonventionelle Politiker-Karrieren in der Parteiendemokratie, Wiesbaden 2009.

Lorenz, Robert: Siegfried Balke – Spendenportier und Interessenpolitiker, in: ders./Micus, Matthias (Hrsg.): Seiteneinsteiger. Unkonventionelle Politiker-Karrieren in der Parteiendemokratie, Wiesbaden 2009, S. 175-205.

Machiavelli, Niccolò: Il Principe. Der Fürst, Stuttgart 1986.

Malitz, Jürgen: Nero, München 1999.

Markl, Hubert: Die politische Versuchung der Wissenschaften, in: Merkur, Jg. 62 (2008) H. 5, S. 380-388.

Mayr, Otto: Wiederaufbau: Das Deutsche Museum 1945-1970, München 2003.

Mensing, Hans Peter (Bearb.): Adenauer. Briefe 1959-1961, Paderborn 2004.

Merseburger, Peter: Rudolf Augstein. Biographie, München 2007.

Micus, Matthias: Tribunen, Solisten, Visionäre. Politische Führung in der Bundesrepublik, Göttingen 2010.

Mintzel, Alf: Die CSU. Anatomie einer konservativen Partei 1945-1972, Opladen 1975.

Ders.: Geschichte der CSU. Ein Überblick, Opladen 1977.

Mishra, Robin: Das falsche Helfersyndrom, in: Berliner Republik, H. 4/2009, S. 16-18.

Moser, Eva: Bayerns Arbeitgeberverbände im Wiederaufbau. Der Verein der Bayerischen Metallindustrie 1947-1962, Stuttgart 1990.

Dies.: Unternehmer in Bayern. Der Landesverband der Bayerischen Industrie und sein Präsidium 1948 bis 1978, in: Schlemmer, Thomas/Woller, Hans (Hrsg.): Gesellschaft im Wandel 1949 bis 1973, Bayern im Bund Band 2, München 2002, S. 25-86.

Müchler, Günter: CDU/CSU. Das schwierige Bündnis, München 1976.

Müller, Kay: Zwischen Staatskanzlei und Landesgruppe. Führung in der CSU, in: Forkmann, Daniela/Schlieben, Michael (Hrsg.): Die Parteivorsitzenden in der Bundesrepublik Deutschland 1949 – 2005, Wiesbaden 2005, S. 215-262.

Nehring, Holger: Die Anti-Atomwaffen-Proteste in der Bundesrepublik und in Großbritannien. Zur Entwicklung der Ostermarschbewegung 1957-1964, in: Vorgänge, Jg. 42 (2003) H. 4, S. 22-31.

Noelle, Elisabeth/Neumann, Erich Peter (Hrsg.): Jahrbuch der öffentlichen Meinung 1957, Allensbach am Bodensee 1957.

Nützenadel, Alexander: Stunde der Ökonomen. Wissenschaft, Politik und Expertenkultur in der Bundesrepublik 1949-1974, Göttingen 2005.

Nye Jr., Joseph S.: Learning the New Leadership, in: Zeitschrift für Politikberatung, Jg. 2 (2009) H. 2, S. 318-322.

Oberreuter, Heinrich: Konkurrierende Kooperation – Die CSU in der Bundesrepublik, in: Hanns-Seidel-Stiftung (Hrsg.; verantwortlich: Baumgärtel, Manfred): Geschichte einer Volkspartei. 50 Jahre CSU 1945-1995, Grünwald 1995, S. 319-332.

Ders.: Wie viel Elite verträgt und benötigt die Demokratie?, in: Kodalle, Klaus-M. (Hrsg.): Der Ruf nach Eliten, Würzburg 2000, S. 53-64.

Oppelland, Torsten (Hrsg.): Deutsche Politiker 1949–1969. Band 2: 16 biographische Skizzen aus Ost und West, Darmstadt 1999.

Ortner, Johann: Funktion und Struktur von Netzwerken in Kommunikationsräumen, in: Graggober, Marion/ders./Sammer, Martin (Hrsg.): Wissensnetzwerke. Konzepte, Erfahrungen und Entwicklungsrichtungen, Wiesbaden 2003, S. 73-111.

O.V.: Zwischen Bundespost und Kernspaltung, in: BMD, Nr. 45/4. Jg., 06.11.1956, S. 4-6.

O.V.: ...überdies Minister, in: Deutsches Monatsblatt, Mai 1959, S. 6.

O.V.: Staatliche Atomausgaben seit 1956, in: Die Atomwirtschaft, Jg. 7 (1962) H. 12, S. 597-600.

O.V.: Siegfried Balke: Mann mit Kopf und Herz, in: Chemische Industrie, Nr. 6/1967, S. 299.

Paris, Rainer: Normale Macht. Soziologische Essays, Konstanz 2005.

Patzelt, Werner J.: Parlamentarische Rekrutierung und Sozialisation. Normative Erwägungen, empirische Befunde und praktische Empfehlungen – aus deutscher Sicht, in: Burkert-Dottolo, Günther R./Moser, Bernhard (Hrsg.): Professionsnormen für Politiker, Wien 1998, S. 47-92.

Ders.: Parlamentarische Rekrutierung und Sozialisation. Normative Erwägungen, empirische Befunde und praktische Empfehlungen, in: Zeitschrift für Politik, Jg. 46 (1999) H. 3, S. 243-282.

Pritzkoleit, Kurt: Die neuen Herren. Die Mächtigen in Staat und Wirtschaft, Wien u.a. 1955.

Prüß, Karsten: Kernforschungspolitik in der Bundesrepublik Deutschland. Projekt Wissenschaftsplanung, Frankfurt am Main 1974.

Ders.: Die Entwicklung der Schwerionenforschung in der BRD, in: Küppers, Günter/Stichel, Peter/Weingart, Peter (Hrsg.): Wissenschaft zwischen autonomer Entwicklung und Planung – Wissenschaftliche und politische Alternativen am Beispiel der Physik, Bielefeld 1981.

Radkau, Joachim: Aufstieg und Krise der deutschen Atomwirtschaft 1945-1975. Verdrängte Alternativen in der Kerntechnik und der Ursprung der nuklearen Kontroverse, Hamburg 1983.

Ders.: Technik in Deutschland. Vom 18. Jahrhundert bis zur Gegenwart, Frankfurt am Main 1989.

Ders.: Der atomare Ursprung der Forschungspolitik des Bundes, in: Weingart, Peter/Taubert, Niels C. (Hrsg.): Das Wissenschaftsministerium. Ein halbes Jahrhundert Forschungs- und Bildungspolitik in Deutschland, Weilerswist 2006, S. 33-63.

Rauh-Kühne, Cornelia: Hans Constantin Paulssen: Sozialpartnerschaft aus dem Geiste der Kriegskameradschaft, in: Erker, Paul/Pierenkemper, Toni (Hrsg.): Deutsche Unternehmer zwischen Kriegswirtschaft und Wiederaufbau. Studien zur Erfahrungsbildung von Industrie-Eliten, München 1999, S. 109-192.

Reinke, Niklas: Geschichte der deutschen Raumfahrtpolitik. Konzepte, Einflußfaktoren und Interdependenzen 1923-2002, München 2004.

Rese, Alexandra: Wirkung politischer Stellungnahmen von Wissenschaftlern am Beispiel der Göttinger Erklärung zur atomaren Bewaffnung, Frankfurt am Main u.a. 1999.

Richter, Saskia: Die Kanzlerkandidaten der CSU. Franz Josef Strauß und Edmund Stoiber als Ausdruck christdemokratischer Schwäche?, Hamburg 2004.

Rittershofer, Werner: Die gemeinwirtschaftliche Verpflichtung des Öffentlichen Dienstes – dargestellt am Beispiel der Deutschen Bundespost, in: WSI-Mitteilungen, H. 10/1974, S. 414-429.

Ders.: Die Deutsche Bundespost als Teil der Gemeinwirtschaft, Frankfurt am Main/Köln 1978.

Rössel, Uta/Seemann, Christoph (Bearb.): Die Kabinettsprotokolle der Bundesregierung, Band 15.1962, in: „Kabinettsprotokolle der Bundesregierung online".

Rucht, Dieter: Zum Wandel politischen Protests in der Bundesrepublik. Verbreiterung, Professionalisierung, Trivialisierung, in: Vorgänge, Jg. 42 (2003) H. 4, S. 4-11.

Rupp, Hans Karl: Außerparlamentarische Opposition in der Ära Adenauer. Der Kampf gegen die Atombewaffnung in den fünfziger Jahren. Eine Studie zur innenpolitischen Entwicklung in der BRD, Köln 1980.

Schiffers, Reinhard: Die CDU/CSU-Fraktion im Deutschen Bundestag 1957-1961. Einleitung, in: ders. (Bearb.): Die CDU/CSU-Fraktion im Deutschen Bundestag. Sitzungsprotokolle 1957-1961, Erster Halbband September 1957 - Juni 1959, Düsseldorf 2004, S. XI-LXXVII.

Schildt, Axel: Moderne Zeiten. Freizeit, Massenmedien und »Zeitgeist« in der Bundesrepublik der 50er Jahre, Hamburg 1995.

Ders./Siegfried, Detlef/Lammers, Karl Christian (Hrsg.): Dynamische Zeiten. Die 60er Jahre in den beiden deutschen Gesellschaften, Hamburg 2003.

Schlemmer, Thomas: Aufbruch, Krise und Erneuerung. Die Christlich-Soziale Union 1945 bis 1955, München 1998.

Schmergal, Cornelia: Ist "Politiker" noch ein Traumberuf für Eliten? Die mühsame Suche der Parteien nach geeignetem Nachwuchs, in: Rotary Magazin, Jg. 59 (2009) H. 9, S. 39-41.

Schmitt, Joachim M./Beeres, Manfred: Die Geschichte der Medizintechnologie, in: MTD, H. 10/2004, S. 86-89.

Schreiber, Peter Wolfram: IG Farben. Die unschuldigen Kriegsplaner, Düsseldorf 1987.

Schreyer, Klaus: Bayern – ein Industriestaat. Die importierte Industrialisierung. Das wirtschaftliche Wachstum nach 1945 als Ordnungs- und Strukturproblem, München/Wien 1969.

Schroeder, Wolfgang: Industrielle Beziehungen in den 60er Jahren – unter besonderer Berücksichtigung der Metallindustrie, in: Schildt, Axel/Siegfried, Detlef/Lammers, Karl Christian (Hrsg.): Dynamische Zeiten. Die 60er Jahre in den beiden deutschen Gesellschaften, Hamburg 2003, S. 492-527.

Schüler, Manfred: Führung in Politik und Wirtschaft, in: Lahnstein, Manfred/Matthöfer, Hans (Hrsg.): Leidenschaft zur praktischen Vernunft. Helmut Schmidt zum Siebzigsten, Berlin 1989, S. 421-434.

Schulz, Frauke: Werner Maihofer – im Zweifel für die Freiheit, in: Lorenz, Robert/Micus, Matthias (Hrsg.): Seiteneinsteiger. Unkonventionelle Politiker-Karrieren in der Parteiendemokratie, Wiesbaden 2009, S. 61-80.

Schumacher, Martin (Hrsg.): M.d.B. Volksvertretung im Wiederaufbau 1946-1961. Bundestagskandidaten und Mitglieder der westzonalen Vorparlamente. Eine Biographische Dokumentation, Düsseldorf 2000.

Schumpeter, Joseph A.: Die sozialen Klassen im ethnisch homogenen Milieu, in: Archiv für Sozialwissenschaft und Sozialpolitik, Jg. 57/1927, S. 1-67.

Schwarz, Hans-Peter: Die Ära Adenauer 1949-1957, Stuttgart 1981.

Ders.: Adenauer. Der Staatsmann: 1952-1967, Stuttgart 1991.

Seifert, Benjamin: Träume vom modernen Deutschland. Horst Ehmke, Reimut Jochimsen und die Planung des Politischen in der ersten Regierung Willy Brandts, Stuttgart 2010.

Sevsay-Tegethoff, Neşe: Ein anderer Blick auf Kompetenzen, in: Böhle, Fritz/Pfeiffer, Sabine/dies. (Hrsg.): Die Bewältigung des Unplanbaren, Wiesbaden 2004, S. 267-286.

Siebenmorgen, Peter: Franz Josef Strauß (1915-1988), in: Oppelland, Torsten (Hrsg.): Deutsche Politiker 1949–1969. Band 2: 16 biographische Skizzen aus Ost und West, Darmstadt 1999, S. 120-131.

Sofsky, Wolfgang: Von der Unentschlossenheit, in: Schweizer Monatshefte, (2008/09) H. 12/1, S. 14-15.

Sölter, Arno: Der Verbandsmanager. Eine Verbandsfibel in Zitaten, Aphorismen, Bonmots, Köln 1977.

Stahl, Michael: Gesellschaft und Staat bei den Griechen: Archaische Zeit, Paderborn u.a. 2003.

Stamm, Thomas: Zwischen Staat und Selbstverwaltung. Die deutsche Forschung im Wiederaufbau 1945-1965, Köln 1981.

Statistisches Bundesamt (Hrsg.): Die Wahl zum 3. Deutschen Bundestag am 15. September 1957, Heft 1, Allgemeine Wahlergebnisse nach Ländern und Wahlkreisen, Stuttgart 1957.

Strauß, Franz Josef: Die Erinnerungen, Berlin 1989.

Stucke, Andreas: Institutionalisierung der Forschungspolitik. Entstehung, Entwicklung und Steuerungsprobleme des Bundesforschungsministeriums, Frankfurt am Main/New York 1993.

Tenbruck, Friedrich H.: Alltagsnormen und Lebensgefühle in der Bundesrepublik, in: Löwenthal, Richard/Schwarz, Hans-Peter (Hrsg.): Die zweite Republik. 25 Jahre Bundesrepublik Deutschland – eine Bilanz, Stuttgart 1974, S. 289-310.

Tiggemann, Anselm: Die „Achillesferse" der Kernenergie in der Bundesrepublik Deutschland: Zur Kernenergiekontroverse und Geschichte der nuklearen Entsorgung von den Anfängen bis Gorleben 1955 bis 1985, Lauf an der Pegnitz 2004.

Tuchman, Barbara: Die Torheit der Regierenden. Von Troja bis Vietnam, Frankfurt am Main 2006.

Vanderbroeck, Paul J. J.: Homo novus again, in: Chiron 1986, S. 239-242.

Verband der Chemischen Industrie e.V. (Hrsg.): 5 Jahre Fonds der Chemischen Industrie zur Förderung von Forschung, Wissenschaft und Lehre. Ein Rechenschaftsbericht des Verbandes der Chemischen Industrie überreicht anläßlich einer akademischen Feier in Bonn am 15. April 1955, Frankfurt am Main 1955.

Vierhaus, Rudolf/Herbst, Ludolf (Hrsg.): Biographisches Handbuch der Mitglieder des Deutschen Bundestages 1949 – 2002, Band 1 A – M, München 2002.

Vogt, Joseph: Homo novus. Ein Typus der Römischen Republik, Stuttgart 1926.

VIII.1 Quelltexte, Monographien, Sammelbände und Aufsätze

Wallich, Henry C.: Triebkräfte des deutschen Wiederaufstiegs, Frankfurt am Main 1955.

Walter, Franz: Die Integration der Individualisten. Parteivorsitzende in der FDP, in: Forkmann, Daniela/Schlieben, Michael (Hrsg.): Die Parteivorsitzenden in der Bundesrepublik Deutschland 1949 – 2005, Wiesbaden 2005, S. 119-168.

Ders.: Erich Ollenhauer. Lauterkeit und Phlegma, in: Forkmann, Daniela/Richter, Saskia (Hrsg.): Gescheiterte Kanzlerkandidaten, Wiesbaden 2007, S. 45-61.

Ders.: Charismatiker und Effizienzen. Porträts aus 60 Jahren Bundesrepublik, Frankfurt am Main 2009.

Ders.: Vorwärts oder abwärts? Zur Transformation der Sozialdemokratie, Berlin 2010.

Weber, Petra: Balke, Siegfried, in: Kempf, Udo/Merz, Hans-Georg (Hrsg.): Kanzler und Minister 1949-1998, Wiesbaden 2001, S. 113-117.

Dies.: Föderalismus und Lobbyismus. Die CSU-Landesgruppe zwischen Bundes- und Landespolitik 1949 bis 1969, in: Schlemmer, Thomas/Woller, Hans (Hrsg.): Politik und Kultur im föderativen Staat 1949 bis 1973, Bayern im Bund Band 3, München 2004, S. 23-116.

Wiesendahl, Elmar: Die Parteien auf dem Weg zu Kartellparteien?, in: Arnim, Hans-Herbert v. (Hrsg.): Adäquate Institutionen: Voraussetzungen für „gute" und bürgerliche Politik?, Berlin 1999, S. 49-73.

Ders.: Zum Tätigkeits- und Anforderungsprofil von Politikern, in: Brink, Stefan/Wolff, Heinrich Amadeus (Hrsg.): Gemeinwohl und Verantwortung, Berlin 2004, S. 167-188.

Wirtz, Karl: Programmfragen der Kernenergiegewinnung. Überlegungen über bestreitbare Wege, in: Die Atomwirtschaft, Jg. 1 (1956) H. 7-8, S. 250-253.

Zahn, Ernest: Soziologie der Prosperität. Wirtschaft und Gesellschaft im Zeichen des Wohlstandes, München 1964.

Zapf, Wolfgang: Die deutschen Manager. Sozialprofil und Karriereweg, in: ders. (Hrsg.): Beiträge zur Analyse der deutschen Oberschicht, München 1965, S. 136-149.

Zierold, Kurt: Forschungsförderung in drei Epochen. Deutsche Forschungsgemeinschaft. Geschichte, Arbeitsweise, Kommentar, Wiesbaden 1968.

VIII.II Presseerzeugnisse

Balke, Siegfried: Warum ich mich für dieses Amt zur Verfügung stelle, in: Süddeutsche Zeitung, 12./13.12.1953.

Ders. (Leserbrief): Bonner Köpfe: Walter Henkels, in: Frankfurter Allgemeine Zeitung, 09.02.1959.

Ders.: Zur wirtschaftlichen Verwertung der Kernenergie, in: Bulletin Nr. 97, 24.05.1960.

Ders.: Förderung von Forschung und Nachwuchs, in: DUD, Nr. 2/03.01.1961.

Ders.: Schicksalsfragen der Wissenschaft, in: Bulletin Nr. 190, 10.10.1961.

Ders.: Die Planung der technischen Zukunft, in: Frankfurter Allgemeine Zeitung, 15.12.1967.

Ders.: Auf die Investitionen kommt es an, in: Die Welt, 09.03.1968.

Balzli, Beat/Hammerstein, Konstantin v./Latsch, Gunther: „Das ist ein Wahnsystem", in: Der Spiegel, 06.04.2009.

Bartels, Hans-Peter: Wider die Politikverachtung, in: Spiegel Online, 09.12.2006, online einsehbar unter: http://www.spiegel.de/politik/deutschland/0,1518,452552,00.html [eingesehen am 08.12.2008].

Bayern, Konstantin Prinz v.: Atomenergie und Raumfahrt, in: Deutsche Zeitung, 25.07.1962.

Becker, Wolfgang: Macky, Mecky, Mucky und der Atom-Protest, in: Der Spiegel, 08.08.1977.

Beinhauer, E./Blank, W. (Hrsg.): Presse- und Funkbericht, 11.05.1957.

Besser, Joachim: Deutschland ohne Posaunen auf der Atomkonferenz (Interview mit Siegfried Balke), in: Die Welt, 02.09.1958.

Bovensiepen, Nina: Separate Welten, in: Süddeutsche Zeitung, 08.07.2008.

Buß, Christian: Politiker, wie hältst du's mit der Wahrheit?, in: Spiegel Online, 07.08.2009, online einsehbar unter: http://www.spiegel.de/kultur/tv/0,1518,641022,00.html [eingesehen am 15.01.2010].

Christen, Ulf/Schade, Oliver: Marnette soll Wirtschaftsminister werden, in: Hamburger Abendblatt, 28.06.2008.

Cords, Hans Friedrich: ‚Atomkern am Plärrer' und ‚Komplexe', in: Nürnberger Zeitung, 08.07.1957.

Etzold, Marc: Der Wahlkampf-Vermeidungs-Wahlkampf (Interview mit Michael H. Spreng), in: Cicero, http://www.cicero.de/97.php?ress_id=13&item=4154 [eingesehen am 07.09.2009].

Fahrenholz, Peter: Kartell der Funktionäre, in: Süddeutsche Zeitung, 12.04.2007.

Fried, Ferdinand: Fachmann ohne Furcht und Tadel, in: Die Welt, 31.05.1967.

Friedmann, Werner: Das Risiko des Irrtums, in: Süddeutsche Zeitung, 11.05.1957.

Goße, Heinz-Peter: Balkes große Chance, in: Vorwärts, 01.07.1964.

Henkels, Walter: Franz Josef Strauß, in: Frankfurter Allgemeine Zeitung, 12.11.1953.

Henkels, Walter: Bundespostminister Dr. Siegfried Balke, in: Frankfurter Allgemeine Zeitung, 12.01.1955.

Ders.: Zivilcourage und Grütze im Kopf, in: Aachener Nachrichten, 10.08.1957.

Ders.: Ein Minister ohne Ellbogen, in: Frankfurter Allgemeine Zeitung, 19.03.1960.

Heymann, Egon: Hans Constantin Paulssen, in: Die Zeit, 03.05.1956.

Hofmann, Gunter: Außenseitern eine Chance, in: Die Zeit, 30.07.1998.

Iserlohe, Norbert: Ehrlich und ohne Pathos, in: Bonner Rundschau, 26.06.1964.

Ders. (Interview mit Siegfried Balke): Die Löhne im Gleichschritt, in: Rundschau am Sonntag, 31.12.1967.

Kempski, Hans Ulrich: Adenauer stellt sich nicht auf Abschied ein, in: Süddeutsche Zeitung, 15./16.12.1962.

Kilgus, Rudi: Atomminister Balke 60 Jahre, in: Mannheimer Morgen, 01.06.1962.

Knödler, Gernot: Marnette platzt der Kragen, in: die tageszeitung, 31.03.2009.

Koep, Werner: Kein Balke vor dem Kopf, in: Länder-Informations-Dienst, 24.05.1962.

Köhler, Henning: Adenauer. Eine politische Biographie, Frankfurt am Main/Berlin 1994.

Kotynek, Martin: Ins Meer, ins Eis, ins Bergwerk, in: Süddeutsche Zeitung, 16.03.2010.

Krüger, Wolfgang: Die Waffe in der Hand der Gewerkschaften, in: Die Zeit, 08.12.1961.

Ders.: Etwas mehr Mut zur Partnerschaft!, in: Die Zeit, 13.12.1963.

Ders.: Ein Mann tritt ab, in: Die Zeit, 19.06.1964.

Lauer, A.: Dr. Siegfried Balke Bundespostminister, in: Deutsche Apothekerzeitung, 24.12.1953.

Laupsien, Hermann: Eine Persönlichkeit – stets dem Gemeinwohl verpflichtet, in: Handelsblatt, 11.12.1969.

Leonhardt, Rudolf Walter: Was erwarten wir vom neuen Wissenschaftsminister?, in: Die Zeit, 21.12.1962.

Meenzen, Hanns: Pferdewechsel im Arbeitgeberlager, in: Die Zeit, 06.12.1963.

Mühlbradt, Werner: Von Berg über Sohl zu Hansen, in: Die Zeit, 01.11.1974.

Ders.: Auf oder zwischen zwei Stühlen, in: Die Zeit, 26.08.1977.

Muth, Harry/Mumme, Gerhard: Alt werden in Deutschland: Das Geschäft mit den Senioren, in: Welt am Sonntag, 31.01.1982.

O.V.: Investition über Portokasse, in: Der Spiegel, 09.07.1952.

O.V.: Die Post funktionierte nicht, in: Der Spiegel, 14.10.1953.

O.V.: Ehlers: Zu wenig evangelische Minister, in: Frankfurter Allgemeine Zeitung, 22.10.1953.

O.V.: Staub zum Wirbeln, in: Der Spiegel, 28.10.1953.

O.V.: Mehr Mittel für die Chemieforschung, in: Frankfurter Allgemeine Zeitung, 31.10.1953.

O.V.: Elf sind genug, in: Der Spiegel, 04.11.1953.

O.V.: Der Postminister der CSU, in: Süddeutsche Zeitung, 18.11.1953.

O.V.: Dr. Balke zum Postminister vorgeschlagen, in: Deutsche Tagespost, 20./21.11.1953.

O.V.: „Ehlers forderte meinen Kopf", in: Frankfurter Allgemeine Zeitung, 01.12.1953.

O.V.: Postgeheimnis und Rechenkunst, in: NV, 04.12.1953.

VIII.II Presseerzeugnisse

O.V.: Der Bundespostminister, in: Hamburger Abendblatt, 09.12.1953.

O.V.: Kurz vorgestellt, in: Die Welt, 10.12.1953.

O.V.: Siegfried Balke, in: Telegraf, 12.12.1953.

O.V.: Laien im Postministerium, in: Der Tagesspiegel, 16.01.1954.

O.V.: Balke tritt CSU bei, in: Die Neue Zeitung, 19.01.1954.

O.V.: SPD-Angriff gegen Balke, in: Die Welt, 01.02.1954.

O.V.: Peinlich – Herr Postminister!, in: Fränkische Tagespost, 02.02.1954.

O.V.: Beifall für Minister Balke, in: Die Welt, 09.02.1954.

O.V.: Das marktwirtschaftliche Porto, in: Der Spiegel, 16.06.1954.

O.V.: Man spricht von Siegfried Balke, in: Berliner Morgenpost, 28.04.1955.

O.V.: Personalien: Siegfried Balke, in: Der Spiegel, 26.10.1955.

O.V.: Werber vor den Schulen, in: Der Spiegel, 25.04.1956.

O.V.: Nicht nur Fachminister, in: Die Zeit, 27.09.1956.

O.V.: Siegfried Balke: neuer Atomminister, in: Westdeutsche Allgemeine Zeitung, 24.10.1956.

O.V.: Personalen: Siegfried Balke, in: Der Spiegel, 26.12.1956.

O.V.: Sehr unbekümmert, in: Frankfurter Allgemeine Zeitung, 30.01.1957.

O.V.: Der Atom-Minister. Praktiker und Philosoph, in: Rheinische Post, 16.03.1957.

O.V.: Adenauer: „Atomare Aufrüstung bedrückt mich", in: dpa, 13.04.1957.

O.V.: Bitte um Vertrauen, in: dpa, 13.04.1957.

O.V.: Die Bombe, in: Die Welt, 13.04.1957.

O.V.: Scharfe Spannung nach der Göttinger Erklärung, in: Frankfurter Allgemeine Zeitung, 5.04.1957.

O.V.: Balke nimmt Professoren in Schutz, in: Frankfurter Allgemeine Zeitung, 17.04.1957.

O.V.: Die Superbombe, in: Der Spiegel, 24.04.1957.

O.V.: Balke will nicht mehr, in: Telegraf, 05.05.1957.

O.V.: Balke will nicht mehr Minister werden, in: Die Welt, 06.05.1957.

O.V.: Im Gewissenkonflikt, in: Die Welt, 06.05.1957.

O.V.: Balke macht seinem Ärger Luft, in: Die Welt, 08.07.1957.

O.V.: Balke, in: Die Welt, 05.08.1957.

O.V.: Briefe im Parterre, in: Der Spiegel, 16.10.1957.

O.V.: Balken im Wasser, in: SPD-Pressedienst, 12.11.1957.

O.V.: Was ein Christ nicht kann, in: Der Spiegel, 10.09.1958.

O.V.: Personalien: Siegfried Balke, in: Der Spiegel, 18.02.1959.

O.V.: Alarm in der Leitung, in: Der Spiegel, 18.11.1959.

O.V.: Siegfried Balke (Rubrik Personalien), in: Der Spiegel, 09.12.1959.

O.V.: Der Interessen-Bündler, in: Der Spiegel, 02.11.1960.

O.V.: o.T., in: Telegraf, 01.12.1960.

O.V.: Bundesminister Prof. Balke 60 Jahre alt, in: DUD, 01.06.1962.

O.V.: Wissenschaftler im Bundeskabinett, in: Bremer Nachrichten, 02.06.1962.

O.V.: Die Bedeutung der Forschung. Für Schaffung eines Bundesorgans zur Betreuung – Forderungen an die Allgemeinheit, in: Bulletin, Nr. 226, 07.12.1962.

O.V.: Adenauer wird im Herbst 1963 zurücktreten. Wieder Koalition mit den Freien Demokraten, in: Süddeutsche Zeitung, 08./09.12.1962.

O.V.: Das neue Kabinett gewinnt Gestalt, in: Süddeutsche Zeitung, 10.12.1962.

O.V.: CSU protestiert bei Adenauer wegen Entlassung Balkes, in: Deutsche Zeitung, 11.12.1962.

O.V.: Wer geht ins Kabinett?, in: Frankfurter Allgemeine Zeitung, 11.12.1962.

O.V.: Minister machen beim Kanzler Abschiedsbesuche, in: Frankfurter Allgemeine Zeitung, 18.12.1962.

O.V.: „An einem Kanzleramt soll man nicht deuteln", in: Frankfurter Allgemeine Zeitung, 19.12.1962.

O.V.: Balke meidet Adenauer, in: Telegraf, 20.12.1962.

O.V.: Balke meidet den Bundeskanzler, in: Frankfurter Rundschau, 20.12.1962.

O.V.: Balke nicht zu Adenauers Empfang, in: Frankfurter Allgemeine Zeitung, 20.12.1962.

VIII.II Presseerzeugnisse

O.V.: Bundesregierung (Rubrik Bonn), in: Der Spiegel, 24.08.1960.

O.V.: Hans-Constantin Paulssen, in: Der Spiegel, 21.11.1962.

O.V.: Minister Lenz will die Arbeit von Balke fortsetzen, in: Frankfurter Allgemeine Zeitung, 20.12.1962.

O.V.: Bayrisches Befremden, in: Der Spiegel, 26.12.1962.

O.V.: Lehren aus dem Fall Balke, in: Frankfurter Allgemeine Zeitung, 04.01.1963.

O.V.: Chef gesucht, in: Der Spiegel, 30.01.1963.

O.V. Strauß-Nachfolge, in: Der Spiegel, 06.03.1963.

O.V.: Härte erwünscht, in: Der Spiegel, 08.05.1963.

O.V.: Polit-Unternehmern, in: Der Spiegel, 18.03.1964.

O.V.: Balke regt Modellversuch zur Krankenversicherung an, in: Frankfurter Neue Presse, 26.03.1964.

O.V.: Siegfried Balke, in: Der Kurier, 26.06.1964.

O.V.: Balke für großräumige Tarifverträge, in: Frankfurter Allgemeine Zeitung, 13.08.1964.

O.V.: Siegfried Balke (Rubrik Personalien), in: Der Spiegel, 14.04.1965.

O.V.: o.T., in: Süddeutsche Zeitung, 07.09.1965.

O.V.: Balke mahnt Arbeitgeber zu sozialer Verantwortung, in: Die Welt, 29.12.1966.

O.V.: Balke, Siegfried, in: Interpress Archiv, 30.05.1967.

O.V.: Im Dienste technischen und sozialen Fortschritts, in: Handelsblatt, 31.05.1967.

O.V.: Ein Mann der Sachkenntnis, in: Stuttgarter Zeitung, 01.06.1967.

O.V.: Mann des Ausgleichs, in: Unternehmerbrief des Deutschen Industrieinstituts, 01.06.1967.

O.V.: Prof. Balke 65, in: Nürnberger Zeitung, 01.06.1967.

O.V.: Siegfried Balke 65 Jahre alt, in: Westdeutsche Allgemeine Zeitung, 01.06.1967.

O.V.: Balke will nicht mehr kandidieren, in: Süddeutsche Zeitung, 18.09.1967.

O.V.: Rosen um Mitternacht, in: Der Spiegel, 30.10.1967.

O.V.: Jetzt komme ich, in: Der Spiegel, 14.04.1969.

O.V.: Präsident von Flick, in: Der Spiegel, 08.09.1969.

O.V.: Unbekannte Wesen, in: Der Spiegel, 15.09.1969.

O.V.: „Nur wenig Spielraum für Lohnerhöhungen", in: Süddeutsche Zeitung, 10.12.1969.

O.V.: Was kam, war schon lange fällig, in: Der Spiegel, 12.10.1970.

O.V.: Schafkopfen lernen, in: Der Spiegel, 23.11.1970.

O.V.: Aktiver Pensionär, in: Münchner Merkur, 31.05.1972.

O.V.: Für Gesellschaft und Staat, in: Handelsblatt, 31.05.1972.

O.V.: Fast einen Tobsuchtsanfall, in: Der Spiegel, 03.03.1975.

O.V.: Ziemlich bedripst, in: Der Spiegel, 08.12.1975.

O.V.: Kieler Wirtschaftsminister Marnette zurückgetreten, in: Berliner Zeitung, 30.03.2009.

O.V.: „Ein Starrkopf bleibt sich treu". Werner Marnette wirft in Kiel hin, in: Börsen-Zeitung, 31.03.2009.

O.V.: Gewinner / Verlierer, in: Börse Online, 02.04.2009.

Patzelt, Werner J.: Verdrossen sind die Ahnungslosen, in: Die Zeit, 22.02.2001.

Pfeil, Moritz: Balkan in Bonn?, in: Der Spiegel, 03.10.1962.

Reiser, Hans: Bundesatomminister Balke: Jetzt mag ich nicht mehr, in: Die Welt, 21.03.1959.

Ders.: Zwei weißblaue Bundesminister, in: Süddeutsche Zeitung, 13.12.1962.

Schröder, Dieter: Der Kulissenkampf um Franz Josef Strauß, in: Süddeutsche Zeitung, 16.11.1962.

Stirn, Alexander: Hoffen auf Merkel, in: Süddeutsche Zeitung, 03.06.2008.

Thilenius, Richard: Regierung im Übergang, in: Süddeutsche Zeitung, 13.12.1962.

Tönnies, Sibylle: Die Spezies der Politiker bildet eine negative Auslese, in: Frankfurter Allgemeine Zeitung, 27.03.2000.

Tuchel, Klaus: Im Dreieck Wirtschaft-Wissenschaft-Staat, in: Sonntagsblatt, 28.05.1967.

Ders.: Der Auftrag der Ingenieure, in: VDI nachrichten, 31.05.1967.

Walter, Franz: Lob der Lüge, in: Der Spiegel, 25.02.2008.

Wessel, Kurt/Brüggemann, Felix (Interview mit Siegfried Balke): Die Wirtschaft von heute bedarf der Technik von übermorgen, in: Münchner Merkur, 24./25.09.1966.

Witt, Otto: Ein Wissenschaftler und Politiker, in: Stuttgarter Zeitung, 25.06.1964.

Zehrer, Hans: Atomwaffen – ja oder nein?, in: Die Welt, 15.04.1957.

Zühlsdorff, Volkmar: Ein moderner Postminister, in: Die Zeit, 17.12.1953.

Dank

Siegfried Balke und das Phänomen politischer Seiteneinsteiger: Dass ich mich für derlei Themen stundenlang in Bibliotheken herumtreibe, der Tastatur etliche Seiten voller Buchstaben abringe und mich letztlich an dem Ergebnis – einem Buch – erfreuen darf, verdanke ich vor allem Franz Walter. Er hat mich über viele Jahre unterstützt, zu anregenden Recherchen veranlasst und mir Vertrauen entgegengebracht. Mit ihm lässt es sich gleichfalls ernst zu wissenschaftlichen Fragen räsonieren wie kumpelhaft nach getanem Werk einen Wodka kippen. Dies geschah stets im Umfeld der AG Parteienforschung, dem jetzigen Institut für Demokratieforschung. Ob im leidenschaftlich diskutierenden Kolloquium oder auf heiteren Partys kann man dort eine intellektuelle und freundschaftliche Atmosphäre genießen.

An dieser Stelle möchte ich auch die freundliche und stets zuverlässige Zusammenarbeit mit Valerie Lange und dem ibidem-Verlag hervorheben. Ferner gilt mein Dank den überaus hilfsbereiten Mitarbeitern der Konrad-Adenauer-Stiftung in Sankt Augustin.

Besonders möchte ich an dieser Stelle noch erwähnen: Meinen Freund und Kollegen Matthias Micus, der immer inspirierende wie aufmunternde Ratschläge in fachlichen wie privaten Angelegenheiten parat hat – obwohl seine Bücherstapel in der Nähe meines Schreibtischs inzwischen lebensbedrohliche Höhen erreicht haben. Johanna Klatt, der ich für eine herzliche Freundschaft und akrobatische Wortkreationen danke. In für Danksagungen unpathetischer Schlichtheit meine Familie: meine Mutter Doris, mein Vater Michael, meine Schwester Marleen. Dazu zählen auch meine Freunde: Felix Bartenstein, Sebastian Forstmann, Enno Stachnick, Julian Ulrich, Florian und Maximilian Unzicker, die mich seit einigen Jahren in der täglichen Mensarunde, auf nordhessischen Kulturveranstaltungen, dem Inlinehockeyfeld oder in bierseligen Kneipenrunden begleiten und mir eine große Stütze sind. Und Katharina: Dankenswerterweise überwand sie ab und an ihre unersättliche Sucht nach „Dallas"- und „Star Trek"-Folgen, um sich abends einem korrekturbedürftigen Manuskript anzunehmen.

Abonnement

Hiermit abonniere ich die Reihe **Göttinger Junge Forschung (ISSN 2190-2305)**, herausgegeben von Dr. Matthias Micus,

- ❏ ab Band # 1
- ❏ ab Band # ___
  - ❏ Außerdem bestelle ich folgende der bereits erschienenen Bände:
    #___, ___, ___, ___, ___, ___, ___, ___, ___, ___, ___, ___

- ❏ ab der nächsten Neuerscheinung
  - ❏ Außerdem bestelle ich folgende der bereits erschienenen Bände:
    #___, ___, ___, ___, ___, ___, ___, ___, ___, ___, ___, ___

- ❏ 1 Ausgabe pro Band   ODER   ❏ ___ Ausgaben pro Band

Bitte senden Sie meine Bücher zur versandkostenfreien Lieferung innerhalb Deutschlands an folgende Anschrift:

Vorname, Name: _____

Straße, Hausnr.: _____

PLZ, Ort: _____

Tel. (für Rückfragen): _____ *Datum, Unterschrift:* _____

Zahlungsart

- ❏ *ich möchte per Rechnung zahlen*
- ❏ *ich möchte per Lastschrift zahlen*

bei Zahlung per Lastschrift bitte ausfüllen:

Kontoinhaber: _____

Kreditinstitut: _____

Kontonummer: _____ Bankleitzahl: _____

Hiermit ermächtige ich jederzeit widerruflich den ***ibidem*-Verlag**, die fälligen Zahlungen für mein Abonnement der Schriftenreihe **Göttinger Junge Forschung** von meinem oben genannten Konto per Lastschrift abzubuchen.

Datum, Unterschrift: _____

Abonnementformular entweder **per Fax** senden an: **0511 / 262 2201** oder 0711 / 800 1889
oder als **Brief** an: *ibidem*-Verlag, Julius-Leber Weg 11, 30457 Hannover oder
als e-mail an: ibidem@ibidem-verlag.de

ibidem-Verlag

Melchiorstr. 15

D-70439 Stuttgart

info@ibidem-verlag.de

www.ibidem-verlag.de
www.ibidem.eu
www.edition-noema.de
www.autorenbetreuung.de

*-compliance